互联网世界中虚拟交往的唯物史观解读

刘雅埙 著

上海体育大学马克思主义理论研究专项出版资助计划

重庆出版集团 重庆出版社

图书在版编目(CIP)数据

互联网世界中虚拟交往的唯物史观解读 / 刘雅埙著.
— 重庆：重庆出版社，2024.5
ISBN 978-7-229-18729-3

Ⅰ.①互… Ⅱ.①刘… Ⅲ.历史唯物主义—研究
Ⅳ.①B03

中国国家版本馆CIP数据核字(2024)第100037号

互联网世界中虚拟交往的唯物史观解读
HULIANWANG SHIJIE ZHONG XUNI JIAOWANG DE WEIWUSHIGUAN JIEDU
刘雅埙 著

责任编辑：姚 迪 彭 景
责任校对：何建云
装帧设计：李柯欣

重庆出版集团
重庆出版社 出版

重庆市南岸区南滨路162号1幢 邮政编码：400061 http://www.cqph.com
重庆出版社艺术设计有限公司制版
重庆市鹏程印务有限公司印刷
重庆出版集团图书发行有限公司发行
E-MAIL:fxchu@cqph.com 邮购电话：023-61520678
全国新华书店经销

开本：787mm×1092mm 1/16 印张：21.75 字数：260千
2024年5月第1版 2024年5月第1次印刷
ISBN 978-7-229-18729-3
定价：76.00元

如有印装质量问题，请向本集团图书发行公司调换：023-61520678

版权所有　侵权必究

前言

　　交往是人类社会形成以来，人与人之间通过声音、图像、文字等介质而实现的信息的传递，是人类重要的实践活动。通过交往，人类实现了信息的交流和传递，达到了彼此之间统一的认知，结成了某种特定的社会关系，凸显了不同社会环境下人们不同的存在方式。随着人类社会的不断发展和进步，人们越来越注重对精神世界的探索以及对人与人之间相互关系的重视，特别是在哲学界，许多哲学家都基于人类交往而提出了不同角度的交往理论。事实上，在任何一个社会发展时期，古今中外的哲学家始终注重对交往的探讨和反思。在中国古代，早在春秋战国，诸子百家就对交往阐述了各自的看法，儒家的"仁""礼"，墨家的"兼爱"，道家的"无为"，法家的"法术"皆表达了对人与人理想交往状态的追求。在西方哲学发展史中，洛克的"契约论"，孟德斯鸠的"三权分立"，伏尔泰的"自由""平等"等思想体现了对人与国家交往形式的诉求。拉康挖掘了人类交往过程中的主体间性，后被很多哲学家在各自的交往理论中继承和发展；马克思通过唯物史观，从人类历史发展和实践活动的角度建立了交往理论；胡塞尔提出了生活世界，将交往理论从理论拉回到对人类所生活的世界的关注；哈贝马斯通过引入言语的有效性基础，建构了以交往理性为核心的哲学体系……可见，交往理论如同思维与存在的关系一般，是哲学无法回避的重要问题。

随着互联网技术在人类社会的不断渗透，人类形成了虚拟交往方式，虚拟交往意指在互联网所建构起来的虚拟空间（虚拟世界）中发生的人与人之间的相互作用行为。虚拟交往的形成，颠覆了人类传统的交往方式，使人类的生活方式、思维形式、生产方式、存在方式都产生了重大的转变，并产生了很多过去任何一种交往方式都未曾预料的现代性后果。为此，理论界从社会学、哲学、传播学等各个领域展开了对虚拟交往的探讨和研究，并已经形成了一些理论成果，为我们更加深入地探讨这一问题提供了丰富的思想来源。但是，经过对已有的虚拟交往理论的整合，可以发现对虚拟交往的研究仍有很大的发展空间，特别是面对新的交往方式所形成的理论幻象，鲜少有人从唯物史观的角度对其进行回应，这给新的研究提供了空间和理论支撑。

基于这样的理论背景和现实状况，本书试图将唯物史观引入到对互联网技术背景下虚拟交往的研究框架之内，从唯物史观的理论思路出发，系统分析虚拟交往的内涵、形式、特征、历史演变过程、生成的实践基础以及其引起的现代性后果，对西方经典虚拟交往理论进行整合，以唯物史观的角度对其进行回应，同时论述了虚拟交往生成之后，面对国际矛盾通过网络空间展现出的新形态，中国提出了怎样的治理方案。

这一研究具有一定的理论价值和现实意义。

首先，从唯物史观的视角研究当代互联网世界中的虚拟交往，具有一定的理论创新意义。交往是马克思和恩格斯所建构的唯物史观中重要范畴之一，贯穿了唯物史观的形成、完善和发展的各个时期。但是受到时代发展的局限，未能涉及当代新的技术背景下的交往方式。因此，发展唯物史观的交往理论，对虚拟交往的生成及其实践基础进行深刻的分析，具有一定的理论意义和理论价值。

其次，互联网技术的飞速发展，使得虚拟交往以最快的速度渗透到了人类社会的各个领域，成为了当今社会最主流的交往方式，这在给人类社会带来深刻变革的同时，也引发了一系列新的社会问题和现代性后果。面对这种状况，世界各国也采取了多种措施和政策方案对此进行治理，但是，迄今为止，如何从根本上应对这些问题仍是未能有效解决的难题。而从唯物史观的角度对虚拟交往的研究有利于我们挖掘出虚拟交往方式形成的内在逻辑和原理机制，这对于我们提出更加有效的应对方案具有重要的现实意义。

本书分为概念界定、历史演变与实践基础、理论整合以及现实探讨四个部分，这些内容将通过七章的内容呈现出来。

第一部分是概念界定部分，为本书的第二章。这一部分从广义和狭义的角度阐述了虚拟交往的内涵，界定了本书研究的核心，即虚拟交往的具体概念，分析了在此概念下，虚拟交往与传统交往方式相比所表现出的新特征。同时，分别从传播路径、传播内容和交往主体的角度区分了虚拟交往具体的表现形式，为整个研究奠定了研究框架和理论基础。

第二部分为历史演变与实践基础，为本书的第三、四、五章。首先，通过对非在场交往方式的历史发展论述了虚拟交往是如何演变而来，并且从信息传播介质的作用原理和数字处理方式对虚拟交往作出了时间分期；同时，从唯物史观的内在理论机制分析了虚拟交往生成的实践基础，证实了虚拟交往的产生必须依靠生产力水平发展到一定程度的客观现实、互联网不断发展和完善的技术支撑，以及人对交往方式的需要不断扩大和升级；最后，分析虚拟交往方式给人们社会交往方式和社会关系带来了怎样的新变化，造成了新时代背景下怎样的交往异化问题，论述了虚拟交往造成的现代性后果。

第三部分是理论整合，为本书的第六章，这一部分对当代西方基于虚拟交往已经形成的三个理论做了初步的整合。首先，对马克·波斯特的信息方式、尼葛洛庞蒂的数字化生存、托马斯·弗里德曼德世界平坦化理论这三大理论的来源、内涵进行了论述，并利用唯物史观原理对其分别进行了批判和回应。

第四部分是现实探讨，为本书的第七章，这一部分从理论回到了现实，首先将目光锁定国内现状，通过互联网在2020年新冠疫情中所起到的重要作用，为我国互联网技术实践的发展带来了启迪，借此分析了互联网技术在我国下一步的发展趋势。其次将目光放眼国际，论述了针对新的时代背景，由于资本主义全球化，国际矛盾通过互联网技术在虚拟空间中表现出了怎样的新形态，而我国面对这一境遇，提出了构建网络空间命运共同体的中国方案，具有重要的研究价值和现实意义。

本书具有一定的理论创新价值，具体表现在以下方面：

首先，对虚拟交往问题的研究，理论界目前形成了较多基于社会学和传播学角度的研究成果，而本书则立足于哲学的角度，较为全面地从唯物史观视角对当代互联网世界中的虚拟交往进行了深入的探讨和分析，不仅对虚拟交往的内涵作出了具体而清晰的界定，同时从虚拟交往生成的内在机制和历史演变作了详细的论述，对马克思的唯物史观和交往理论在当代的进一步继承和发展作出了努力。

其次，本书创新性地引入了哈贝马斯的生活世界殖民化理论——由于权力和货币对虚拟交往所依托的网络空间的侵入，造成了人类虚拟交往新的交往异化方式，并从政治层面、经济层面和文化层面给出了解决虚拟交往异化问题的路径和建议。

第三，本书论述了经济全球化背景下，国际矛盾通过互联网空间所展现出的新形态，将虚拟交往方式归为推动经济全球化进一步发展的新动力，成为资本主义国家实现资本扩张的重要工具，这也为虚拟交往的研究提供了一个新的思路。

同时，本书对于虚拟交往的研究还存在一些不足之处。首先，只探讨了生产力是虚拟交往得以生成的物质基础，但由于生产关系的复杂性，未能具体论述虚拟交往给社会生产关系带来了怎样的变化；其次，已有的虚拟交往理论还有很多具有分析的价值和意义，但由于收集、整理和研究的工作需要大量的时间和精力，因此未能在本书中详细展现。这些问题还需要在今后的研究工作中进一步改进和完善，以期从更加广阔和全面的视角丰富当代互联网世界中的虚拟交往理论。

目录
CONTENTS

前　言 　　　　　　　　　　　　　　　　　　　　　1

第一章　绪　论　　　　　　　　　　　　　　　　1
第一节　问题的缘起与研究意义　　　　　　　　　　3
　一、问题的缘起　　　　　　　　　　　　　　　　4
　二、研究意义　　　　　　　　　　　　　　　　　12
第二节　国内外研究现状综述　　　　　　　　　　　16
　一、国外研究现状　　　　　　　　　　　　　　　17
　二、国内研究现状　　　　　　　　　　　　　　　24
第三节　基本思路和研究结构　　　　　　　　　　　36
　一、基本思路　　　　　　　　　　　　　　　　　36
　二、基本方法　　　　　　　　　　　　　　　　　39

第二章　虚拟交往的内涵及其特征　　　　　　　43
第一节　虚拟交往的内涵　　　　　　　　　　　　　45
　一、广义视角的虚拟交往　　　　　　　　　　　　46
　二、狭义视角的虚拟交往　　　　　　　　　　　　47

第二节　虚拟交往的分类与表现形式　　　　　50
一、传播路径的视角　　　　　　　　　　　　51
二、传播内容的视角　　　　　　　　　　　　60
三、交往主体的视角　　　　　　　　　　　　70

第三节　虚拟交往的特征　　　　　　　　　　75
一、介质的数字化　　　　　　　　　　　　　78
二、时空压缩与时空扩张并存　　　　　　　　81
三、在场与不在场并存　　　　　　　　　　　85

第三章　虚拟交往的历史演变　　　　　　　91
第一节　交往媒介的历史演变　　　　　　　　94
一、信息的语言介质交往时期　　　　　　　　95
二、信息的物质介质交往时期
　　（旧石器时代—19世纪30年代）　　　　　96
三、信息的电子介质交往时期
　　（19世纪30年代—20世纪90年代）　　　101
四、信息的互联网介质交往时期
　　（20世纪90年代至今）　　　　　　　　103

第二节　互联网技术的起源与发展　　　　　108
一、国际互联网的起源　　　　　　　　　　109
二、互联网协议　　　　　　　　　　　　　111
三、互联网的发展趋势　　　　　　　　　　113

第三节　中国互联网发展的四大浪潮　　　　115
一、互联网1.0：开疆扩土　　　　　　　　116

二、互联网2.0：诸王纷争　　　　　　　　　117

三、互联网3.0：帝国崛起　　　　　　　　　119

四、互联网4.0：百家争鸣　　　　　　　　　119

第四章　虚拟交往生成的实践基础　　　　　121

第一节　虚拟交往生成的物质基础　　　　　123

一、虚拟交往在社会变革中生成　　　　　　124

二、虚拟交往使信息成为新的生产力　　　　128

三、虚拟交往是生产力发展的必然产物　　　136

第二节　虚拟交往生成的技术支撑　　　　　147

一、交往工具的发展　　　　　　　　　　　147

二、互联网社交的发展　　　　　　　　　　152

三、移动终端的发展　　　　　　　　　　　155

第三节　虚拟交往生成的现实动力　　　　　159

一、虚拟交往促进了社会关系的全面发展　　159

二、虚拟交往为个人需要的全面发展提供条件　162

三、虚拟交往为个人的自由发展提供空间　　164

第五章　虚拟交往理论的辩证审视　　　　　167

第一节　对交往行为的传统理论审视　　　　169

一、马克思的交往理论　　　　　　　　　　169

二、哈贝马斯的生活世界理论　　　　　　　184

第二节　马克·波斯特——用信息方式代替生产方式　198

一、信息方式的理论来源　　　　　　　　　200

二、信息方式的理论内涵　　　　　　　　　　203

三、信息方式与生产方式之比较　　　　　　　207

第三节　数字化生存——虚拟交往的现实困境　212

一、数字化时代带来新的机遇和挑战　　　　　213

二、数字化时代带来的现实困境　　　　　　　223

三、在数字化中求生存　　　　　　　　　　　231

第四节　世界平坦化　　　　　　　　　　　　　234

一、世界是怎么变得平坦的　　　　　　　　　235

二、弗里德曼的世界平坦化实质：资本主义全球化　242

三、建构公平博弈的平坦化世界　　　　　　　246

第六章　虚拟交往的现代性后果　　　　　　249

第一节　虚拟交往带来社会交往方式的变革　　　252

一、从地域性走向全球性　　　　　　　　　　252

二、从实体性走向虚拟性　　　　　　　　　　255

第二节　虚拟交往带来社会关系的变化　　　　　259

一、社会结构的垂直性和扁平性　　　　　　　260

二、虚拟交往推进了话语权主客体关系向主体际

　　关系的转换　　　　　　　　　　　　　　273

三、虚拟交往推进了因果关系向相关关系的转换　279

第三节　虚拟交往引发的社会反思　　　　　　　281

一、虚拟交往带来的伦理道德问题　　　　　　282

二、虚拟交往导致的交往异化问题　　　　　　285

三、虚拟交往带来的信息垃圾问题　　　　　　291

第七章　虚拟交往与网络空间命运共同体构建　　293

第一节　我国现阶段虚拟交往的态势分析　　295
一、网民与网络生态的现状分析　　295
二、互联网对我国实践的启迪　　298
三、中国互联网的下一步发展趋势　　301

第二节　互联网世界中世界矛盾的新变化　　305
一、政治帝国主义　　305
二、经济帝国主义　　307
三、文化帝国主义　　308

第三节　应对国际矛盾新形态的中国方案　　309
一、网络空间命运共同体的理论依据　　309
二、网络空间命运共同体理论的提出　　313
三、构建网络空间命运共同体的实践路径　　317

参考文献　　320

第一章
绪 论

在现代社会中，互联网技术的飞速发展和不断完善，使得整个社会的网络化程度和信息化程度不断提高，并构建起一个进行信息交换和社会交往的互联网世界，在这个新的交往场域中，人与人之间的交往方式发生了变革，形成了虚拟交往。虚拟交往以其可以突破时间和空间限制的优势迅速渗透到人们的生活中，深刻改变了人们的生活方式、思维形式、生产方式、存在方式。同时，由于虚拟交往与传统交往方式相比出现了很多新的特点，并引发了一系列现代性后果，对整个社会产生了深刻的影响，因此，引起了广大学者的重视，学术界从各个角度对其进行了探讨，是当今全球性的热门话题。

在这一背景下，本书选择了唯物史观的视角，试图对当代虚拟交往的内涵、形式、历史发展、实践基础和现代性后果等方面进行一次全面和深入的探讨，这是马克思主义理论学科学者的责任，是时代发展的要求，也是马克思主义理论深入当代社会的需要。

第一节 问题的缘起与研究意义

马克思早已在唯物史观中借生产方式这一核心研究了人类的社会交往活动，并衍生出人类社会的物质交往、精神交往、世界历史性交往等概念，建构了一个完整的交往理论体系，对人类的实践活动具有重要的指导作用。在虚拟交往对人类社会的影响日益深入的背景下，在互联网技术已经成为当代社会各个领域最重要的技术手段的现时期，发展地运用马克思的理论体系对新时代新的交往方式进行更加深入的探讨，无论是对于完善交往理论，还是让人们对新的交往方式有一个客观的认识都具有重要的意义。因此，从唯物史观的视阈对互联网世界中的虚拟交往进行研究具有重要的理论价值和现实意义。

一、问题的缘起

我们现在使用最多的"交往"概念，一般来自现代通讯理论和传播学。英文单词交往（communication）与普通（common）和社区（community）共有同一个前缀"com"，前缀译为"共同、互相和一起"，交往（communication）可以译为某一群体通过媒介进行信息互换的过程以及由此带来的人与人之间的相互作用。换句话说，人类交往是一种交换信息的过程，信息的内容往往是交往的发出者为了最大限度地减少接收者的不确定性而对信号进行整合。

社会学和人类学也常把交往作为一个重要的概念来进行考察，而且，这里的"交往"同现代通讯和传播学中的"交往"相比较，有了更加广泛的外延。他们通常认为，广义的"交往"是使社会能够不断运转且不断发展的重要工具，狭义的交往是社会中人与人实现相互沟通的最重要手段。这里的交往蕴涵了一定程度的文化、道德或政治意义。基于此，"交往"对理解社会系统、社会结构、社会生活等方面的关系有着重要的作用。

从人与人之间的相互作用的角度看，许多西方哲学家也对"交往"进行了深度的探讨和考察。比如伽达默尔认为的通过"看、听、说"而达到的"视域融合"，或是海德格尔认为的"人在世界之中存在"等。哈贝马斯则对西方现代的交往理论进行了一次大的整合，并由此建立了他自己的交往行动理论。从这些交往理论中，我们都能感受到交往与人具有内在的相关性。这些都是从人类的行为和社会的规则出发，来探讨交往如何实现的过程。

虚拟交往是在互联网技术普及之后才逐渐形成的新的交往方式，也引发了学术界各个领域对其的热烈讨论，但理论界还未能有人建立起对虚拟交往完整而系统的研究。若想选取一个视角来建立起虚拟交往的理论体系，就应该先对这种新的交往方式有什么样的新特点有一个整体的把握。现时代的虚拟交往和以往传统的交往方式相比，无论是在技术手段，还是在内容和交往主体上都发生了巨大的变化，这些变化主要体现在现代社会的政治生活、经济生活、社会生活和文化生活中。

（一）虚拟交往改变了政治生活

互联网技术的发展使虚拟交往对政治领域产生了深远的影响，形成了网络政治的模式，并且迅速发展，已经被广大人民群众所接受。就现阶段网络政治的发展进程来看，网络政治的模式增加了民众的政治参与度，推进了社会民主的发展，改变了过去社会中金字塔式自上而下的权力模式和中心化的结构，使得人们拥有了一个更加平等的平台参与到国家的政治生活中，与传统的政治参与方式相比，显示出自由、平等、开放的特点。在网络政治模式中，政府的政策必须建立在互联网自由开放的基础之上，每一个人都可以通过政府的网络平台了解到最新的政策变化和法律法规，没有任何人或者任何组织能够对互联网产生绝对的控制，确保了网络政治模式更加具有面向群众的公开性和透明性，便于网民对政府的监督。同时，网民可以通过互联网与执政者进行互动和沟通，这是过去任何一种政治模式都无法做到的，这使得一些平民大众之中的合理建议能通过互联网及时传递给执政者，也能够让政府更加直观地体察到民情，有利于提高政府的执政水平，也激发了民众参与政治的热情。最重要的是，网络政治模式改变了中心化的社会结构，形成了使权力分散的多中心化，极大程度消除了身份歧视，推进了国家政治民主的进一步发展。网络政治并没有因为虚拟交往技术上的虚拟化而脱离与现实政治的密切联系，相反真实地反映了现实社会的政治状况，并延伸了政治生活的空间。在这种新的政治模式下，人民大众的政治水平大大提高，无论是国际形势，还是国内的政治经济新动向，都可以即时通过网络展现到大众的眼前，大众需要在新的模式下培养更强的政治鉴别能力，能够正确分析、冷静观察、客观判断，才能推进网络政治朝着更完善的方向继续发展。

（二）虚拟交往改变了经济生活

现代生活中，虚拟交往对社会经济生活的影响最为深入，过去以供给为主要导向的经济模式正在走向衰退，取而代之的是基于互联网技术所形成的以需求为导向的网络经济模式。虚拟交往方式使得经济交易的场所和时间都有了很大的灵活性，纷繁多样的商品类别可以完全呈现在网络空间和电商平台之上，不仅提高了交易的速度和生产效率，也极大地节约了传统经济模式中间环节所造成的成本，是目前最为高效且广阔的经济模式。网络经济模式推动了共享经济的发展。共享经济是与互联网融合所产生的新型经济发展模式，是以获得一定报酬为目的，使陌生人之间也可以实现对物品使用权暂时转移，可以整合闲置的物品、劳动力和各种工具。在这种经济模式下，人们可以足不出户就将自己闲置的物品出售给有需要的人，也可以随时随地与同自己顺路的车主取得联系，极大提升了人们的生活效率，给人们带来了便利。网络经济构建了越来越完善的电商平台，以亚马逊公司为先导，企业可以通过互联网平台将自己的产品和服务在互联网中散播到更广阔的范围。目前，各个行业都在争前恐后地走向平台化，各类电商平台、电商软件越来越高频地出现在我们的生活中，这不仅给企业提供了更好的机会和发展空间，也更加节约了人们的时间成本，为人们的生活提供了非常大的便利，特别是国内的淘宝、天猫、京东、当当网、盒马等，已经形成人们日常生活必不可少的重要购物平台。网络经济给人们提供了更好的服务平台，无论是在旅游业还是在进出口业务、跨国采购业务都取得了一定程度的进展。互联网技术的平民化，降低了人们参与其中的门槛，使得社会各个方面的服务都能够通过互联网技术呈现在人们的面前，给人们提供了极大的自由去做最优选择。网络经济还对企业的发展和转型产生了巨大的影响。当代企业可以运用互联网技术转变管理及生产模式，计算机的自动化提高了企业的工作效率，解放了大量的劳动力，使更多劳动力可以投入到更高级的工作之中，为经济的发展提供了更多的机遇，保证了当代经济稳定和快速的发展。网络经济模式改变了创造价值的载体，促进了厂商和顾客之间进行更密切的沟通和互动，也改变了工业经济时代中创造价值的方式，在这种模式下，技术因素成为创造更多价值的关键所在。但同时我们也不能忽视互联网给传统经济模式带来的冲击，传统经济模式中大量的工作机会由于互联网社会的到来而正在走向灭亡，这虽然是时代进步的具体表现，但我们更应该致力于如何快速创造更多新的工作机会来缓解这样的压力。冷静、客观、辩证地看待虚拟交往给经济生活带来的影响，是我们现代社会经济生活所面临的最大挑战。

（三）虚拟交往改变了社会生活

在信息时代中，互联网社交是应用最广泛的社交方式，由于在互联网社交过程中，交往的主体退隐到网络之后，其身份和交往内容由数字化形式表达出来，实现了交往主体的虚拟化和隐匿化，因此被称为虚拟交往。虚拟交往在最大程度上促进了人的全面发展，这主要表现在：第一，虚拟交往消除了社会上的地位、身份差异，突破了现实社会中各种不平等的社会地位，参与到虚拟交往中的交往主体可以实现现实生活中不可能实现的自由和平等，并且可以对任何信息都自由发表自己的观点和看法，虚拟交往是人类所有交往方式中最大程度实现平等的交往方式。第二，虚拟交往突破了时间的局限性，将信息的即时传送变成可能。在传统的交往方式中，无论技术发展到什么程度，信息的传送总是带有延迟性，交往方式的发展过程就是一个不断缩短信息传送时间的过程，互联网技术的诞生使得人们只要经过连接网络和移动终端，就可以在任何地点任何时间进行信息的即时传送，最大程度地扩展了交往的可能性。第三，虚拟交往突破了物理概念中地域的局限，无论交往者各自处在什么样的地点，相隔多远的距离，都可以实现交往。对物理空间的突破使得世界前所未有地连接在一起，世界好像缩成了一个小小的村落，同时也推进了经济全球化的发展进程，促进了世界各国各民族之间的文化交流，使全人类能够共享社会中被创造出来的各种精神和物质财富。无论是相隔很远的亲朋好友，还是兴趣相投却相隔异地的陌生人，都能利用网络随时随地地交往。人们在这种交往方式下，不再像过去那样被局限在狭小的城市空间，空间的概念也在虚拟交往中得以延展，狭隘的地域性交往已经成为了过去，取而代之的是带有普遍性和世界性的交往，人与人之间建立起全面的依存关系，人类因此而获得了全面发展的机会。第四，虚拟交往丰富了社会的范围和内涵，作为社会交往延伸的互联网世界，虚拟交往使得社会的概念前所未有地延伸。互联网技术给人们构建了一个理想的公共平台，在这里，人人均有平等的机会参与到政治、社会、经济、文化的交流和沟通中，可以自由地对任何事情发表观点和看法，可以培养人们在新的社会场合中提高主体的参与意识、责任意识和独立意识，使社会民主发展到了一个新的高度，有利于推进整个社会向更高、更完善、更好的方向继续发展。但同时，虚拟交往也带来了新的社会问题。对于网络的过度重视使社会中的个人忽视了现实生活的重要性，将网络变成主要的精神寄托，形成了互联网技术背景下的新的交往异化；网络数据库的内容越来越丰富，也代表着垃圾信息的泛滥，还有网络的公开性也容易引起个人隐私在网络中的严重泄露，因此，虚拟交往具有极大的信息安全隐患；身份的虚拟化容易引起交往主体过度地放纵自己，各种基于网络技术的不道德现象也越来越严重；网络技术衍生了网络诈骗等新的诈骗行为，这些犯罪活动引发了人类的信任危机；过于便利地获取信息和知识使人们越来越安于现状，降低了人们的创造性。综上所述，虚拟交往对于社会生活的影响应该辩证地从积极和消极两方面来看，也只有辩证地看待这些问题才有利于从整体上把握这种新的交往方式，从而进一步挖掘应对方案。

（四）虚拟交往改变了文化生活

在国际文化交流方面，由于虚拟交往提供的便利，全世界各个国家、各个民族的文化交流变得更加便利，这有利于世界各国形成互相理解，进而产生更加紧密的联系，促进世界的和平与发展。在具体的教育方式方面，虚拟交往实现了远程教育的教育模式，学术的探讨和知识的传授都不再限定于一定的物理空间之内，无论身处何处，任何人都可以通过互联网进行高水平的交流和畅通无阻的探讨，即使是偏远地区，只要可以连接网络，也同样如此。虚拟交往第一次实现了教育的平等，在文化生活中具有跨时代的深刻意义。信息的公开化也使学者们可以通过互联网随时搜索和收集各种知识、理论以及前人的研究成果，节约了学术研究活动中大量的时间成本，提高了学术研究活动的效率，为全人类创造更加丰富的思想和知识提供了广阔的空间。互联网空间还使教育机构可以通过网络开设信息公开的教育网站，面向全社会，任何希望得到教育的人都可以参与其中，突破了教育的年龄限制、人群限制、时间限制，为人们最大程度地提供了丰富而广泛的渠道来获得知识。

　　基于以上总结，虚拟交往对当代社会的影响深刻而广泛，在人类的政治生活、经济生活、社会生活和文化生活中都扮演了重要的角色，不容忽视，对虚拟交往的深入研究对于我们理解社会和人的行为都具有重要的意义。但是由于虚拟交往是信息时代背景下人与人之间实现沟通的新手段，还没有经历长时间的发展过程，因此理论界也还未能对虚拟交往的研究形成一个整体和系统的理论和认识，特别是哲学领域，还未能系统地丰富过去的交往理论，这给我们提供了可能性和充分的研究空间。从哲学视角对虚拟交往的研究可以形成对其在概念、内涵、运行机制等各方面的抽象认识，有利于指导人们客观辩证地把握虚拟交往的积极作用和消极影响，为此，本书试图从哲学领域中，选取唯物史观的角度，尽可能从整体上对虚拟交往进行深入的探讨和研究，从哲学角度界定虚拟交往的内涵和概念，深入虚拟交往对社会各方面的影响，找出其引发的现代性后果，以期从哲学角度丰富虚拟交往的研究。

二、研究意义

提起交往，人们往往会将其浅显地理解为人与人之间的互动行为和信息交流所建立起的联系，但事实上，交往对人类社会的影响并非如此狭隘。在现时代，交往不仅影响着人与人之间的社会关系和人的存在形式，从宏观角度来看，交往对于民族和国家的存在形式同样具有深远的影响。基于此，新的时代和新的技术所产生出的虚拟交往，符合了时代发展的潮流，毋庸置疑地成为了对这个时代影响最深远的社会存在新形态。所以，对虚拟交往的唯物史观解读，无论在现实层面还是理论层面都有着重要的意义。

首先，从理论价值来看，主要体现在以下方面。

（一）将虚拟交往引入到唯物史观的理论框架之中

唯物史观是关于人类社会发展一般规律的理论，是马克思主义哲学的重要组成部分。在唯物史观中，"现实的个人"是其起始概念，而"交往"则是揭示生产力与生产关系乃至一切其他的社会关系（包括观念的关系或思想的关系）的感性本源。可以说在唯物史观这一哲学范畴中，"交往"是贯穿始终的重要核心概念之一，在唯物史观建立、形成、发展和完善的各个阶段中，"交往"都起了至关重要的作用，是一切人类生产活动的前提和基础。唯物史观中借生产方式这一核心，衍生出了人类社会的物质交往、精神交往、世界历史性交往等概念，人类生活在一个交往的世界之中，它不仅是社会中单个人的存在形式，更是当下民族与国家的存在形式。

运用唯物史观的架构和视角来研究社会问题，有利于我们探寻研究对象与客观世界之间的内在联系，并且梳理清楚研究对象的发展历程和内涵特征，形成对研究对象的理性认识，从而能够进一步指引我们的实践活动。唯物史观揭示了人类社会发展的一般规律、社会存在与社会意识的辩证关系、生产力和生产关系的矛盾。虚拟交往作为社会生产力发展的产物，以及人与人之间、国与国之间、民族与民族之间关系发展的新形态，受到科技发展的影响，符合社会生产力发展的一般规律，代表了人类新的生存状态，决定了现代社会中的思想潮流，因此，从唯物史观对其进行分析具有理论合理性。

（二）对已形成的虚拟交往理论进行了批判性回应

由于虚拟交往的产生和迅速发展，思想界形成了一些与虚拟交往相关的理论成果，本书选择了西方对虚拟交往已形成的理论成果中的信息决定论、数字决定论和世界平坦化理论，对其理论观点进行了概括和梳理，同时以马克思主义的角度对其进行了辩证和批判性的回应，为虚拟交往的研究提供了新的角度，具有一定的理论创新意义。

（三）对经典交往理论进行了更深入的延展

本书论述了马克思的交往理论和哈贝马斯的生活世界理论，并将其与当代虚拟交往理论结合起来，发展和丰富了相关理论。马克思建构了一个系统的交往理论，基于人的需要和满足需要的方式的视角出发，将社会交往看作是人类生存、实践和各种活动以及社会发展的一种重要方式，将交往看作是人们为了满足自身生存发展的需要而进行的物质生产活动的前提条件，对个人的生存和发展以及整个社会的进步都有着重要的影响。但是囿于时代的限制，马克思未能对虚拟交往进行深入的研究和探讨，这为本书的研究提供了研究的基本思路和研究空间。哈贝马斯引入了言语的有效性基础建构了一个完整的交往行动理论，在该理论中，生活世界是重要的组成部分。由于权力和货币的侵入，使得生活世界发生了殖民化的异化现象，哈贝马斯由此建立了生活世界殖民化理论，这一理论对当代虚拟交往的研究具有很大的理论指导意义。在互联网世界中的虚拟交往，同样会受到权力和货币的入侵，并对虚拟交往中的政治、经济和文化活动都产生巨大影响，也就是说，虚拟交往也会产生殖民化的异化现象，因此，用生活世界殖民化理论来分析当代的虚拟交往中的异化现象，不仅对我们的交往实践活动有着指导意义，同时对于交往行动理论的进一步丰富和发展也具有深刻的理论意义。

其次，从现实意义来看，主要体现在以下方面。

1.探讨了虚拟交往的现代性后果

基于互联网给社会结构、社会关系等方面带来的变化，为虚拟交往这种新的交往方式给社会带来的现代性后果进行探讨。

互联网的普及使得人类社会形成了新的交往方式，改写了当代社会的空间概念和时间概念，扩展了人们社会生活的维度，丰富了人们之间的交往内容，使新的技术展现出前所未有的魔力。虚拟空间中形成了一个由庞大信息组成的数据库，对社会中所有的平民开放，每一个人都可以享受到方便快捷的检索信息和知识，人与人之间的互动和交流也变得更加即时和方便，过去呈金字塔结构的社会权力被分散开来，使每一个平民都获得了更多的权力，这些变革深深地影响着当代人的生活，人类的生存形式被彻底改写。但是，正如法国著名思想家孟德斯鸠所说，"一切有权力的人都容易滥用权力，这是万古不易的一条经验"。权力的分散造成了虚拟空间中的社会秩序混乱，给社会带来了不同程度的异化和危害，在这种情形之下，如何建立互联网秩序，已经成为当下时代的一个重要议题。

从这个角度来看，挖掘互联网世界中虚拟交往的内在运行机制及其现代性后果，具有十分深远的现实意义。

2.探讨了虚拟交往给世界带来的新变化

立足当今世界整体发展的全局视角，挖掘了资本主义国家利用互联网作为工具给世界矛盾形势带来的新变化，为寻求解决矛盾的方案作出准备。

在当今世界，虚拟交往的发展推进了经济全球化的进程，使人类空前地紧密联系在一起，网络空间对人类社会的影响越来越深刻。这引发了世界各国对网络空间治理的探索。

利用互联网的便利，资本主义国家通过外包、离岸经营等经济手段，将其社会内部的基本矛盾扩展至整个世界，这些矛盾以互联网技术和虚拟空间作为工具，具体表现在网络政治帝国主义、网络经济帝国主义和网络文化帝国主义在各国的渗透中。面对国际矛盾的新形态，选择什么样的治理方案才能为全人类的解放和发展作出最大的贡献，是当下社会亟需解决的问题，因此，对这一问题的研究具有重要的现实意义。

第二节 国内外研究现状综述

1991年8月6日，蒂姆·伯纳斯·李建立的世界上第一个网站http://info.cern.ch/实现了真正意义上的上网，此后的三十年，网络技术不断更新，各种操作系统、硬件软件不断换代，在这个过程中形成的虚拟交往也得到了充分的发展，各种功能越来越完善，目前已经成为了人们社会生活中极为重要的组成部分，深刻地改变着这个时代的存在方式和人类的生活方式。

由于互联网信息技术的高速发展引发了学术界各个学科学者的关注，并在学术界形成了一些广为人知的理论和学派。同时由于虚拟交往使信息成为了一种新的社会生产力，因此之前对于信息的相关理论对虚拟交往的研究同样具有借鉴意义，对这些理论的总结都成为本书研究的重要基础。

一、国外研究现状

美国是互联网诞生的故乡，早在20世纪60年代前后，美国人就已经深刻感受到这一新的技术所蕴含的巨大力量将会给社会带来重要变革，因此，国外的研究学者对这一领域的研究起始时间比较早，维度比较广阔，研究成果也相对更加丰富。

（一）波拉特范式

每一个不同的时代背景都会衍生出与该时代生产力发展水平、科技水平相适应的交往方式，虚拟交往是信息时代中的重要交往方式，凸显了信息时代的显著特征，因此，最早对信息这一重要介质的研究体现了对时代进行预测和把握的前瞻性，应该引起虚拟交往研究者的重视。

马克·尤里·波拉特是美国著名的经济学家，受到美国经济学家、社会学家弗里茨·马克卢普知识生产理论的启发，对信息社会进行了深入研究，形成了波拉特范式，代表作为《信息经济：定义和测算》。波拉特界定了由信息资本和信息服务的生产、流通、处理和消费的全过程形成了社会中的信息活动，同时扩展了传统的产业类型，在农业、工业和服务业的基础上增添了信息业，并将信息部门划分为一级信息部门和二级信息部门，显示出在信息社会中信息占据了重要的地位。波拉特的前瞻性体现在不仅将信息看作是一种商品，同时认为信息是一种经过组织和传播的资料，无论是信息消费品，还是信息服务过程中生产、处理和流通中消耗的一切资料都应该包括在其中。波拉特深刻地认识到，没有呈现在市场中销售的信息服务所用的成本也应该受到重视。由于对信息的整个生产过程进行了全面的研究，使得其开创性得出了为国民经济作出经济贡献的职业的排名。同时从经济学角度开启了定量描述信息经济的先例，目前仍是世界上关于信息经济和信息产业分析的测算方面最权威的方法，具有极大的实用性和可操作性，对信息时代国民经济作出较大贡献，也对后来形成的虚拟交往方式给社会经济带来的变革具有借鉴意义。

（二）托夫勒与"未来社会"

阿尔文·托夫勒是当代著名的未来学家，出版了很多研究未来社会的名作，包括1970年出版的《未来的冲击》、1980年的《第三次浪潮》、1990年的《权力的转移》和2006年的《财富的革命》，以宽阔的视野、新鲜的立意提出了很多独到的理论，能够"帮助我们同变革打交道，也就是说，通过进一步认识人对变革的反应，使我们得以有效地应对个人和社会双方的变革"①。托夫勒十分有远见地预见到现代科学技术会深刻改变人类社会的结构和生活的形态,将人类发展史划为农业文明、工业文明和信息社会三次浪潮,给历史发展和社会形态的研究提供了全新的视角。

托夫勒预测到,未来社会权力的争夺将会围绕知识的分配方式和获得知识的机会而展开,而网络技术将会对知识控制权起到决定作用,因此,西方发达国家才会争相发展网络系统,从而争夺利用网络进行的信息循环中各个关键环节的控制权,最终掌控对经济和政治的控制权。正是托夫勒对未来即将到来的信息社会的详细讨论,及时发现了信息时代,决定权力的将会是电脑的软件、硬件以及互联网的技术和智能而并非工业社会中的资本,让人们对迎接社会变革的第三次浪潮的到来作出了充分的准备。

(三)奈斯比特与"信息社会"

约翰·奈斯比特也是当代著名的未来学家,进一步丰富了信息社会理论。他的主要著作有《大趋势——改变我们生活的十个新方向》《大挑战——21世纪的指南针》《2000年大趋势》等。他从社会信息化的角度出发,将社会分为了农业社会、工业社会和信息社会,预测到新的时代中信息化将成为决定社会发展趋势的重要动力。虽然在他作出这个预测的时候,信息社

---

① 〔美〕阿尔文·托夫勒:《未来的冲击》,孟广均等译,新华出版社1996年版,第3页。

会还未完全到来,"我们还是认为我们生活在工业社会,但是事实上我们已经进入了一个以创造和分配信息为基础的经济"①。

奈斯比特坚信,信息社会的到来会使人类社会出现历史上前所未有的伟大变革,在这个新的社会中,知识的生产将会形成最重要的产业,信息将是社会生产过程中最重要的资源,人们的时间观念、生活目标都会产生巨大变化。信息起到重要作用的社会将会削弱国家的力量,个人力量得到空前释放,带有阶级属性的等级制度将会受到巨大挑战,同时,信息将会使人们前所未有地紧密相连,推动经济全球化的进程。从我们现在社会的深刻变革来看,这些预测非常准确,并让我们对新社会形态产生深刻的反思,对虚拟交往过程中信息的重要作用进行深入的思考。

(四)卡斯特与"网络社会"

曼纽尔·卡斯特是当代著名社会学家,由于他对网络社会的研究非常深刻,被誉为"信息时代的马克斯·韦伯"。其著名作品《网络社会的崛起》对之后互联网以及互联网的影响的研究都具有深刻的影响,此书与《认同的力量》《千年终结》被称为信息时代的三部曲,对之后学者研究互联网社会背景下社会结构的变迁具有重要的指导作用。卡斯特并不赞成信息社

---

① 〔美〕约翰·奈斯比特:《大趋势——改变我们生活的十个新方向》,孙道章等译,新华出版社1984年版,第1页。

会的说法，认为网络社会的说法更加符合现代社会的特点，这不仅意味着一个崭新的社会形态，同时意味着新的社会模式。在《网络社会的崛起》一书中，卡斯特从更高层次的视角分析了网络社会的结构以及引起网络社会变迁的技术逻辑，深入探讨了新的社会背景下，网络对经济、社会和文化发展产生了怎样的影响，促使社会向新的形态进一步变革。《认同的力量》一书中，卡斯特表明了网络在变革社会活动的组织方式和信息的分享方式之外，还变革了社会文化的生产者和传播者的境遇，重构了社会认同感。《千年终结》一书中，卡斯特剖析了社会权力结构的变革，从过去的国家与民族中央集权的权力结构转向了权力分散的新结构。他的理论代表西方对信息社会理论的探究已经走向成熟，至今受到各国网络研究者的重视。

（五）麦克卢汉与媒介研究

被誉为"电子时代的代言人，革命思想的先知"的20世纪原创媒介理论家马歇尔·麦克卢汉，曾提出过地球村的概念，对本书中虚拟交往的研究有很大的参考意义，其媒介即讯息的思想也对传媒和交往方式的研究具有重要参考价值。地球村的概念最早在麦克卢汉1967年的著作《理解媒介：人的延伸》中被提出，主要陈述了电视、广播、互联网等新媒体以及其他新的电子媒介，使人们的关系越来越紧密，甚至让整个世界缩成了一个小小的村落。地球村形成以后，人们与外界的联系手段开始日趋多元化，颠覆了传统思维中的时空概念，人类的关系由此开始变得更加紧密，人类的文化开始互相流通。除此之外，地球村的形成有利于互联网技术的传播和发展，展现出信息时代网络的重要作用，是大数据时代的直接产物。

麦克卢汉的媒介即讯息思想也表达出媒介作为人类文明在社会的不断发展中起到重要作用的中介，可以直接对我们思考和理解问题产生影响，从这一角度来看，对整个社会能够产生最大价值和最深刻意义的"讯息"并非不同时代背景下媒体所输出的具体内容，而是在于不同时代人们使用了什么样的传播工具，这些工具特殊的性质以及其功能创造出的可能性才是引起社会变革的最根本动力。但是这种思想并不是绝对正确的，易引导人们将媒介的技术和手段视为推动社会发展和引起社会变革的唯一决定性因素，从而忽视生产力和生产关系中对社会发展起关键作用的各种社会因素。

（六）波兹曼"媒介即隐喻"

尼尔·波兹曼是世界著名的媒体文化研究者和批评家，在其多部著作中都展现出他对后现代工业社会的深刻预见和尖锐批评，《娱乐至死》就是其重要的代表作之一。在此书中，他继承并发展了麦克卢汉"媒介即讯息"的重要思想，提出了"媒介即隐喻"的基本理论命题。通过追溯传媒的变迁，阐述了电视声像逐渐取代书写语言的过程，针对20世纪80年代美国的电视媒体只能实现单向沟通，无法与观众进行有意义的交流进行了批判，以独特的方式揭示出媒介中蕴含的文化力量，这是一种强大的暗示力量，强大到可以影响现实、定义现实世界甚至是重构整个世界。

（七）丹·席勒与信息资本主义

丹·席勒是西方传播政治经济学的标杆人物之一，致力于信息资本主义、信息与社会的内在关系以及传播政治经济学等方面的研究。主要著作包括《数字资本主义：全球市场体系的网络化》《信息拜物教》《传播理论史：回归劳动》《数字化衰退：信息技术与经济危机》等。他的著作有一个显著的特点，就是从马克思主义政治经济学的视角对信息传播领域进行分析，至今在传播政治经济学领域有着重要影响。同时，丹·席勒能够直视资本主义的本质，并根据时代特点，不断挖掘资本主义在信息社会的新特点，这在美国学者中是十分难得的，对我们研究互联网对当代社会形态的影响的研究具有十分珍贵的借鉴意义。

（八）尤瓦尔·赫拉利与简史三部曲

赫拉利是目前全球备受瞩目的新锐历史学家，擅长从宏观视野对人类社会历史进行研究，其代表作《人类简史》《未来简史》《今日简史》被称为简史三部曲，并长期占据畅销书榜单。

赫拉利从相当宏观的视野描述了一个人类发展简史，以其丰富的历史学、人类学、生态学和心理学知识体系，描绘了一个别具一格的人类进化史。从人类社会形成之前，一直延伸至今，陈述了互联网社会到来之后，社会产生了重大变革，并预测了未来人工智能将会对社会产生的重大影响，使人们认识到，在数据主义日益崛起的今天，人类即将被更有效率的组织形式所取代，透彻分析了新的时代中人类命运走向的重大议题，引起了人类对新的社会存在形式的深刻反思。

目前国外对互联网和虚拟交往的研究成果丰硕，在新闻传播学、社会学、经济学、心理学、哲学等各个领域都有所涉及，广大国外学者分别从对媒介工具的研究，对社会经济的影响，对个人发展的影响等各个方面都进行了全面而广泛的探讨，对我们研究本国的互联网社会与虚拟交往形式都有借鉴意义。

二、国内研究现状

互联网在1994年进入中国，其后引起了中国无数学者的研究和探讨。21世纪互联网在百姓社会中不断普及之后，对互联网以及虚拟交往的研究迅速增加，并逐渐发展成为了一个显性的学术问题，其成果大多以学术论文的形式呈现出来，对于我国互联网社会中虚拟交往的进一步研究具有重要意义。

随着互联网的迅速发展和普及，其影响已经渗透到社会生活中的各个领域，引发了中国学者对其的研究热情，截止到2020年1月，在中国最大的学术论文数据库中国知网中，检索"互联网"一词，可得到229620篇文献，检索"网络"一词，可得到1338906篇文献。这些文献几乎覆盖了社会科学的所有领域，足以见得互联网的影响之深刻，并直接呈现在学术研究领域中。检索"虚拟交往"，可得到110篇文献，检索"网络"与"交往"，可得到3664篇文献，可见，互联网背景下的交往方式问题也引发了各个学科的关注，已经有相当一部分学者认识到互联网对人类交往方式产生了深刻的变革。

（一）范宝舟的《论马克思交往理论及其当代意义》

马克思的唯物史观是关于人类社会发展一般规律的理论，是马克思主义哲学中的重要组成部分，而交往作为人类重要的实践活动，在唯物史观中占据了重要的地位。在对生产力与交往形式之间的内在联系与矛盾的揭示中，马克思找出了人类积累、继承、传递和发展生产力的社会机制，即交往，这是人区别于动物的社会遗传机制，在此作用下，人类社会的生产力得到了承前启后的不断发展。随着生产力水平的进一步发展和交往的深入，人类历史终将转变为世界历史，社会发展也终将呈现出全球化的趋势，这是共产主义最终会成为现实的重要现实依据。范宝舟教授在其著作《论马克思交往理论及其当代意义》中，充分肯定了马克思交往理论对当代社会发展的重要指导意义，深刻地剖析了马克思交往理论的内涵，通过对生产与交往之间的内在联系的梳理，直指交往的最终目的在于实现人的自由、解放和全面发展。不仅如此，范宝舟教授将视角放眼当下和未来，对资本主义与社会主义两种制度下的交往进行了理性的审视，挖掘出在全球化进程不断加快的背景下，要始终把马克思的交往理论视作指导中国走向现代化道路的重要方法论和中国现代化取得显著成果的重要理论依据。

范宝舟教授的这部著作对本书的研究具有重要的指导意义，特别是在挖掘虚拟交往的内涵及其生成的实践基础中，生产和交往的内在联系在当下信息时代的虚拟交往形式中依然具有深刻的理论意蕴。同时此书中马克思交往理论与当代全球化的哲学理念一章，是本书研究互联网世界中世界矛盾的新变化部分的重要灵感来源。

（二）孙伟平的《信息时代的社会历史观》

由于信息科技革命的发生，全球迈进了信息时代，人类社会历史因此而发生了激动人心的剧变。孙伟平从宏观的社会历史观视角出发，对信息时代进行了一次深入而详尽的论述和探讨。在理论层面，从生产力和生产关系的角度分析了信息社会发生了怎样的具体变革，对信息时代到来后，社会中产生的伦理道德、数字化犯罪进行分析，并提出了治理这些问题的方略和出路。同时，信息时代形成了新的文化存在形式，对人类全面自由的发展起到了重要作用。在孙伟平看来，"一切科学技术都是人类活动的产物，是人类'活的劳动'创造的结果"[①]。因此"人是一切人类活动的最终目的"。互联网作为人类创造

[①] 孙伟平：《信息时代的社会历史观》，江苏人民出版社2010年版，第518页。

的工具，应该最大程度"服务于人类自身的目的和社会需要"。《信息时代的社会历史观》论述了人在信息时代仍然是最重要的存在，这也应该成为解决信息时代产生的一切社会问题的最基本原则，这对于互联网世界中虚拟交往研究的出发点奠定了基调。

（三）互联网交往给不同主体带来的影响的考察

从研究对象和交往主体的角度来看，国内目前比较偏重于研究虚拟交往给不同的特定人群带来了怎样的影响，这类视角大多比较微观具体，比如大学生、青少年应该如何正确使用新的交往工具进行学习、交往和生活；以及如何做好儿童、小学生、中学生的虚拟交往启蒙，避免这类群体由于互联网的开放性和自由性而误入歧途。这些研究非常注重新的交往方式给下一代人造成的影响，意在提出合理方案规范新一代人的交往行为，保证他们的身心健康以及正确的个人发展方向，如此才能规避虚拟交往带来的异化问题的进一步加深。宋来将青少年的发展与互联网并列看作是当今国家发展中两个最重要的维度，要不断提升青少年在互联网交往中的文明素养，才能全面推进网络强国建设。"引导青年正确认识网络，规范使用网络，充分利用网络，发挥青年在网络文明建设和网络强国建设过程中的主体性和主导作用，是新时代高校思想政治教育工作的重要使命。"①还有学者针对青少年网络成瘾问题，提出了现实对策方案，如刘婕等人认为网络成瘾问题的成因应该从青少年自身、青少年父母的教育、科技发展程度以及社会现状多个维度来分析，而相应的，问题的解决需要通过青少年自身人际交往观的树立、政府多方监督、父母老师多方关爱以及加强青少年心理建设的方式来进行。②

（四）对互联网带来的新的社会问题的探讨

基于互联网和虚拟交往有着不同于以往任何时代和任何交往方式的新特点，不可避免地给社会带来了诸多新的问题和困境，当今有相当一部分学者针对这一现象，从更加宏观的视角出发，针对互联网的虚拟属性，对虚拟交往的特征和影响进行了深入的研究，对互联网给社会带来的新的问题进行了思考和探讨。如夏德元在他的博士论文中，分析了人与媒介之间关系的嬗变，将互联网时代中，电子媒介的发展看作是人们世界观念发生变化的重要原因。在这种时代背景下，形成了"电子媒介人"，并形成了"媒介化社会"③，人类新的存在方式使其在传播领域中得到了前所未有的解放，并遭受着前所未有的冲突

---

① 宋来：《当代青年网络文明素养的现状审视与提升路径》，《思想理论教育》2019年第2期，第79页。

② 刘婕：《互联网时代下青少年网络交往动机与网络人际关系成瘾干预研究》，《科技视界》2019年第17期，第62页。

③ 夏德元：《电子媒介人的崛起——社会的媒介化及人与媒介关系的嬗变》，复旦大学出版社2011年版，第47页。

和挑战，如对网络的日益依赖、人格的迷失以及文化矛盾的新问题。针对这些问题，有学者提出了要从个人发展的角度、全球范围内人际互动的新模式和新趋势、媒介化社会组织关系的新格局构建三个角度出发，为我国互联网时代中媒介化社会的建设提出了一些政策建议。

对于社会中网络诈骗等问题，许多学者致力于网络伦理的研究，针对网络诈骗生成的原因进行了深入研究，并尝试性提出了一些政策性建议。如王晓伟认为，"防范电信网络诈骗犯罪，需要不断加紧侦查打击治理、加强预警防范、深入开展源头治理、强化防治的法治基础"①，认为完善立法才能从源头治理这类社会问题。李佳归纳了电信诈骗的七个特征，警醒人们应识别这些特征，规避网络诈骗，同时，认为网络诈骗犯罪成本低、被害人分散、跨境作案，侦查困难、诈骗分工细化，法律难以适用，导致网络的"刑事打击落地困难重重"②。严翠玲提出，在大数据时代中，随着个人信息数据的高速增长，每个人都相当于在时代中"裸奔"，个人信息泄露问题严重泛滥，具体提出了"以'五个结合'提高网络隐私安全保护工作的实效性"③这一政策性建议。

---

① 王晓伟：《电信网络诈骗犯罪的防范与打击》，《人民论坛》2019年第10期，第98页。

② 李佳、张娜：《电信网络诈骗治理研究》，《中国信息安全》2019年第9期，第74页。

③ 严翠玲：《如何防止大数据时代个人隐私的"裸奔"》，《人民论坛》2018年第16期，第83页。

对于互联网技术的虚拟性特征，使人与人之间的交往出现了真实感的缺失，引发了社会中的信任危机问题，对于虚拟社会中信息的重构，一些学者也提出了建议。冯志宏认为，虚拟交往中的信任危机会带来严重影响，如"危害国家生存安全，影响社会稳定运行，同时还会增大社会治理成本，造成现实人格分裂"，因此，"必须树立虚拟信任理念，提升主体自身素养；加快社会法制建设，规范网络虚拟行为；加强虚拟主体协作，建立互谅互信机制；增大社会失信成本，降低网络失信比率；提高网络技术水平，规范网络主体行为；注重全球网络合作，建立普世价值规范"[1]。刘焕智认为，针对互联网带来的人类信任危机，应该"强化制度信任，改善虚拟社会的规则。……打造文明安全的网络环境。……提升主体素养，改善网络伦理。……打击虚假事件传播，提高主体辨别能力。……设立虚拟社会准入机制，防范经济行为的负面影响。……强化公共参与，改善虚拟空间民生福祉"[2]。陈春萍将视角锁定在网络思想政治教育中主客体之间的信任危机问题，提出想要化解这种信任危机，就应该"疏通双方交往渠道，加强教育主客体的有效沟通。……增强双方互利共识，促进教育主客体的主导价值认同。……密切网络人际关系，重建教育主客体之间信任的

---

[1] 冯志宏：《当代中国虚拟社会治理中的信任建构》，《甘肃社会科学》2015年第5期，第122页。

[2] 刘焕智：《论网络虚拟信任危机的改善》，《云南民族大学学报》2017年第34卷第2期，第105—106页。

情感基础"①。

（五）对不同哲学家交往理论的深入探讨思考

自古以来交往作为人类社会的最基础实践活动，就受到了广大学者和哲学家的重视，并形成了诸多有关于交往的理论，这些理论对当代互联网世界中的虚拟交往具有极大的借鉴价值。当今学术界有很多学者十分注重这类理论价值的挖掘，将不同哲学家的交往理论进行发展，并赋予这些理论更加丰富的时代价值。

马克思的交往理论贯穿整个唯物史观之中，同时立足于时代的基本矛盾和发展特点，马克思深刻挖掘了交往异化的问题，形成了一套完整且丰富的交往理论。中国作为当今世界上马克思主义研究大国，学术界形成了很多立足于马克思主义交往理论对当今社会交往形式的探讨和研究。如叶妮"从马克思主义实践哲学入手，从实践主体内涵、实践形态解读、突破工业文明瓶颈的实践智慧三个方面分析了'网络空间命运共同体'对于中国现实实践活动的意义"②，对马克思的实践哲学作出了补充和发展。蓝江认为互联网时代形成了数字资本主义，数字资本主义给人类带来了极大的异化问题。他认真研读了马克思的《1844年经济学哲学手稿》和卢卡奇的《历史与

---

① 陈春萍：《网络思想政治教育中的主客体信任困境及其化解》，《吉首大学学报（社会科学版）》2019年第40卷第3期，第97—99页。

② 叶妮：《网络空间命运共同体》，《西安交通大学学报（社会科学版）》2018年第38卷第3期，第104页。

阶级意识》，挖掘了两位哲学家对异化问题的不同诠释，深刻解读了互联网社会中，人类异化是如何从物化过渡到数字化状态，提出"对数字资本主义时代的结论是，我们需要进行的是政治经济学批判，改造不平等的生产关系，而不是进行存在论批判，将数字技术和数据拒之门外"①。张建晓以历史唯物主义的视角挖掘了互联网社会发展的内在规律和动力，将研究视角从互联网引发的现象转入到社会规律的思考之中，深刻揭示了"生产力的发展与人类交往范围的扩大是世界历史向前迈进的重要标志。人类在互联网时代所遇到的困顿，其根源并不在于互联网技术本身，而在于支配和使用互联网技术的资本主义生产方式"②。冯浩然从意识形态的角度出发，认为当今互联网的发展已经成为了西方资本主义国家对马克思主义意识形态进行信息霸权入侵的重要工具和手段，这"势必很大程度上改变人们对西方价值观念的看法，从被迫地接受到亲切感、认同感的产生，从而在不知不觉间丧失自己的理论自觉和理论自信"③。

哈贝马斯的交往行动理论在交往行为的研究中同样占据了重要的地位，他系统地将人类的行为区分为要达到某种目的的

---

① 蓝江：《从物化到数字化——数字资本主义时代的异化理论》，《社会科学》2018年第11期，第114页。

② 张建晓：《困顿与出路——互联网社会发展的历史唯物主义解读》，《马克思主义研究》2018年第3期，第8页。

③ 冯浩然：《论信息网络化对马克思主义意识形态指导地位的影响》，《浙江海洋学院学报（人文科学版）》2018年第35卷第6期，第56页。

工具性行为，和为达到主体间理解和一致的交往行为，给中国学者对虚拟交往的研究带来了很大的启发。代艳丽利用哈贝马斯交往行动理论中的主体间性意识和工具理性，对互联网时代中大学生沉迷于网络交往的"低头族"有一定的启示作用，提出了"应培养大学生的主体间性意识、帮助大学生慎重对待工具理性、提升大学生的手机交往资质、加强大学生社会责任感和网络道德教育、注重手机交往与现实交往的和谐发展"[①]，才能克服大学生对手机和网络的沉迷。方明豪和李玉媛则以哈贝马斯交往行为理论为出发点，具体地针对微博给政治、经济、文化和民生造成的舆论张力，提出了合理的解决方案。认为"微博行为主体应具有发表微博的平等机会。……微博行为主体不应受到来自各社会系统的压制。……努力培育微博行为主体的交往理性"[②]。对于科学技术的发展给人类社会带来的诸多影响，王旗认为"在新的历史时期科学技术已成为第一位的生产力，是'独立的剩余价值来源'，执行着意识形态的功能，使'生活世界殖民化'。同时，提出交往合理性克服科技进步带来的负面效应"[③]。

还有一些学者利用了很多哲学家的著名理论从各个层次、

---

① 代艳丽：《哈贝马斯交往行为理论对大学生"低头族"的启示》，《学术探索》2016年第1期，第48页。

② 方明豪，李玉媛：《哈贝马斯交往行为理论视阈下的微博舆论的理想言谈情境》，《传媒文化》2012年第3期，第76页。

③ 王旗：《浅谈哈贝马斯科学技术意识形态论》，《鄂州大学学报》2017年第24卷第6期，第15页。

各个领域的视角全面地分析了虚拟交往的时代特征。如赵建鑫利用鲍德里亚的消费社会理论指导了人们在互联网建构的消费主义社会中,"只有正确认识并妥善处理消费和生产之间互动互促的关系,树立科学的消费观,摆脱符号化消费和异化消费的困扰,以实现人的全面而自由发展为追求,在全社会建立合理消费、适度消费的新常态,才能促进社会协调、和谐、可持续发展和全面进步"①。李志敏从法兰克福学派学者安德鲁·芬伯格的传播技术观出发,阐明了互联网时代芬伯格"由'批判技术'到'转化技术'的转变轨迹,……提出'工具理论'对计算机化进行合理揭示,以此来重塑前代学者救赎愿景。……开启了技术批判理论的实践和经验转向"②。

(六)互联网对人类交往方式产生的变革的研究

对于互联网技术给人类社会带来的变革,主要凸显在人与人之间的交往方式上,使人们形成了虚拟交往这种新的交往方式。对于互联网给人类交往方式带来的变革方面的研究,学者们多数先对新的交往方式进行了概念上的界定,如陈志良认为,"虚拟是数字化表达方式和构成方式的总称,它构成了人类新的中介革命,形成了虚拟现实和虚拟世界,并将导发人类

---

① 赵建鑫:《鲍德里亚消费社会批判理论评析》,《学术探索》2015年第3期,第32页。
② 李志敏:《从"控制工具"到"交往媒介":论新一代法兰克福学派学者芬伯格的传播技术观》,《传播学研究》2017年第3期,第74页。

思维和行为框架的转换"①，认为虚拟方式是人与人之间新的中介系统。毛德胜则认为，"虚拟交往的对象、圈子和交往规范与现实世界有连接，交往情节又被虚拟化，使人们处于一种半虚拟化的生存状态"②，把虚拟交往看作是现实与虚拟的结合体，并使用了"半虚拟化"的表述方式。孙伟平则概括了虚拟交往方式的新特点，认为"虚拟交往具有数字化、虚拟性、匿名性、平等性、超时空性、开放性、互动性、娱乐性、自主性、创造性等特征，它彻底颠覆了传统的交往理论，极大地延展了人们的交往领域和范围，导致人类生存方式、活动方式发生巨大变革，并引领了一个普遍交往时代的来临"③，具体区分了不同时代背景下，由于社会发展程度的不同，人类的不同交往方式分别呈现了怎样的特点。学者李南则是从心理学角度，系统地从人类交往能力、交往观念、交往中介、交往空间的视角论述了网络化时代交往方式变迁的具体表现形式④，王天恩认为，信息时代的到来，重构了文明的表现形式，形成了信息文明，而信息就是理解新文明的一把钥匙，"21世纪的竞争就是信息文明的竞争，信息文明的竞争就是意义生产的竞争。信息文明时代，要么生产意义，要么沦于没有意义、毫无

---

① 陈志良：《虚拟——人类中介系统的革命》，《中国人民大学学报》2000年第4期，第57页。

② 毛德胜：《半虚拟化生存》，《新闻知识》2014年第9期，第6页。

③ 孙伟平：《人类交往实践的革命性变迁——虚拟交往及其哲学批判》，《吉林大学社会科学学报》2012年第52卷第3期，第13页。

④ 李南：《网络化时代交往方式的变迁》，《科教文汇》2013年第261期，第204页。

用处"①，充分肯定了信息对于新的时代的重要意义。同时，作为一种新的交往方式，王天恩还一定程度上认同马克·波斯特信息方式的提法，他认为"随着信息文明的发展，人类相互性和信息相互性的叠加会迎来一个相互性倍增效应，人类的相互性将出现呈几何级数强化的局势，人类越来越以信息方式存在"②。但作为一位马克思主义学者，他同样不赞同以信息方式替代生产方式。

第三节　基本思路和研究结构

一、基本思路

本书的研究思路为，首先划定虚拟交往的内涵和特征，为后文中的进一步探讨和研究划定具体的研究范围。随后，阐述交往理论的发展和不同时代虚拟交往传播方式的发展历史，从历时态角度对虚拟交往形成一个整体的把握。按照对马克思主义唯物史观中基本原理的遵循，从客观现实、技术支撑和人的需要三个方面阐述虚拟交往生成的实践基础，从社会机制深层来分析当代虚拟交往。同时，辩证论述虚拟交往给当代社会带来的现代性后果，并试图从马克思主义理论的角度对西方已经形成的有关虚拟交往的理论进行辩证分析和回应。最后，从理

---

① 王天恩：《重新理解发展的信息文明钥匙》，《中国社会科学》2018年第6期，第49页。

② 王天恩：《信息文明时代人的信息存在方式及其哲学意蕴》，《哲学分析》2017年第8卷第4期，第18页。

论回归现实，讨论目前中国对于虚拟交往的态度和治理方案。

按照这一逻辑线索，本书主体部分分为七章进行论述，除了第一章绪论部分以外，其余几章将会从唯物史观角度，以工具理性和价值理性相结合的方法进行具体论述和探讨，具体的内容和布局如下：

第一章为绪论，概括阐述了本书的研究目的和意义，选取问题的时代背景，国内外对虚拟交往已经形成的理论的综述，整个研究的框架和研究方法等。

第二章为虚拟交往的内涵和特征分析，从狭义和广义的角度对虚拟交往进行了概括总结，并确定本书将从狭义的虚拟交往角度进行分析，划定了后文中进行进一步研究的具体范围；同时通过对虚拟交往的特征分析，突出体现了虚拟交往与传统交往方式相比所变现出的新特点。

第三章描述了虚拟交往的历史发展过程，包括理论界中占据重要地位的马克思的交往理论和哈贝马斯的交往理论的梳理以及虚拟交往是如何发展而来，从交往介质的数字处理层面对虚拟交往的发展进行了历史分期，以期能够从历时态角度对虚拟交往的发展有一个整体的把握。

第四章论述了虚拟交往生成的实践基础，以唯物史观的分析逻辑为基础，剖析了虚拟交往的形成基于三个客观现实。首先，由于生产力发展到了一定的水平，给社会的发展提供了丰富的物质基础，这是虚拟交往能够成为现实的重要客观条件。同时，生产力水平的不断提高也使虚拟交往能够不断更新和发展，虚拟交往方式也更加完善，对人类社会的影响才能如此广泛和深刻。其次，虚拟交往是基于互联网技术和移动终端的电子科技发展纯熟的产物，这是虚拟交往形成的重要技术支撑，同时科学技术的发展与生产力水平息息相关，因此，进一步说明了生产力水平的提高对虚拟交往的发展至关重要。最后，虚拟交往能够渗透到人类社会的各个角落是基于人类对交往的需求在随着社会的发展而不断更新和扩大，完善和便利的交往条件激发了人们对更高水平交往方式的期待，这推动了技术的发展，是虚拟交往的重要动力来源。

第五章梳理了三个西方和虚拟交往相关、已成型的三个理论，分别是信息方式、数字化生存和世界平坦化。首先，通过对三个理论内涵的概括对其分别进行了阐述和介绍；其次，结合现实从马克思主义唯物史观的视角对这些理论进行了辩证的分析和回应。

第六章详细讨论了虚拟交往的现代性后果，由于虚拟交往与传统交往相比表现出很多新的特点，因此也带来了很多新的社会问题。与传统交往方式相比，虚拟交往突破了时间的局限，使即时交往成为可能，还突破了地理空间的限制，使无论距离多遥远的人都能够取得联系、进行交往活动，使得人们获得了前所未有的自由和发展空间，同时虚拟交往还使交往这一活动的使用价值得以扩展，获得过去交往活动中无法实现的符号价值。在虚拟交往的影响下，社会发生了很多变化，它延展了社会的空间，给大家提供了一个自由平等的平台，消解了地球在地理概念中的圆形结构，改变了社会结构中自上而下的垂直结构，使世界变得平坦了。此外，虚拟交往的去中心化、网络赋权和表达场景的水平化，使得交往主体从主客体关系向主体关系转化。大数据库弱化了事物之间的因果联系，由数据分析带来的剪辑拼接关系占据了更重要的地位。最后，虚拟交往引发了新的社会危机，表现在交往过程中的伦理道德问题、交往异化问题和信息垃圾问题，这些问题都应该引起我们的重视。

第七章分析了我国应对目前虚拟交往发展状况的方案和措施。具体提出了虚拟交往是经济全球化的助推器，互联网空间是西方发达国家进一步进行经济、政治、文化霸权主义的工具，使国际矛盾发生了新的变化。因此，如何治理新时代背景下虚拟交往所依托的网络空间具有重要意义。对于网络空间的治理问题，国际上目前已有空间公域论和空间主权论，中国在坚持空间主权论的基础上，从更高的视角提出了构建网络空间命运共同体的构想。这是基于全人类共同的福祉，促进国际和平与发展的模式，彰显了马克思主义世界历史理论的深刻内涵，是面对新时代互联网发展状况和国际矛盾新形势的最佳处理方案。

二、基本方法

本书基于哲学中唯物史观的视角，采用了比较综合的研究方法，对虚拟交往进行了深入的探讨，具体方法如下：

第一，历时态共时态相结合。历时态是对于交往理论以及虚拟交往发展的历史变革的考察，任何理论的逻辑都必须以历史的方法为基础，虽然虚拟交往是当代社会的产物，但是依然经历了历史演变的过程，只有纵观整个历史发展的脉络，才能从总体上对其进行把握。共时态是对于虚拟交往在当下时态中各个方面、各个层次的影响，既包含了虚拟交往对于政治、经济、社会、文化各个领域的考察，也包含了其对现代社会的积极和消极影响。对虚拟交往的共时态考察有利于我们更加全面和辩证地认识了解这种新的交往方式，从而让我们能够从更加客观的视角看待这个新的交往方式。

第二，工具理性和价值理性相结合。作为信息社会中，科学技术高速发展的产物，虚拟交往中包含了丰富的价值，同时也是当代社会人们生活中的重要工具，这使得虚拟交往表现出极为强烈的工具理性和价值理性的二级张力。工具理性和价值理性相结合的研究方法不仅能够挖掘出虚拟交往这一交往形式本身的价值，同时将其对社会产生的积极影响更加直观地呈现出来。

第三，虚拟和现实相结合。虚拟交往的介质、实现方式、交往过程、主客体都表现出了虚拟性，这要求我们要立足于这一根本特性来进行研究，但是虚拟交往的参与者、交往的主体和客体又都是生活在现实中的个人，这又要求我们运用现实的分析方法和思维方式来进行分析，因此，虚拟和现实相结合的研究方法能够帮助我们处理好这种矛盾，得以分析出虚拟交往是人类现实社会中的交往在数字化虚拟空间中的延伸这一重要结论。

第四，综合运用相关学科的研究方法。交往这一概念具有较强的跨学科性质，主要包含历史学、经济学、传播学、信息学、社会学和哲学等一些学科的知识，因此在研究方法上，需要运用这些相关学科中的相关理论来分析问题，同时，也会涉及这些学科中的一些具体研究方法，综合运用相关学科能够使研究更加丰富、更加完整。

第五，比较分析和综合分析相结合。由于本书的研究具有一定的跨学科性质，这就决定了必然会使用到比较分析和综合分析相结合的研究方法。比如对于前人已经获得的研究结果的综述，以及文章主体部分一些理论的运用，就需要使用不同学科、不同视角、不同层面对已有的理论成果进行梳理和分析，并经整合综合运用到本书之中。

第二章
虚拟交往的内涵及其特征

第一节　虚拟交往的内涵

当下,在遍布网络的信息时代,虚拟代表了数字化的表达方式和构成方式,代表了人类一般的生存方式和存在状态。虚拟金融、虚拟经济、虚拟货币、虚拟现实、虚拟技术、虚拟市场等各种冠以虚拟之名的概念遍布我们的生活,似乎我们已经处在了一个无虚拟不成活的时代之中。

但这个被高频使用的词语却不是当下社会的产物,并且早就在一些古代文学作品中出现。信息时代以前的虚拟,大多意指一些不符合事实、凭空捏造的情况或事物,与现实概念相对。离开互联网世界限定的虚拟交往也已经由来已久,自从社会发展到一定程度,人类对非面对面交往需求不断扩大,虚拟交往就已经诞生,最早可追溯到人类的书信交往,后随技术水平的提高,以及对电的技术利用,发展成为电报、电话等交往方式,直到互联网技术的诞生,才最终形成当代虚拟交往。

可见,虚拟的交往方式内涵丰富,历史已久,宽泛地提出虚拟交往,必然会造成内容和界限的混淆。因此,对虚拟交往内涵的界定十分必要,既有利于对虚拟交往的概念和内涵有一个清晰的认知,也有利于对不同历史背景和时间分期的虚拟交往有一个总体的把握。

一、广义视角的虚拟交往

从广义层面而言，虚拟交往意指人们通过一定的介质手段而实现的超越时空界限或交往主体不在场的相互沟通或相互作用。人类学会使用工具，距今已经有长达250万年的历史，而纵观整个人类发展史，人类对用于交往活动所必需的工具的使用，对人类社会的发展具有十分关键的作用。

广义层面中的虚拟交往是人在社会发展的过程中，对交往需求的不断扩大和升级的情况下形成和发展的，由于其依赖一定的介质手段，因此，其发展的过程就是介质不断发展的过程。

人类社会自形成之初就包含了人类的实践活动，实践活动必将以人与人之间的交往为基础，从最初以声音和口语为媒介进行交往，到以物质载体为媒介的交往，再到对电的技术引入的交往，直至现代社会以互联网技术为媒介的交往，人类的交往发展史如同社会发展史一般，经历了一个相当漫长的历史过程。人类的社会运动每经历一次重大的变革，其背后必然伴随着某种起到支撑作用的重大技术的诞生。利用声音和口语为媒介的交往要求交往的主体必须同时在场，超越了一定的空间距离，这种交往就无法实现。将信息记录在一定的物质载体之上进行交往活动，是人类交往媒介技术的第一次变革，这次变革打破了人类最初只能面对面传递信息的局限，人类交往的范围就此开始逐渐扩展。随着人类交往范围的扩大，一些已经诞生的生产经验开始实现传播和交流，成为最初社会发展的原始动

第二章·虚拟交往的内涵及其特征

力,还推动了造纸术和印刷术等人类历史重要技术的诞生与发展;运输技术的发展和升级是人类交往媒介技术的第二次变革,再一次扩大了人类的交往范围,在这一次变革中,从最初人类通过信鸽、马匹等动物而实现的信息长途运送,不断推动了运输和物流技术的发展;将电的技术引入到人类交往活动之中,是人类交往媒介技术的第三次变革,电报、电话的产生,缩短了长途交往所耗费的时间,提高了人与人之间交往的效率,特别是电话的发明实现了声音的异地传送,使长途交往不再仅限于对文字和图像的传送;互联网技术是人类交往媒介技术的第四次变革,文字、图像、声音、视频等各种信息的内容形式都可以即时传送给交往对象,同时不受到空间距离的限制,是人类交往史最重大的一次变革。

二、狭义视角的虚拟交往

从狭义层面来看,虚拟交往意指在互联网所建构起来的虚拟空间(虚拟世界)中发生的人与人之间的相互作用行为。为了使本书能够对当代虚拟交往形成一个全面且深入的探讨,因此后文中的虚拟交往将会限定于对互联网技术背景下狭义层面的虚拟交往的探讨。

如果我们现在提出一个问题,这些年,有哪些东西使我们的生活发生了巨大的改变,就我们目前的生活现状来看,我想大多数的回答会是智能手机、电商平台、外卖、快递、电子导航、电子支付、共享单车、智能家电、互联网医疗等等,这些东西使我们近十年的生活发生了翻天覆地的变化，甚至很多变化是二十年前完全无法想象的。这些变化一方面使我们的生活越来越便利，另一方面也带来了新的挑战。假如我们静下心来，就会发现，这些使我们的生活发生质的改变的东西，竟然全部依托于一个重要的工具——互联网。

随着互联网平台不断普及和互联网技术的不断完善，与互联网同生的"虚拟"一词也越来越普遍地渗透到我们的生活之中，这带来了一种新的人际交往格局——虚拟交往，就当下社会来看，虚拟交往已经代替了以往现实生活的交往形式，成为了当今社会中的主流交往形式，深刻地影响着人类政治、经济、文化、军事乃至价值观念、思维方式等各个层面，人们的生活方式，甚至可以说是生存方式都逐渐随着网络化、信息化、移动终端、虚拟交往、虚拟空间等由互联网带来的新概念所改变和主导。

交往理论的重要意义，我们在前一章已经有所提及，而交往在今天这个社会环境之下，特别是在互联网日益发展成为当今人类社会发展的重要工具之时，一个对当下人类社会发展起到举足轻重作用的新的交往方式应运而生，这就是虚拟交往。

如果我们剥丝抽茧地对虚拟交往加以分析，不难发现，虚拟交往的实质和特征与马克思的交往理论并无差异。换句话说，虚拟交往，正是马克思的交往理论在当代的进一步延伸和发展。但时代的更迭和技术的发展赋予虚拟交往与传统的交往不同的新的内涵，我们很难具体回答虚拟交往是什么，但是其内涵可以从以下几个角度来分析：

第一，科学技术是虚拟交往的重要内核。没有生产力的发展和进步，就不会有互联网的诞生，更不会有虚拟交往的存在。科学技术是虚拟交往的重要支撑，并体现在硬件技术和软件技术两个方面。实现虚拟交往的硬件技术主要包含了移动终端、信息存储和数据处理的电子设备以及实现网络通讯的电子设备，如电脑、手机、光纤、路由器、WLAN等；实现虚拟交往的软件技术主要包括了利用电子设备开放的各类软件和应用程序，如网游、浏览器、电子邮箱、搜索引擎等。虚拟交往是硬件技术和软件技术共同运行并相互联系而达到的交往结果，因此，从技术角度来看，和传统的书信交往、电报交往以及电话交往有着本质的不同，大大超越了传统交往的作用机制和交往空间。

第二，虚拟交往是一种关系。虚拟交往所建立起来的关系是人与事物建立在互联网之上的相互影响、相互制约以及相互依存的联系。这种关系相较于社会关系来说更加复杂，它包含了利用互联网就要遵守网络空间已经设定好的互联网协议，这是一种技术关系。同时，虚拟交往也包含了人与人之间的生产关系、消费关系和分配关系，这是社会关系在网络中的延续。由此可以看出，虚拟交往下的关系是社会关系和技术关系相互交织的新型关系，社会关系在互联网中得以延续，人和人的联系在互联之下更加紧密，这与传统的社会关系表达有着明显的不同。

第三，虚拟交往建立了虚拟的空间。虚拟空间不同于物理空间，是虚拟交往关系下的产物。虚拟空间具有物质性，它不是凭空出现或人类主观臆想出来的，而是生产力的结果和社会发展的产物。它的虚拟体现在这是一个不能直观看到或触碰的物理存在，且是一个没有具体形态的空间，通过将信息进行数字化处理，利用符号或数据表达出来，是许多计算机编程的程序集合，从这个角度来看，虚拟交往这个表述十分贴切。

虚拟交往的出现，使社会分裂出了实体和虚拟两个层面，利用网络技术，社会中的实体部分被复制并粘贴在虚拟的社会中得以再现，网络成为了反射真实社会的载体和平台，现实社会和虚拟社会在这里得到了分离，同时在这里实现了融合。不止如此，网络还对真实的社会进行了过滤和重组，虚拟的网络空间相比真实社会拥有了更多新的功能和内涵，并依然存在极大的空间和可能性有待我们继续挖掘。

第二节 虚拟交往的分类与表现形式

互联网技术极大地丰富了人们的生活，生活在这个时代的人创造了无限的可能性。你可以躺在夏威夷海滩上一边晒太阳一边办公，无论你是哪国人；你可以第一时间知晓任何重大新闻，无论你身处何地；你可以在社交软件上和任何人聊天或者和别人一起打网游，无论对方是什么人；你可以不必去图书馆和资料库做研究，就可以搜索到需要的知识和资料；你可以一直宅在家里不出门，就可以让美食和生活用品送上门来……大多数情况下，可以在自己喜欢的任意时间任意地点实现这么多的可能性，是前人无法想象的自由，而这一切的可能性，都源于虚拟交往。

在互联网技术的高速发展中，当代的虚拟交往形式也得到了不断扩展和完善，并已经在当下我们所生活的社会中深入地渗透到社会生活中的各个领域，使我们在生活中能享受到各种便利，其类别呈现纷繁多样的特点，为达到对虚拟交往的清晰认识，需要从传播路径、传播内容和交往主体的不同视角来对其类别进行具体的区分。

一、传播路径的视角

马歇尔·麦克卢汉是20世纪著名的传播理论家，曾提出过"媒介即讯息"的重要理论，对当代传播和交往的研究具有重要意义。他认为，在每个时代的传播和交往中，最有价值的讯息并不是媒体所传播的具体内容和具体信息，而是在这个时代中，实现传播所使用的工具和媒介的性质，也就是说，对传播路径的探究，在传播和交往形式的问题中具有重大意义。虚拟交往是建立在互联网的基础上的，网络技术是其所依赖的重要媒介，从传播学的角度来看，对其路径的分析应该基于对网络技术的性质来进一步展开，按照这个思路，虚拟交往应该分为单向交往、双向交往和交互的交往。

（一）虚拟单向交往

单向交往意指在交往的信息传播过程中，发信者和收信者的位置不发生变化，发信者负责信息的发出和传达，收信者无需向发信者反馈或沟通的交往类型。单向交往通常具体表现在公告、简介、命令、规则、通知、决策等讯息的下达和公布，虚拟交往中的单向沟通是指借助于网络技术和虚拟空间的平台来进行以上讯息的传送，具体主要表现在网站的应用。

在现阶段的社会中，组织、机构、公司甚至个人，都可以使用 HTML（标准通用标记语言）等工具制作一些用以展示特定内容的相关网页，自由地在互联网平台中建立网站。网站是信息社会中的一种重要的沟通工具，通过网站来发布信息或公布咨询，根据其展示出的不同内容，呈现出很多不同的种类。根据建立网站所使用到的编程语言来看，主要分为 ASP 网站、JSP 网站、PHP 网站等；根据网站的不同功能来看，可以分为单一网站，如组织网站、机构网站和企业网站等，或多功能网站，如购物平台网站、旅游网站等；根据网络的用途来看，可以分为游戏网站、门户网站、娱乐网站、新闻网站、行业网站等；根据建立网站的主体来看，可以分为政府网站、企业网站、个人网站、教育网站等。由此可见，在互联网世界中，已经形成了具有各种各样的特点和各种各样用途的网站。

网站的出现对于人类的交往活动而言具有很大的价值。首先，基于虚拟交往的即时性特点，将各种信息以各种形式公布在网站上，能够加快信息传播的速度，无论是发信者还是收信者，都节约了大量的时间成本，发信者可以将其需要发布的信息挂在网站上，免去了一一通知的繁琐性，同时收信者也可以通过联网之后的简单操作，随时查看自己需要了解的内容和讯息，对于交往的主客体而言，都具有很大的便利。其次，网站使信息的传播过程更加简单，随着各种移动终端的操作系统的不断完善，网站的建立变得越来越简单，成本也越来越低，任何人都可以轻易地建立起具有一定功能的网站，当网站建立好之后，只要在其中进行内容的编辑和设计，就可以将内容显现在其中，这种过程比以往的交往都更加简单。第三，节约了大量的人力资源，过程的简化使人力资源的节约展现出最大的可能性，降低了信息发送者的压力，提高了信息传播的效率。

网站作为虚拟单向交往的最主要表现形式，具有很多特点和优势，具体表现在以下方面：

第一，个性化。网站的设计者可以根据需要将对于网站内容的想法设计在其中，极大的主观性，也使得网站被赋予了设计主体的个性。无论是想展示企业文化的企业网站，还是想展示个人性格的个人网站，都可以通过网站的界面、布局和内容展现出丰富的个性。

第二，便捷性。无论是对于作为网站设计者的发信者，还是访问网站的收信者来说，简单直接的操作方式都体现出极大的便捷性。这是基于互联网的技术优势和处理优势，克服了传统信息传达和交往活动中可能产生的繁琐过程，且随着时代发展而不断更新的互联网技术还在变得更加迅速和快捷。

第三，技术性。一个好的网站会展现出丰富全面的内容、合理的布局、美观大气的界面，而实现这些特点依赖于开发网站所需要使用到的各种技术手段，比如利用flash技术进行视频等流动内容的编辑，利用photoshop技术进行图像的编辑和处理，利用webstorm技术来对网站进行编辑和调试，这些过程都体现了网站开发者的技术要求，同时决定了网站的技术性特征。

第四，扩展性。网站的开放最初仅限于对军事领域的应用，随着计算机和互联网的普及，而逐渐延展至各个领域，同时，随着时代和生产力、科技水平的不断发展和进步，将会扩展应用至更加广泛的领域中。同时，网站与互联网技术的更新速度一致，互联网技术的每一次更新都意味着网站可以同步进行内容的更新和丰富，这也更有利于网站跟随人们审美观点的变化而调整和变化，体现出了极大扩展性。

网站作为一种单向的虚拟交往方式，虽然存在互动性较低等缺陷和局限，但作为一个24小时不间断提供信息的媒介方式，显然具有更多的优势，对于信息和价值的传播和扩散，信息的搜索和收集，自我个性的展示等方面，给人们提供了自由的空间和便利的平台，是虚拟交往的重要方式。

（二）虚拟双向交往

双向交往区别于单向交往，除了发信者对于信息的公布与公开，还包含了收信者对于信息的回答与反馈，如果将单向交往看作是自上而下的垂直交往，双向交往就是一种平等、横向的交往，是一种互动性的沟通方式。在虚拟交往中，双向交往主要体现在互动式知识问答的分享性平台，被大家熟知的主要有百度知道、知乎、腾讯问问等问答平台，或专业咨询类的医疗问答、法律咨询等平台。

这些在虚拟交往传播路径中呈现双向互动性的互动问答平台，实际上就是在传统的搜索引擎上，基于对知识分享的机制而形成的知识交流互动平台。一方主体作为信息发布者可以有针对性地在相关平台上提出问题，运用积分、金钱等一定的悬赏机制；另一方主体作为信息接收者可根据自己的生活经验或专业知识来进行回答。发布者可根据自己的需要和采纳结果来分配承诺的奖励，最终达到知识或信息分享的目的。

虚拟双向交往可以将各种信息与搜索引擎相结合，有针对性地为人们提供来自医疗、汽车、教育等各种专业知识，使隐性知识转化成显性知识，不断更新互联网的信息库和知识库，丰富人们进行虚拟交往的空间，因此越来越受到人们的欢迎。随着各种网络互动问答平台的广泛应用，一些新的特点也随之表现出来，具体在以下几点：

第一，参与对象的自由性。在互动问答平台中，没有对使用者身份的限制，每个人都可以成为信息的发布者来提出问题，也可以成为信息的回复者来对问题进行解答或补充，最大程度地整合了社会资源在知识积累方面的应用，体现出交往的平等和自由。同时，由于平台之上的问答始终是公开的，因此可以使具有相关疑惑的人们可以通过浏览就得到自己所需要的信息，从这个层面来看，实现了参与对象最大的自由性。

第二，回答方式的多样性。在互动问答平台中，回答的方式并不局限于文字，还可以上传相关的视频、图像、音频等来进行回答，可以使内容和讯息更加直观、生动地呈现在人们面前，提升了参与者的问答体验，吸引更多人参与到其中。

第三，内容信息的开放性。在互动问答平台中，无论是问题还是答案的内容，都是面向全体虚拟交往参与者的，建立起一个来自各方、各行业的广阔而丰富的知识平台，自动形成了一个经过社会交往沟通而建立起的百科全书，可以有效解决检索中存在的盲点，促进了人们交往过程中的自由，创造出挖掘社会信息的最大可能性。

第四，运行机制的有效性。由于各互动问答平台都有其独特的悬赏机制，有效提升了对信息进行的筛选和过滤，也有效地使更多专业人士参与进来，保证了回答内容的真实性、专业性和实用性，也激发了各个领域中专业知识的交流和互动，突破了以往知识交流受到的地域限制。同时，类似于知乎等平台的点赞功能，还使优秀和实用的知识更加快速直观地呈现，提升了人们获取所需要的知识的效率，节省了时间。

互动问答平台的不断发展，符合互联网技术和信息时代的发展趋势，满足了虚拟交往参与者的个性需求，整合了来自四面八方的资源知识库，还能够推进人们对社会存在的普遍问题和热点事件的关注和探讨，丰富了虚拟交往的内容和形式。从目前虚拟交往的发展状况来看，必将形成全民参与的趋势，并发挥更大的可能性。

（三）虚拟交互交往

交互交往是指在一个传播管道中，来自各方的信息接受者的反馈被收集和整合到一起，回到信息的发布者手中，同时利用这些反馈对信息进行调整和修饰之后，重新发布给受众。

虚拟交互交往在互联网世界的交往活动中应用非常广泛，是虚拟交往实现发信者和收信者进行互动的有效形式，具体表现在各种形式的评论区、留言区以及对各类服务产品的打分和打榜机制等。虚拟交互交往是收集大众观点和评价的最有效方式，有利于形成符合大众审美的价值取向，进一步促进在虚拟交往中承担信息发布者身份的人及时根据大众审美来对服务产品作出调整和改善，进而获得更广阔的市场。

评论区和留言区是大众观点的反馈区，互联网作为人类社会新的交往形式所依赖的重要技术手段，自诞生以来就十分注重使用者的互动，面对网络这个新的媒介，每个参与者都如同手持一个麦克风来向世界发表自己的看法，而各种形式的评论区和留言区就承担了麦克风的作用。传媒学中流行着一句经典的话：一篇报道的发布，对传统媒体意味着基本结束，但对新媒体则意味着刚刚开始。这句话非常贴切地说明了评论区和留言区的重要作用，也就是：在虚拟交往方式中，人们对于任何新闻、信息、话题、商品的评价可以用最直接的方式呈现在其他人面前；同时，这些评价会产生重大影响，因此引起了作为发布者一方的重视。

评论区和留言区等可以让人们自由发表态度和观点的平台，是网络中的言论自由形式，赋予了虚拟交往参与者充分的自由来与其他参与者和信息发布者进行互动和交流，这种形式瑕瑜互见，既对人们的互动和交流具有极大的促进作用，也容易造成一些社会问题。

以评论区和留言区为主要形式的虚拟交互交往的优点主要体现在：

第一，可借鉴性。虚拟交往参与者在各种形式的评论区和留言区中留下自己的观点和看法，可以真实反馈大众的价值取向，对其他人发挥借鉴作用。如电商平台上，商品页面中的评价区域，可以有效反应已购买者使用商品的真实体验，对于商品的质量、外观、颜色等方面提供评价，对于之后有购买意愿的人来说具有重要的借鉴作用。

第二，互动性强。在同一个评论区或留言区中，当相似评论形成一定规模之后，会及时反应给信息发布者，有利于信息发布者根据大众的价值取向对产品或内容及时进行一定的调整和改善，并将完善之后的信息或商品重新推送给大众。这种方式改善了电视、报刊、广播等传统传播方式缺乏互动性的不足，使得每个人都有平等自由的权利参与到各种价值讨论中，做到了真正的面向大众。

第三，可观测性。评论区和留言区具有开放性的特点，可以将其中的内容面向所有人开放，直观简单地呈现在人们面前，同时有利于对其进行观察、研究和分析，改变了传统媒介只能通过复杂的市场调查才能掌握舆论动向和大众的价值取向。

第四，自由度高。互联网空间有平等性的特点，对于虚拟交往的参与者，没有年龄、性别、身份、地位等限制，决定了在评论区和留言区发表看法的人拥有极大的自由，实现了草根也能发声的自由景象。同时在互联网平台中，任何人都可以不受限制地发表言论，来自各界的言论、思想和价值观可以自由流通并流行起来，形成一个自由的声音市场。

但同时，没有有效的管理机制对这种交互交往进行规范，也使得其产生了一定的负面影响，具体体现在以下方面：

第一，内容造假。对于电商等交易平台，评论区的留言会对购买者产生很大的引导作用，因此，形成了刷好评、虚假评论等社会现象。这些人通过制造规模型虚拟内容，会对虚拟交往参与者的行为产生巨大的导向作用，不利于人们客观、真实地对信息进行判断。

第二，控制舆论。现代社会中越来越多的人开始利用技术使信息发挥最大作用，但这也使得一些不良动机的人利用"水军"、删帖机制等手段进行对舆论的控制。这会造成对大众价值观的错误引导，还极易影响到大众的知情权，侵犯了虚拟交往参与者的权益。

第三，激化社会矛盾。由于虚拟的交互交往给了人们很大的自由，同时又缺乏相应的规则来对人们的言论进行规范，放大了虚拟交往参与者的阴暗面，网络评论中有时会出现大量的诋毁、谩骂、恶意中伤等行为，并衍生出"键盘侠"这类躲在网络技术背后、通过网络平台发泄情绪和传播负能量的行为。这种行为容易激化社会矛盾，给社会带来了很大的安全隐患。对言论自由的过分追求，使得虚拟交往求同存异的可能性大打折扣，持不同观点的人们利用网络平台进行互相攻击，甚至有时候一些人会成为大众批判的焦点，遭受全民的人肉搜索，对参与者的现实生活也产生巨大的不良影响。

基于以上论述，虚拟交互交往虽然给人们构建了一个更加自由的言论平台，但如果不对其加以规范，则会造成很多严重的社会问题。对此，应该加快完善评论审查机制的脚步，使平台能够向精细化运营的方向发展，有效过滤评论信息，及时对虚假、错误、负面的信息进行处理。同时，还应该致力于提高虚拟交往参与者的个人素质，引导参与者形成正确、积极的价值观和人生观，从根本上解决这一问题。

二、传播内容的视角

虚拟交往是现实生活的交往内容在互联网世界的迁移和延伸，由于其渗透到了社会现实生活中的方方面面，因此与现实生活越来越无法区分。但同时，大数据、网络技术以及智能移动终端在社会交往活动中的引入，又给虚拟交往这种交往形式赋予了巨大的变化，并对现实的社会交往形成新的冲击。对虚拟交往在传播内容的视角进行分类，主要可以分为以人际交往为主要内容的人际传播交往、以提供各种服务为主要内容的服务传播交往以及以实用性和应用性为主要内容的应用传播交往。

（一）人际传播交往

虚拟交往作为一种新的交往方式，更加侧重于人们的社会日常交往活动，微信、QQ、微博等各种以互联网技术作为基础的社交软件已经成为人们进行社交必不可少的重要工具。社交软件突破了人们进行交往活动的时空限制，实现随时随地畅通无阻的交流，也能利用其虚拟性的特征摆脱传统社会关系中的各种束缚，形成自由自在的交往和沟通。不但扩展了人类的交往活动，同时极大地丰富了人们的精神生活。

社交软件的发展经历了几个重要的阶段，第一个阶段是QQ、飞信、邮箱、MSN等主要用来聊天的社交软件；随着人们交往需求的进一步发展，形成了以提供服务和分享生活状态为主要内容的第二个阶段，包括人人桌面、QQ空间、微博等社交软件；第三个阶段在涵盖了之前交往内容的基础上，还扩展了语音信息、视频对话等更加丰富的内容，主要包括微信、陌陌等社交软件。各种社交软件满足了人们对社会交往的需求，既为亲朋好友的交流和往来提供了便利的空间，还可以通过隐藏自己真实身份的虚拟形式与陌生人取得交往和联系；既可以进行聊天、视频等基础的社交活动，还扩展了营销、网游、新闻、分享各类杂文等功能，内容丰富、功能强大，具有明显的优点。社交软件的优势和特点，主要体现在以下方面：

第一，符合大众的情感需求。如目前最普遍的社交软件——微信，在2011年由腾讯公司研发，利用流量的使用可以实现用户之间的文字、图像、视频和语音传送，还扩展了漂流瓶、附近的人、摇一摇等与陌生人建立联系的隐秘功能，实现正常的日常交往之外，还给人们提供了一种无聊时新的消遣方式。同时，基于虚拟社交软件没有实名制的要求，实现了交往中的平等，交往主体可以根据自主意愿在交往过程中隐藏真实的生活环境、工作职位、社会阶层等具体信息，降低了交往过程中可能出现的压力，突破了传统的等级制度，有利于交往主体进行更加丰富且充分的情感表达。

第二，有利于社交圈的扩展。随着现代社会生产力的不断提高，人们的生活压力越来越大，工作强度也高了许多，在这种情况下，留给人们扩展社交圈的时间也越来越少。社交软件的出现弥补了人们对于社会交往时间缺失的现状，使人们的交往不再像过去那样，受到地域、时间等各种因素的局限。利用社交软件，即使地球两端的人，也可以即时进行交往和感情的传达，各种社会咨询、热点新闻也可以在第一时间流通至整个世界，真正地实现了信息的共享。

第三，丰富了人们的精神世界。社交软件的出现，改变了过去社会中人们工作家庭两点一线的模式，扩展了人们交往的方式，使各种信息流通速度加快，人类的精神世界得到了前所未有的丰富和扩展。另外，青少年是虚拟交往的主要主体，这类人群在身心发育的重要阶段，拥有如此丰富的社交手段来进行社会交往活动，不仅可以确保他们在学习过程中有更多的机会和空间接触到丰富多元的思想和文化，还对其提升自己的情感沟通和表达具有积极的作用和影响，使新时代背景下的人朝着更加生动、真实的方向发展。

社会学家马克斯·韦伯认为工具理性是人们带有强烈的功利目的理性，而对于现实生活的思考，却不应该离开道德理性的衡量和判断。工业革命给人类社会带来了剧变，同时导致了人们对技术和科技的沉迷，并让人类的交往活动形成了各种异化现象。虚拟交往的社交软件就突出体现了这个问题。互联网技术本是为丰富人们的社会交往活动而得到推广，使人们建立起更加紧密的联系，拥有更多的自由和选择，但在其发挥积极作用的同时，新的社会问题也接踵而至。这些社交软件的弊端主要体现在以下方面：

第一，对现实生活的漠视。现代人类使用社交软件的时间越来越多，工作、学习、日常聊天都需要使用社交软件来进行，这造成了人们对现实生活的忽略，严重影响了人们在现实生活中的感情交流。

第二，降低了人们的创造性。各种社交软件的便利和快捷，造成人们安于享受的现状，对于海量的信息炸弹，易受到各种思想潮流的引导而形成一定的思维定势，丧失了对信息基本的判断能力，缺乏了批判性、否定性和超越性的现代人类开始沦为马尔库塞所形容的单向度的人。

第三，造成了各种犯罪行为。数字化的技术隐匿了交往主体的真实身份，形成了虚拟的特点，这给各种诈骗、非法交易提供了便利；互联网世界的言论自由促使负面信息、暴力信息、色情信息的传播，对社会安全产生了一定的威胁；信息的数字化使不法分子可以通过网络技术进行隐私的盗取，造成了虚拟交往中的信息安全危机等。

由此可见，各种社交软件在满足了人们在社会交往中的感情需求，给人们提供了更大的方便和自由的同时，也需要我们站在客观的立场，辩证冷静地对其进行反思，如何发挥人类的道德理性来面对新的社交形式，而不只是出于工具理性的视角，成为新的技术和工具的奴隶，是我们在进行虚拟交往的过程中所面临的巨大挑战。

（二）服务传播交往

虚拟交往在满足人们对社会交往需求的同时，扩展出各种服务的数字化和虚拟化，形成以服务传播为主要内容的虚拟交往方式。包括了进行交易的电商平台软件、各类网游软件、导航软件、旅游软件等各种服务软件，其中主要以电商平台为主，其他类别的服务软件多与电商的主要功能重叠，因此，此部分内容主要研究服务传播交往方式中的电商平台。

电商即电子商务，是指基于互联网技术进行的电子交易方式和相关服务活动，是现实社会中传统商业活动的数字化和网络化。电商对现实社会的覆盖范围非常广泛，根据不同的参与主体、交易内容、服务方式又细分出许多模式。从交易主体的身份来看，电商可以分为B2B（商家与商家之间的商务交易）、B2C（商家与消费者之间的交易）、C2C（买家之间的交易）、O2O（线上带动线下的交易）、A2B2B（代理商、商家、消费者三方形成的代理商交易）、B2M（商家与服务商、经销商之间的交易）、M2C（生产商与终端消费者之间的直接交易）、B2A（企业与政府机构之间的交易）、B2B2C（生产商供应商、销售方与消费者之间的交易）等类型；从贸易性质的角度来看，电商可以分为内贸平台，如淘宝、天猫、京东等，外贸平台，如 Amazon、walmart 等，跨境平台，如 eBay、Wish、洋码头等，社交电商，如抖音、小红书、拼多多等；从交易内容来看，电商可以分为孕婴用品，如贝芽、亲宝宝等，酒类，如也买酒、酒仙等，电子产品类，如京东、苏宁等，车类，如途虎养车、瓜子二手车等；等等。可见电子商务无论从参与主体、贸易方式还是交易内容来看，都可细分出很多模式，并形成了一定的规模，做到了覆盖广泛、内容齐全、模式多元等优势。

电商平台对我们的影响非常深刻，作为消费者，可以足不出户就得到自己需要的商品或服务；作为企业，利用线上模式，扩展了自己的市场，开创了更多可能性；作为企业，提高了精准服务的能力和水平，避免了浪费。越来越成熟和完善的电商平台让我们只需连接网络，手持移动终端，就可以在任何时间任何地点进行自由的交易，节约了大量的时间和劳力。可以见得，电子商务改变了整个社会的运行机制，极大地推进我们的生活向更加先进的方向发展。深入研究电商对我们的影响，可以从社会各个领域来具体分析。

第一，电商对个人的影响。首先，电商扩展了人们获取信息的方式和渠道，过去人们只能通过传统的电视、报刊、广播、宣传单等方式获取商品和服务的信息，受到很多现实因素的限制。电商平台整合了所有的商品服务信息，用最简单、直接的方式呈现出来，使人们只要通过电商的搜索引擎就可以快速、便捷地获取相关的信息，比以往任何一种方式都更加快速、直观和有效，突破了时间、空间的局限。且各种商品归类明确，便于人们经过对比找到自己满意的需求。其次，电商使商家和消费者的沟通更加高效、便捷，同时商家实现远程办公的新型工作方式，保证了消费者的需求以及各种业务可以随时进行，对于商家而言提高了办公效率，缓解了交通压力。最后，电商增加了人们获得各种服务的方式，互联网的广泛应用和电子商务的不断完善，使各种线上服务变为可能，提高了社会效率，丰富了人们的生活。

第二，电商对企业的影响。电商使企业根据市场需求进行精准生产变为可能，改变了企业的生产和运营方式。电子商务可以简单、精确、快捷、直接地反映出消费者的需求，通过对这些信息的掌握，企业可以根据市场需求提供更加符合消费者价值取向的商品和服务，且不易出现生产过剩的情况。商家店铺向电子商务平台的平移使企业实现了无店铺的营销方式，减少了传统管理和交易所需的成本，提高了生产效率，并获得了更多利润。

第三，电商对金融业的影响。电子商务平台的推广需要形成与之相匹配的交易模式，由此衍生出电子支付和网上银行，进一步推进了网上支付、电子支票、电子现金等一系列系统的发展，将传统的金融模式带入了全新的发展阶段。传统金融业的转型对提高社会整体效率、推进社会的发展都有重大意义。

第四，电商对物流业的影响。电子商务与物流业的联系十分密切，电商的发展和普及成为了推动物流业发展的最大动力，使得物流业的行业地位、组织模式、分工、功能都发生了巨大改变。首先，对于商品类电商平台，交易成功后商品必须由物流行业配送到消费者手中，使得物流业在整个电子商务交易过程中承担了重要的作用，因此，物流业已经发展成为社会生产链中的领导者和协调者，促使其全面的发展，将物流业提升到前所未有的高度。其次，电商推进了物流业中商品供应链的改革，传统商务模式中，商品从厂家到消费者手中需要经过多层分销商，复杂的过程易造成很多问题，也加大了商品的成本，但电商平台的出现，简化了商品从厂家到消费者之间的流通过程，改变了市场的传统模式，不仅提高了效率，节约了时间成本，同时也降低了流通成本，使商家和消费者均受益其中。最后，为保证电商平台效率的提高，很多电商平台开拓了自己专属的物流渠道，给社会创造了很多新的岗位和就业机会，为社会缓解了就业压力。

电子商务虽然是互联网技术形成之后的新兴行业，但是目前已经渗入到了社会生活的各个领域、各个层面，成为社会生活的重要组成部分，金融行业的重要补充，也是新的社会背景下人类不可或缺的重要交往方式。参与度高、成本低、互动性强、方便快捷的特点使其发挥了显著的创造力和生命力，同时，也要求我们通过完善的政策、相应的法规来进一步实现国家的监管和规范，也许，在完善的机制之下，虚拟服务行业还会带给我们更多的惊喜。

（三）应用传播交往

虚拟交往加快了信息的流通过程，促进了各种文化的碰撞和融合，具体体现在应用传播交往方式的发展。应用传播交往方式主要包括以分享和传播各种科普类知识的软件，如知乎、大牛家、我懂、领路以及传播热点新闻信息的软件，如腾讯新闻、公众号、澎湃新闻、新浪新闻。互联网世界中的应用传播交往方式的发展，使社会中接触到科普类知识和热点新闻信息的受众群体不断扩大，接受到这些知识和信息的方式也呈多样化和便捷化的特点。自由而平等地接触知识和信息的方式比传统自上而下的等级式传播方式具有更好的效果，不仅提升了参与者的互动性，还有利于更好地进行内容和渠道的整改以及对目标受众的把握。

在基于互联网技术为基础的传播领域中，参与者的参与方式影响了知识和信息的传播方式，在潜移默化的过程中，形成了一种新的文化形式，对社会和虚拟交往的主体都产生了巨大的影响，具体表现在以下方面：

第一，使知识和信息更加平民化。随着虚拟交往的群体越来越广泛，各种虚拟交往的APP开始注重用户下沉，用各种方式增加参与者群体的数量和范围。在自由的形式下，各种草根用户涌入了虚拟交往中成为了主体，各种类型的软件从小众参与演变成全民参与的模式，知识和信息的传播不再局限于拥有高学历的精英人群。知识平民化的发展趋势提升了社会群体思想境界和信息敏感度，平等自由的信息平台也给人们带来了更多的人文关怀，平民在虚拟交往方式中比重的提高也丰富了社会的人文积累，从而进一步推动社会的发展。

第二，推进用户行为分析和智能推荐系统的发展，更加有效地利用了信息资源。互联网技术衍生出了智能化的处理方式，目前已经应用于各大虚拟交往的软件中，这些软件根据用户平时浏览的内容分析用户的兴趣和行为特点，通过一定的算法，向用户推荐所需的内容和信息，使用户快速找到自己需要或感兴趣的信息和内容，相当于量身定做的信息整合，有效提高了用户黏性，避免了用户流失的现象。但是这也强化了用户对数据算法的依赖程度，使这些软件的用户成为了工具的奴隶，满足于经算法而推送的内容，失去了思考的能力，导致交往主体新的异化形式，形成人类与当代科技之间的矛盾。

虚拟交往推动了新媒体方式的发展，使信息和知识有了更多的传播渠道，加快了文化交流，丰富了人们的沟通方式。尽管这种开放式的方式有时会导致一些不专业、不科学以及虚假信息的出现，但是经过开放式的讨论，也能推动准确的信息被筛选出来呈现在大众面前，因此同样应该得到进一步推广。

三、交往主体的视角

交往是人与人在物质实践过程中所产生的一种关系，任何交往都离不开人的存在，因此从交往主体的视角来区分不同的虚拟交往方式具有重要意义。在马克思看来，"只有随着生产力的这种普遍发展，人们的普遍交往才能建立起来"①。可见，生产力的发展和人们的交往形式息息相关，在互联网不断发展的信息社会时代，虚拟交往给人与人之间的交往提供了不同的方式，使不同方式中的交往主体也呈现出不同的特点和不同的可能性。从交往主体的角度对虚拟交往的类型进行区分，主要可以分为一对一交往、一对多交往和多对多交往。

（一）一对一交往

一对一交往主要指利用互联网利用私信、email等方式进行聊天、交流和沟通，交往主体只包括互为主客体的两个人。虚拟交往作为互联网时代中最重要和最主流的交往方式，对新时代的交往产生的最广泛和最深远的影响就体现在这种一对一

---

① 《马克思恩格斯选集》第1卷，人民出版社2012年版，第166页。

的交往方式上。一对一交往与其他交往方式相比具有一些明显的特点：

第一，私密性。不同于互联网的公开性特点，一对一交往是交往用户不会将聊天内容公开的交往方式，只有信息的发送方和接收方可以看到所要传递的信息和内容，一对一交往满足了虚拟交往主体对于隐私和信息私密性的需求。隐私是社会中每一个个人的自然权利。从历史上人类第一次懂得用树叶遮羞开始，人类的隐私就已经形成了。无论从个人的主观意志还是从客体的行为方面来看，隐私的形成意味着人类告别了动物界，向更高层次进化和发展。但是互联网技术的公开性使得信息可以面向所有人公开，对人类的隐私发出了挑战。但是一对一交往形式的出现，及时解决了这一困境，目前，各大虚拟社交工具都开发了私信功能，保证了人们在利用互联网进行交往时对个人隐私应得到保护的需求，消除了人们进行虚拟交往时的心理顾虑，可以更加自由地利用互联网进行社交活动。

第二，封闭性。一对一交往要求人们在利用互联网进行私密的交往时，必须同时使用同一平台或同一社交软件，当前社会中比较主流的一对一软件和平台包括QQ、微信、微博等。这些软件和平台已经发展完善，并已经形成了数量庞大的客户群体，成为当下时代人与人之间不可或缺的重要交往工具。

第三，对等性。在一对一的虚拟交往中，互为主客体的交往双方具有一定的对等性，这体现在双方所看到和接收到的信息和内容是一致的，因此并没有明显的主次之分。对等性是交往双方的交流和沟通能够顺利进行的重要保证，只有内容和信息对等，才能保证双方交流沟通的畅通性，规避交往不对等可能造成的误解和阻碍。

第四，时间灵活性。利用各大交往平台和社交软件进行一对一交往具有充分的时间灵活性，由于交往双方必须使用同一平台或软件，所以对话内容和交往信息可以存放在同一服务器之中，这使交往双方可以选择即时交往或延时交往，既可以随时随地进行即时的沟通，也可以实现即使一方不在线，下次上线依然可以阅读信息给予回复，保证了不同情况下交流的顺利进行。

（二）一对多交往

一对多交往意指利用互联网作为交往工具，进行公告、通知的上传下达，这种功能多用于政府、团体对于信息的公布和公开宣告。一对多交往对交往主体具有明确且具体的规定，交往的一方必须是单一的信息发布者，而交往的另一方则包括了全部信息接收方，没有数量上的具体要求。一对多交往同样具有独特的特点：

第一，单一的信息发布方。由于一对多交往大多用于公告和通知的传达，具有上传下达的特征，这意味着信息的发布方必须具有一定的权力和职责，同时仅限于在自己的职权范围内，且信息发布方在数量上具有单一性的特点。

第二，广泛的信息接收方。根据信息发布方的不同需求，一对多交往的信息接收方范围也会发生相应的变化。其信息的传达范围小至部门、单位，大至行政区域、全国甚至全世界。

第三，发布内容的规范性。一对多交往一般用于相对正式的场合，这对信息的内容具有比较高的要求，应具备一定的规范性。在内容覆盖的范围上，应注意做到周密且没有漏洞；在语言表达上，应注意条理清晰，语言通俗且文风严肃。

（三）多对多交往

多对多的虚拟交往方式意指交往双方没有数量上的控制和要求，对于参与群体没有具体的限制，这种交往方式当前使用范围非常广泛，如各个社交平台和软件中的群聊模式、各种网络新闻和文章中的留言板模块或以各种话题形成的贴吧和论坛，统称为BBS。多对多交往形式最能凸显互联网的公开性和平等性特点，为人们搭建了一个平等自由的对话平台。

第一，聊天群。聊天群是由腾讯QQ最初设计使用，后被其他社交软件复制传播的一种即时通讯平台，这种即时通讯平台相较于一对一的私聊模式具有更强的开放性，参与其中的交往用户往往显示出某种共性，功能非常丰富。出于某种共性和同一种需求，处于一个聊天群内的用户可以是相互熟识的亲朋好友，也可以是完全互不相识的陌生人，聊天群的出现最大程度地将有同样需求的人整合在一起。

聊天群的种类非常丰富，根据不同功能和需要可以随时组建起来，由不同的参与主体可以分为工作群、同学群、朋友群、老乡群；由不同的兴趣可分为明星群、电影群、摄影群、音乐群；由不同的功能可分为购物群、答疑群、通知群等等。聊天群最大的特点是自由度高、灵活性好、成本低、随时可建，以最简单的方式为交往主体提供了一个方便的交流平台。

第二，BBS。BBS是英文Bulletin Board System的简称，直译成中文的意思是"电子公告板"，性质相当于街头和校园内的公告板，不同的是需要利用电脑和网络实现传播，随着虚拟交往方式的丰富和完善，BBS也延伸出更多丰富的内容和形式，如论坛、贴吧、留言板等。

BBS的发展速度与互联网一般，同样让人惊叹，从最初只能在苹果计算机上，且要求彼此在共同的预定时间才能实现传送电子邮件的模式，发展到今天这种覆盖广泛，功能多样的形式只用了二十几年时间。现在的BBS已经几乎覆盖了社会生活的各个方面，社会中的任何人都可以在互联网中找到自己感兴趣或想要了解的专题论坛，极大丰富了人与人之间的交流方式，凸显出互联网显著的互动性。

BBS的出现打破了人们在传统交往模式中不可避免出现的视野局限性，给社会中的每一个个体创造出一个自由而平等的发声平台，满足了当代人的社交需求，使很多人能够在其中获得启发。不同功能的论坛体现出互联网空间的知识性、公平性、趣味性、和谐性，将更多有价值、有意义的精华内容展现在大众眼前，提高了交往的效率，节约了获得信息的成本，塑造了互联网时代最典型的虚拟交往形式。

第三节 虚拟交往的特征

随着生产力和科技的发展不断推动着通讯技术的发展,当前社会的信息化水平和交往的虚拟化程度不断提升,相比较传统交往方式,以互联网为核心的虚拟交往由于其使用了独特的媒介和工具,克服了传统交往中时间、空间和介质等的种种局限,并由此凸显了很多新的特征。

从最初人类社会面对面交往得到扩展之后,发展出很多依靠一定介质而实现的两点一线的线状交往模式,介质是延伸交往的重要物质基础。如发信方和收信方依靠一纸书信而实现的交往;发信方和收信方依靠电报机而实现的交往;发信方和收信方依靠一部电话而实现的交往;发信方和收信方依靠互联网而实现的交往。可以看出,非面对面的交往始终需要依靠一定的介质才能进行,同时,随着人类社会的进步和发展,这种介质从具体的物质状态发展到了数字化状态。交往介质的数字化转变使人们的交往形式实现了更多的可能性,利用互联网技术和移动终端的连接,人们已经可以随时随地根据需求选择一对一、一对多、多对多的交往形式,正如互联"网"这一贴切的形容,现代社会人类交往呈现出"网"状、互联的景象。更加难得的是,在互联网的覆盖之下,无论你身处何处,也无论你属于哪个国家、哪个民族,只要利用连接了互联网的移动终端进行简单操作,就可以与任何同处互联网之中的人相互联系,天下的信息也可以尽收眼底。

面对面的交往模式要求作为主客体存在的交往双方必须存在于同一时空之内，随着非面对面交往模式的形成，对时空的要求开始放宽。时空是延伸交往的现实尺度。当人类学会将信息刻在石碑之上开始，人与人的交往突破了时间的限制；当人类开始利用电报机进行信息的传递，人与人的交往突破了空间的限制；从面对面口语相传的交往到信息文字的印刷，直至利用某种电子产品作为媒介，整个交往方式的发展过程显示为人类突破环境对交往造成的时间和空间限制的过程。生产力的高速发展促成了时空不断扩展的结果，同时，随着生产力和科技水平的不断进步，这一过程从未止步，虚拟交往正高速地朝着更快、更广、更普及、更便利的方向发展。但同时值得注意的是，在这一过程中，世界的空间距离和空间界限在逐渐消逝，区域间的联系越发紧密，正如麦克卢汉所形容的："经过三千年专业分工的爆炸性增长以后，经历了由于肢体的技术延伸而日益加剧的专业化和异化以后，我们这个世界由于戏剧性的逆向变化而收缩变小了。由于电力使地球缩小，我们这个地球只不过是一个小小的村落。"[1]假如电力使地球缩小，那么互联网和虚拟交往则使人们不再受到物理空间的距离所局限，这是人们之间的交往方式甚至是人的社会和文化形态所产生的重大变化和巨大进步，这样的景象使我们愿意相信，只要敢于想象并

---

[1]〔加〕马歇尔·麦克卢汉：《理解媒介——论人的延伸》，何道宽译，南京译林出版社2011年版，第75页。

敢于创造，未来人们的交往方式还可能出现更多的选择性和可能性，人类的进步不会停止。

　　除此之外，面对面交往还意味着作为主客体存在的交往双方必须同时做到身体在场，才能确保交往行为的顺利进行，从一方不在场开始，交往方式才开始逐渐向多样化发展，不在场是延伸交往的前提条件。交往媒介和媒介技术的不断发展是交往主体的肉体突破了时空对其产生的限制作用，身体的不在场程度成为衡量交往形式发展程度的重要条件。相对于面对面交往双方身体必须同时在场的交往形式，文字形式的交往意味着交往的进步，同时，印刷形式形成后，交往中的一方彻底从交往过程中隐退，实现了传者身体不在场受者身体在场的交往。电子媒介的诞生意味着信息交流实现了更高层次的双方身体皆不在场的交往，比如电话交往过程中，交往双方身体可以都不在场，只通过声音的传递就可以进行交往。伴随着互联网技术构建出虚拟交往方式，在场与不在场这对充满矛盾的交往条件开始统一起来，最典型的就是视频交往形式，不在同一物理空间的两个人，本身处于都不在场的状态，却在移动终端的屏幕显示中，再次双双到场，超越了双方身体皆不在场的交往方式，意味着交往形式更高程度的发展和进步。

　　因此，根据互联网技术下虚拟交往在介质上、时空上和身体上是否在场的特点，使虚拟交往凸显出很多新的特征。首先，表现在介质的特殊性，实现虚拟交往传播过程所使用的介质呈现出数字化的特点；其次，表现在时空的特殊性，实现了时空的压缩与扩张并存；最后，还表现在交往主体的特殊性，虚拟交往使交往的主体能够实现在场和不在场并存。

一、介质的数字化

介质是进行非面对面交往活动时必不可少的中介，一切非面对面交往都必须利用某种介质才能实现。虚拟交往所使用的介质与传统交往方式相比显示出很大的不同，具有一定的特殊性，而这种特殊性集中表现在虚拟交往介质的数字化上。

随着生产力的提高和交往方式的发展，记录和读取信息介质的工具也不断得到发展。信息可以承载于工具性载体之上，是交往的一个重大飞跃，这个变化冲破了交往只能面对面才得以进行的屏障，扩大了交往的空间距离。从最早时期将信息记录在石头、兽皮上开始，人们利用了很长的时间来研制可以承载信息的、更加轻便的工具。直到造纸术和印刷术的发明，书信交往降低了交往的成本，一些伟大的著作可以被广泛的传播，大大加快了人类文明的传播速度。但人类探索的脚步并没有止步于此，美国科学家富兰克林发明了电之后，人类交往迎来又一次飞跃，电报、电话为后来的即时交往奠定了重要基础，减少了信息传递所需要的运输成本，人类对信息的传递开始萌生了时效性的需求。直到互联网的诞生，人类可以开始使用虚拟数据库记录海量数据和信息，一部连接互联网的移动终端可以瞬时阅读所有信息，交往介质开始呈现出数字化的特点，同时交往成本降至最低。数字化介质解除了时空和地域的屏障，即时收发消息解决了人类交往的时效性需求。交往介质在经历了漫长的发展过程之后，迎来了一个崭新的时代，且仍在日益优化。在交往方式焕然一新的时代，虚拟交往利用其媒介的数字化特殊性使人类的政治、经济、文化、社会生活都发生了质的变化。与实体工具相比，介质的数字化主要表现在以下两方面。

（一）大数据库

首先，介质的数字化体现在信息储存方式的数字化上。云计算、云储存的出现借互联网实现了利用计算机对海量并且不规则的"非结构数据"的处理，这意味着虚拟交往特别是电子商务、社交网络和移动通信步入了一个具有庞大数据信息库的新时代。利用云计算进行计算、预测和分析处理后的大数据使得人类决策越来越精准，最大程度地释放了数据在过去的隐藏价值。数据开始成为新时代背景下巨大的经济资产，这个改变对人类人生的影响不容小觑，无论是传统的农业、工业，还是现代的信息产业、科技产业乃至服务行业，都找到了新的创业方向、投资机会和商业模式。然而大数据的收集也会带来极大程度的负面影响，人类隐私从未如此透明地暴露于光天化日之下，海量的数据有极大程度来源于人们的社会生活与日常起居，这也成为大数据库形成以来的最大问题所在，但就数据库给人们带来的积极影响来看，新的科技形式给人们带来的便利和机遇要远远大于其本身存在的问题。"数据化"并不等同于

"数字化",对于数据的记录是人类历史早有的能力之一,也是原始社会和先进社会的重要分割点。大数据库是建立在古老文明中对信息的采集和记录之上,利用高效率的计算机将我们生活中的一切进行量化,这是现代信息技术高速发展的结果,改变了人类最基本的生活方式和思考方式,是打开未来之门的钥匙。但人类社会终究不是充斥着机器和算法的机械世界,计算机的作用无法取代人类,数据提供的也仅是我们处理问题的参考答案而已,回归人类,回归社会才是历史发展的最终归宿。

(二)开放性

其次,介质的数字化构建了一个具有开放性的虚拟平台。对于发明互联网的初衷,我们无法回避,20世纪60年代,美国国防部最初以军事研究为目的研发了互联网的雏形阿帕网。但经历了其在不同时期的调整和发展,如今已然成为了人类新时期重要的交往工具——互联网,在当下社会,互联网不再为某一种需求而建设和更新,取而代之的是为任何新的需求、新的力量、新的挑战而提供无穷无尽的开放空间。正因如此,互联网克服了任何可以想象的界限,摆脱了任何代表个人利益、集团和机构的束缚。"开放性是互联网的核心。开放性是互联网最大的力量所在,也是其力量之源泉。它是令人惊奇的复杂系统能够运行得如此之好的原因。"[1]基于此,互联网可以根据

---

[1] 〔英〕约翰·诺顿:《互联网:从神话到现实》,朱萍等译,江苏人民出版社2000年版,第271页。

社会环境的变化调整配置，具有高度灵活性；可以任意调整覆盖规模的大小，具有压缩性和延展性；既可通过编码抵御外来侵袭，也可通过编码破解防御，具有自我更新性。这些特点使互联网被赋予了极高的活力，可以随着人类智慧的提升和生产力的提高作出及时调整和创新，不断发现问题并解决问题。开放性赋予互联网以不可预期且不可限量的发展空间。

二、时空压缩与时空扩张并存

交往形式的发展意味着交往主体所在的时间和空间都得到了扩张，而对时间和空间的突破和超越同时意味着时空的距离失去了原本的意义，可以瞬间压缩在一起，因此虚拟交往的出现使时空的扩张和压缩得到了辩证的统一。在时间上，虚拟交往使延时交往和即时交往得到了统一；在空间上，虚拟交往扩宽了实现交往的物理空间，同时也使整个世界的物理空间压缩到一起。

在人与人的交往需求不断扩大时，时空成为了人们进行交往所面对的最大屏障，这推动了人们发明各种工具来冲破时间和空间的屏障，从而进一步推动了人类交往方式的发展。互联网技术的迅速发展和日趋完善，为虚拟交往的顺利进行建立起发达的信息高速公路，形成了四通八达的交往网络，支撑互联网技术的光纤在短时间内覆盖了世界绝大多数国家，虚拟交往使人类交往的效率达到史无前例的高度。这场以非面对面交往为主要形式，以互联网作为依托的数字化革命彻底颠覆了时空的定义，如今人们所在的地理位置已经无法限制人类与外界的交流和沟通，只要手持移动终端，连接互联网，任何时候都可以实现生活、工作、学习和娱乐的共享和交往。在数字化构建出的虚拟社区中，人们可以自由自在地进行各种活动，现实社会在虚拟空间中得到了完整的延伸，甚至可以超越现实生活的种种物质限制，整个世界在这种颠覆性的变革中不断压缩，距离相隔再远的人们也如同生活在同一个小村落一般便利。

（一）时空的压缩

虚拟交往对时空的压缩，应从物理空间概念中的距离来考察。传统的交往方式往往会受到物理空间的各种局限，或者因为距离过远而无法实现，或者因为距离过远而不得不付出高昂的成本。但虚拟交往实现之后，打破了距离给交往带来的屏障。联通互联网进行交往，即使再遥远的物理距离也可以瞬间压缩至一点。现实的世界在经历数字化技术的处理之后，信息成为各种虚拟的符号，被交往的主客体所使用，虚拟的符号信息不需要经过现实物质载体的运输，因此不受到现实生活中距离的限制。由于互联网技术的虚拟性，交往的主客体可以隐匿真实的身份和所在的地点，实现真正的"虚拟"，这是人类整个交往史中相当颠覆性的变化。但必须承认，脱离现实空间的局限也带来了一定的风险，这意味着对地域管控的传统方式将不得不面临更大的挑战，隐匿的空间也给各种网络犯罪带来了可乘之机，我们不应过度沉浸在虚拟交往所带来的便利之中，而无视相应的危机和挑战。

(二) 时空的扩张

在虚拟交往方式中，时空的压缩和扩张始终是辩证统一的关系，二者相依而生，互为前提。世界上，相隔再远的人通过互联网的交往网络压缩至一点，改写了人与人之间距离的含义，同时也将任何一点中的交往主体得到无限扩张。也就是说，处于任何地点中的任一交往主体，通过移动终端和连接成功的互联网，可以瞬时得到全网络中的信息，物理空间中的一点，一瞬之间便扩张到整个世界。这种时空上的扩张给人类提供了前所未有的空间来尽可能掌握最大化的信息来源，给人类的自由发展提供了一个没有物理边界的空间，并给人类的发展提供了最大程度的自由和平等。

无论是压缩还是扩张，都体现出了虚拟交往在时空上所表现出的特殊性。将信息经过数字化的处理，存储在一个由互联网构建的虚拟空间之中，使得每一个接触到网络的人接收到信息，实现沟通和交流，是虚拟交往的内在运行机制。在这其中的虚拟空间是一个超越了现实世界物理空间的所在，它与我们所生活的真实空间紧密相连，但又完全突破了我们所认知的物理世界，这就是虚拟交往的空间特殊性所在。

从根本上说，虚拟交往扩展了现实世界的物理空间，地理学也承认了这种物理空间在网络空间中的延展，并将这种地理学意义上的空间与网络空间不断融合相连的过程称为"地理—

网络空间"。随着互联网的不断更新和完善,传统的物理空间概念也在发生变化。在地理-网络空间中,所有的信息经过数字化处理被记录在互联网上,对于每一个参与互联网的使用者而言,物理空间的概念越来越弱化,利用稳定的互联网信号,具有高速传播功能的光纤使人们实现即时的接近任何一个地理意义上的点。脱离了时间的限制之后,时间替代了距离在过去人们生活中所起到的重要作用。同时,不同于传统交往中主客体都必须同时在场,或一方在场的限制,互联网隐藏了交往主客体的物理属性,真实的交往主体化成了网络中一个虚拟的符号,符号代替人体实现交往,从而达到了交往主客体可同时不在场而实现交往的新形式。同时,这种新形式体现出物质性和多维性的新特点。

1. 物质性

地理-网络空间的建构使现代社会在政治、经济、文化和日常交流上都发生了颠覆性的改变。虽然真实的物理空间在虚拟世界中得到了延伸,但并没有因此而消解掉现实世界的稳定性。换而言之,地理-网络空间虽然包含了虚拟空间、虚拟符号、数字化等非物质特征,但物质依然在其中起到基础性作用。这是因为地理-网络空间也依据现实的物质世界为基础而建构,所有的信息都是将物质世界转化为虚拟的符号,形成数字化的物质流,通过光纤、卫星和移动终端等工具搭建起来的网络交通通道,实现对真实世界的电子流运输,才最终得以实现信息的传送,在这个过程中可以看出,脱离物质世界的虚拟交往是不可能实现的,虚拟交往只是现实交往的一种延伸,但永远不可完全替代真实交往。

2. 多维性

无论从爱因斯坦的相对论还是牛顿的量子力学出发,我们都是生活在一个三维的世界里,但虚拟交往所呈现出的地理－网络空间在我们所生活的三维世界基础上,经时空的转换和编程的操作,一个多维的空间产生了。在这个空间中,时间可以逆向流动,空间可以扭曲折叠,我们甚至可以建构一个与真实世界的发展规律相悖的虚拟空间。在时间得以逆转、空间得以扭曲、连接点越发纷繁杂乱的世界中,技术的不断进步通过直观形式呈现到人们面前,社会开始逐步裂变为真实世界和虚拟空间的结合,作为交往主体的个体意识迅速觉醒,地理－网络空间是社会多种维度延展的数字化场所,是物质社会多项维度的实现者和承载者。多维是技术进步和社会发展体现在虚拟交往中最显著的特征。由于真实世界的维度增加,交往的可能性也变得更加多样化,突破传统规律的形式也成为了可能,但真正接收和利用这种多维度的空间对人类发展是一个挑战,需要激发想象力,发展技术,从而达到与真实世界的融合。

三、在场与不在场并存

在哲学界中,"在场"历来都是一个非常复杂的概念,若将"在场"置于交往的语境中,可以理解为当一次交往行为发生时,主客体的身体是否处在事件发生或进行的现场。理论界中已有学者对虚拟交往的在场与缺场进行过具体的论述:"网络交往是通过信息的数字化编码和解码而进行的一种非面对面(face to face)的沟通(in-person communication),是一种电脑支持下的文本交流(computer-medias communication)。换言之,是网络社区的人际互动所体现的精神'在场'方式,是一种身体'缺场'(指物理躯体不在场)的交流。"① 从这段论述中可以看出,在同一时段,在场(精神)和不在场(身体)的并存也是虚拟交往时间特殊性的一个重要表征,也就是,虚拟交往的形成实现了交往主体在场与不在场的辩证统一。在以往任何一种交往方式中,时间、空间以及交往发生的物理场所都会对交往活动产生各种形式的限制,而虚拟交往则实现了对时间和空间限制的突破,根据人们的交往需求的不断升级,实现交往活动的场域得到不断扩展,交往的主客体不需要再局限于同一物理场所中,交往的主体和客体可以分别在任何地点,对地域的超越、时间的超越和空间的超越都可以变为可能,满足不同交往主体的即时交往和延时交往都得到了实现。即便是身体的不在场也可以实现精神的在场,这是过去任何交往方式都无法达到的"无身体"的交往形式。

纵观整个人类交往发展史,便可以找到交往主客体所在场域发生变化的具体轨迹。最初的面对面交往,要求交往主客体必须同时置于同一现场,任何一方身体的不在场都无法使交往

---

① 林斌:《虚拟中的身体与现实》,北京广播学院出版社2001年版,第201页。

活动顺利进行下去。当信息可以复制于一定的载体之上时，交往主客体中的一方从交往场域中隐退，随着信息被不断转载于更多的物质载体之上，信息的第一传播者可以在之后的交往活动中彻底缺场，后来的信息接收者在通过对第一信息的传播和阅读中，实现一方在场一方缺场的交往活动。直到当下信息时代中的虚拟交往，交往双方的身体都消退在数字化技术之中，使得交往主客体同时缺场也可以顺利进行交往活动。

但值得注意的是，虚拟交往中身体的不在场并不意味着交往主体的彻底消失，即使是在虚拟空间中，每个人都依然处于一定的社会关系之中，人的身体所被赋予的社会性是无法通过数字化而彻底消失的，个人的存在（即便是在虚拟空间中的存在）和社会生活之间依然有着密不可分的联系，"身体似乎是个简单概念，但实际上它不仅仅是我们拥有的物理实体，也是一个行动系统，一种实践模式。并且在日常互动中，身体的实际嵌入，是维持连贯的自我认同感的基本途径"①。因此我们不能再单纯地把身体当作生理性的存在，因为被数字化技术所隐匿就否认其真实性，我们要做的，是从社会的、精神的、文化的等维度进行综合考量，才能从整体上掌握人存在于世界的实体表征。因此我们应该从一种全新的视角出发，虚拟交往依然是一种"身心俱在"的交往方式，即：物理概念中的身体不在场，但社会身体（精神）始终在场的交往，虚拟交往由此达

---

① 〔英〕安东尼·吉登斯：《现代性与自我认同》，夏琳译，中国人民大学出版社2016年版，第111页。

到在场和不在场的并存，或可称为在场和不在场的辩证统一。

在场与不在场的辩证统一使虚拟交往凸显出虚实交错、无中心化和表情的遮蔽三个特点。

（一）虚实交错

物理身体的缺场和社会身体的在场，赋予虚拟交往虚实交错的新特点。交往方式的不断变化并没有使人类的关系发生过多改变，但从广义来看，交往方式的实质发生了变化。在无网络时代，人类的关系始终处于现实生活，各类社交活动都存在于现实生活，无论是陌生人之间人与人的相识以及发展，还是血缘关系，人类的交往关系仍然带有不变的社会性。但不同的是，这种实在的人际关系可以延伸到互联网之中，人们可以隐藏真实身份、真实样貌、真实地点、真实种族等一切社会生活中无法摆脱的标签，化身为符号进行交往。这种关系带有社会关系的"实"和网络关系的"虚"，将互联网与现实生活相互交错，甚至发展出了以人脑编程，但效率却远超人类的人工智能，用以辅佐真实生活。2016年3月，由谷歌旗下DeepMind公司戴密斯·哈萨比斯团队研发的人工智能机器人AlphaGo以4∶1的总比分战胜了围棋世界冠军李世石。2016年至2017年间，该智能机器人程序在棋牌网站以连续60局无一败绩的成绩击败中日韩数十位围棋高手。2017年5月，在中国举办的乌镇围棋峰会上，AlphaGo再次以3比0的总比分打败世界排名第一的围棋棋手柯洁。智能机器人与人类交锋且战胜人类，不仅说明了真实的人与非世界的虚拟机器人建立了新的社交关系，同时说明由人类创造的互联网已经成功研制出扩展和延伸人类智能的新存在，并深入到生活的各个领域，虚实交错的特点使现代人类生活已经难以区分虚拟与现实的界限所在。

（二）无中心化

虚拟交往过程中，物理身体的缺场消解了社会的中心化。人类的交往关系在不同的时代背景有着不同的特点，伴随着形式各异的社交活动，决定了不同的交往范围。互联网时代的交往覆盖广泛且不存在中心控制，每一个人都是自己交往网络的中心所在，是一张实现了"分权"的大网。自古以来，最能制约人们扩大交往范围的因素来自时空，在时空的限制下，人们被限制在一定范围内，只能和相熟的人进行人际往来，并且人际关系只能受到地缘、血缘或业缘的影响。而用其他方式与陌生人交往并建立人际关系，都有着有限的数量和范围。在没有互联网之前，人际交往始终无法脱离一定的限制。放眼当下，注册一个微博、ins、Facebook账号，你的一条信息有可能获得成百上千，甚至过万的点赞和评论，并且来自于与你生活没有任何交集的陌生人。每个人都成为了一个交往的中心，并对自己的社交有着绝对的掌控权。这就是因为互联网建立之后，没有人可以真正地拥有它或掌控它，在这里不存在现实社会中金字塔般的等级制度，没有任何地方可以对整个互联网加以集权性的控制。城市和农村的界限消失了，富人区和贫民窟的界限消失了，无需任何必经的交通枢纽，便可以徜徉任何地方。只有无边无际的虚拟化、数字化网络，无中心亦无边缘，无中心亦中心无处不在，广阔无垠得到了前所未有的诠释。

（三）表情的遮蔽

虚拟交往的过程中，物理身体的缺场使交往主体的表情被彻底遮蔽起来。人类的面部表情在人类交往活动中起到了重要的作用，通过表情，可以呈现出交往主体在不同情境下的不同情绪和不同状态，无论任何国家、任何民族中的个体，都需要利用面部表情来传达基本的喜怒哀乐。但虚拟交往中，由于交往过程中，物理身体的缺场，使得面部表情无法再直观地呈现在对方面前，这给最初的虚拟交往带来了一定的困境。在虚拟交往形成之初，人们只可以通过网络进行简单的文字交流，交往主客体的情绪、语气、表情都无法传递，这意味着很多信息无法精准完整地呈现。而基于交往主体不断提升的交往需求，致使虚拟交往必须向更加完善的模式发展，因此，各种网络语言、网络表情被制造出来，这些语言和表情使交往者能够在虚拟空间中进行更加生动的表达，传递出更加准确的情绪和信息，使得虚拟交往形式更加完善和完整。随着网络语言、网络表情的进一步发展，还衍生出了特殊的虚拟文化，这类文化突出体现了互联网技术和数字化技术的特点，被越来越广泛的虚拟交往主体所使用，使虚拟交往主体得到了更大的满足。

第三章
虚拟交往的历史演变

在人类社会建成之初，人与人之间就展开了社会交往行为，可以说，人类交往史如同人类社会发展史一般，经历了漫长的发展历程。交往是人与人之间通过声音、图像、文字等介质而实现的信息的传递，是人类重要的实践活动。通过交往，人类实现了信息的交流和传递，达到了彼此之间统一的认知，结成了某种特定的社会关系，凸显了不同社会环境下人们不同的存在方式。因此，追溯不同历史时期所形成的交往理论以及交往行为在历史中的演变过程，对于我们理解不同阶段的交往工具、社会交往的内在运行机制以及把握当代交往方式的新特点具有非常重要的意义。

有人类社会的地方必然有交往，交往建立了人与人之间的联系，推动了整个人类社会的发展。没有人类的交往就不会有原始社会、奴隶社会、封建社会、资本主义社会以及社会主义社会的产生。追溯到人类发展的源头，可以发现交往形式的发展也经历了一个漫长的发展过程，随着人类对空间范围、时效性等交往需求的不断扩大和升级使交往方式得到了不断的发展进步，直至今日虚拟交往的产生。在人类社会发展的不同阶段，生产力水平大不相同，不同时代的不同交往方式经过不停的完善和发展，最终演变成为虚拟交往。

媒介是人类交往过程中，用以扩大和延展信息传送的工具和手段。从面对面交往无法满足人类交往需求开始，对于不同空间的信息传递需要人类开发新的媒介，如最早的烽火狼烟、飞鸽传书、快马送信实现信息的传递或驿站镖局实现物品的传递，交往形式的革新同时带动了书写工具以及运输方式的改良和升级。19世纪中叶后期，利用电磁波等技术，电报电话的使用大幅度提升了交往时效性，这带来的最主要结果是社会进步和发展的速度也随之加快了。而无线电和互联网的发明彻底解放了人类的交往方式，地域和时间的限制均被突破，人类社会再度迎来颠覆性变革。从这个过程可以看出，对虚拟交往的现实溯源必须从媒介的历史演变着手。

非面对面交往的发展为虚拟交往的形成建立了充分的物质基础和现实背景，而互联网技术的产生标志着虚拟交往的正式形成。互联网技术从最初的建立到不断的完善就是虚拟交往方式发展与嬗变的历史过程，这证明了互联网技术的发展是虚拟交往现实溯源的重要内容。

综上所述，交往方式的发展不是抽象的、静止的、孤立的，而是具体的、发展的、继承的，每一次交往形式的革新和演变都为虚拟交往的形成提供了必要的准备，从媒介的发展到互联网技术发展的整体视角来回顾虚拟交往的历史演变过程有利于我们有效地分析虚拟交往的发展历程、载体、特点以及局限性。

第一节 交往媒介的历史演变

交往形式的更新与社会发展进程相辅相成、密不可分，是决定社会发展的重要力量。而区分不同交往形式的根本，就在于不同时期交往所使用的工具和媒介的发展。媒介的发展是推动社会交往不断变革的最直接、最根本动力，每一种新的媒介的发明都给人类社会交往和社会生活带来一次新的变革。一般情况下，媒介可以反映出这一历史时期人类社会文化和科学技术的发展水平，同时也凸显了人类思维以及交往信息不断符号化的进程。从交往所使用的媒介的发展阶段及其时效性特点来看，交往主要经历了四个历史发展时期。

一、信息的语言介质交往时期

苏联著名的心理学家巴普洛夫认为："没有东西可以比语言更能使我们成为人类。"德国哲学家莱布尼茨也曾说过："语言是人类最古老的纪念碑。"关于人类语言的起源已经无法确切追溯，但恩格斯认为的"语言起源于共同劳动"的说法目前被学界广泛认可。事实上，无论语言起源于何时，它对人类社会发展所起到的重要作用都是不能被忽视的，语言的诞生使人类的个体经验得以交流，这意味着人类迎来了第一次传播的革命，告别了与狼共舞的野蛮状态。

语言是人类的重要特征，是人类社会和文明创立之初人与人进行交往活动和信息传递的重要工具，人们因为利用了语言，人类的思维得到了有效的表达，才能将认识世界的经验互相传递，人类社会才赋予了更加丰富的生命力，社会才得以进步和发展，不断完善的语言系统是人类区别于动物的最显著特征。语言不仅是交往实践的重要工具，同时还起到了传递人类精神世界的重要作用，因为语言"还可以用来表达实际上并不存在的事物——过去和将来的事件、抽象的量和严格的精神现象。……道德、宗教、哲学、文学、科学、经济、技术和许多其他的文化方面——与学习它们的能力一起，都依赖这种高层次的传播。"①从这个角度来看，语言不仅是物质财富的重要工具，也是精神财富不断传播的重要媒介。随着人类社会的进步，人们依靠一定族群内相同的语言系统，将更多的信息和感受进行传播，文化系统也得到广泛发展，内容越来越丰富，加上对符号、规则和逻辑的运用，人们甚至可以开始进行分析、推理、分类等思维方式，对于社会后来发展的任何一种新的交往方式都发挥着重要的作用。

二、信息的物质介质交往时期（旧石器时代—19世纪30年代）

单纯的语言交往具有一定的局限性。基于交往主体面对面的口头形式的语言交往从语言发生到结束的过程转瞬即逝，这对人类的记忆系统形成了一定挑战，事实证明随着时间的延长，人类的记忆系统无法完整记录交往进行时的完整信息，且随着交往主体之间的距离不断扩大，交往就无法顺利进行。因此，随着社会的进一步发展和人类对长距离交往需求的产生，人类发明了各种将信息赋予一定的物质载体的交往方式。同

---

① 〔美〕F.普洛格：《文化演进与人类行为》，吴爱明主译，辽宁人民出版社1988年版，第24页。

时，由于长途传播信息的需求，各种信息的传播和运输工具也应运而生。由此可见，对信息的物质介质交往的考察，既要考虑到记录信息的媒介，也要考虑到信息的传送媒介。

（一）记录信息的物质媒介

从最初利用兽甲、石头进行信息的拓印，到印刷术的产生，信息的物质介质交往时期一直到今天依然是人类重要的交往方式。

1. 造纸术

信息的物质介质交往时期主要从旧石器时代开始，交往的发展与社会制度和人类历史的进程密不可分。在原始社会中，生产力极低，人们仅能将信息拓印在石头、兽甲、墙壁之上，使这一情况发生改变和进步的是我国古代震惊世界的发明，即造纸术。造纸术的发明使信息可以更加容易地被记录和传播。最早的造纸术与中国养蚕织丝密不可分，主要材料就是丝棉的残絮，东汉的蔡伦对其进行了改造，西汉已经有了麻质纤维纸，隋唐五代时期，我国造纸术已经较为完善，并细分出诸多种类，清朝中期中国的手工造纸术已经相当发达，且质量优良，成为中华民族数千年文化发展和信息传播的重要物质条件。造纸术是人类信息传播的一次重要革命，它使书写材料便于携带，进而促进了整个世界的文化发展。

2. 印刷术

印刷术的发明使信息和文字的大规模复制成为了可能。早在殷商时期，我国先人就曾使用过印章，这是印刷术最主要的起源。唐朝初期，雕版印刷术被发明出来，形成其后继续发展的印刷术的重要基础，但印刷的内容常常受到限制，缺乏一定的灵活性。为突破这种局限性，北宋的毕昇发明了活字印刷术，对整个世界文明的进一步发展都起到了重要的作用。印刷术的发明使得书籍从牧师与神坛之上走向广大人民群众，击碎了知识特权，使书籍变得平价，使信息流通性更加广泛，促进了人与人之间的交流，为社会的进步形成重要的助力。

3.移动硬盘

随着互联网时代科学技术的不断进步，信息的记录方式也发生了质的变化。移动硬盘是利用USB或IEEE1394接口，可以随时在移动终端设备上插上或拔下，小巧而便于携带的硬盘存储器。相对于以往的信息记录方式而言，移动硬盘具有容量大、体积小、速度高、使用方便、安全可靠等诸多新特点，是当代人用来存储信息的重要介质。互联网技术的不断提高使得人们目前无论商务办公还是个人娱乐休闲领域的需求都不断随之增高，各类信息和资料的存储需求也快速提升，因此近年来，移动硬盘始终在朝着更高的存取速度、更简单的存取过程、更大的容量和更低的价格发展，获得了广阔的市场空间和用户群体，成为当代重要的信息记录方式。

4.云存储

云存储是一种基于互联网技术的线上信息存储模式，通过将信息和数据存放在由第三方托管的虚拟服务器中，相较于之前的信息记录方式而言，云存储实现了"无实体"的存储模式，也就是无需将信息记录在任何固定的实体工具中，而是记录于互联网的海量信息存储空间中，真正实现了"存储虚拟化"，使用者可以在任何时间通过连接互联网来进行信息的存取，方便快捷，安全可靠。云存储具有低成本、高效便携、便于分享、灵活性高的特点，为人们提供了一个自由度极高的信息记录方式，但其安全性也受到了一定的挑战。互联网并非是具有绝对性的技术，因此是可以被攻击、攻破的，将信息存储于互联网之中，需要承受技术漏洞可能引发的信息泄露的风险，这也要求第三方托管平台不断修复安全漏洞以保证个人隐私信息的安全。

（二）传送信息的物质媒介

1.烽烟

中国古籍中记载了"周幽王烽火戏诸侯"的故事，烽烟传信作为最初战争时期的长途交往方式之一，已经有了悠久的历史，烽火台点起狼烟，以肉眼可见的方式传递敌人来犯的信息，以便远处的侦查员快速接到情报，用接力的方式将信息传至更远的地方，从而使执政者尽可能快速作出回应。但烽烟传信的方式极易受到天气和地形的限制，且难以确认其准确性和真实性，使得漏传和误传发生概率也比较高，不然也就不会出现被周幽王戏弄的诸位诸侯了。

2. 信鸽

在古代，人们还利用信鸽传递信息。有记载，古埃及人在公元前3000年就开始使用信鸽了，中国作为养鸽的古国，飞鸽传书的历史同样十分悠久。传信者将信件放置在提前训练好的信鸽身上，传递到指定地方，完成信息的交流和传递。但这种方式具有相当大的变数，信鸽的训练过程极其复杂，且无法保证动物安全准确地抵达指定地点，可靠性低。

3. 驿站镖局

驿站镖局也是古代可选的长途交往方式，是今天物流快递行业的雏形。物流快递是我们现今生活重要的一部分，且越来越趋向于完善，但在生产力水平较低的年代，受到了很多因素的限制和影响。首先，建立一个可靠并且高效的驿站需要非常高昂的成本，这需要一个非常完备的交通网络和运送设施，在交通不发达的地区，运送就难以实现。其次，人力不可控的自然因素也是影响其时效的重要原因。再次，由于人力物力成本高昂，无法实现普及应用，驿站大多服务于王公贵族，无法满足平民百姓的交往需求。

无论是信息记录方式还是信息运输方式，都属于借助某种物质介质而实现的交往方式。特别是对于信息运输方式而言，运输过程依靠人力或者动物，耗时极长，且变数极大，甚至无法保证百分之百成功投递。虽然交通工具也在随着时代的发展而不断发展，但即使是高速发展的今天，我们能做的也仅是使运输工具逐步提速。随着社会生产力水平的进一步提高，未来的信息物质介质还将发展至何种程度，我们不得而知，但可以确定的是，社会的进步必然会推动人类的交往方式不断优化，从而更加便利和完善。

三、信息的电子介质交往时期（19世纪30年代—20世纪90年代）

随着科技的进步，每一种旧有技术的缺陷，都会被新的技术所弥补，18世纪开始，欧洲的哲学家们逐渐发现电的各种特质，并开始研究如何将其应用于生活，这对于交往的发展而言是一个重要的里程碑，大大提高了交往的时效性，揭开了信息的电子介质交往时期的序幕。

（一）电报

利用有线的电流和无线的电磁波作为载体，电报交往成为了第一个利用电实现信息传递的交往方式。在工业社会中，电报的发明使信息的传播速度大大加快，并且克服了传统交往方式时效性低的缺陷，节约了时间成本和运输成本，确保了信息的有效传递。从电报发明的初期来看，电报对人们的交往起了巨大的作用，不仅实现了信息的快速传递，加快了信息流通的速度，同时也带动了报纸和无线电广播行业的兴起，丰富了人们的精神生活，扩宽了人们的视野，在整个人类文明史中占有重要地位。但电报交往同样具有较多缺陷，受制于低下的用电技术，电报交往的费用较高，通常以字数计费，要求发电报者运用尽可能简练的语言传达信息，导致意思不够精准，表达不够明确的现象时有发生。其次，由于要利用电报局和电报员来进行信息的传递，使得电报交往的保密性较差，信息容易被他人窃取，无法满足对私密信息进行传送的需求。此外，由于需要将信息译为电码，再将电码译为报文等繁琐的程序，电报交往的过程异常复杂，不适用于日常生活可高频使用的方式，电报最终淡出交往历史的舞台。

（二）电话

电话的发明使人类的声音运用电话机和电为载体，通过声能和电能的相互转化，传播到远距离之外的交往方式，是人类交往史的又一次重大飞跃。远距离通话的实现，使人们感受到了即使相隔万里，也仿佛贴身相伴。脱离了必须使用符号和文字才能进行沟通的方式，人与人的交往变得更直接、更便利也更快捷。为满足人们的交往需求，投币电话、磁卡电话等多种形式的电话陆续被发明，但电话线的长度限制了人们的活动范围，且越远距离的通话所耗费的成本就越高，因此人们开始将半导体技术和计算机技术逐渐引用至电话当中，自此以后，电话线逐渐消失，通话的连接速度越来越快，接收信号越来越稳定，连接的距离也越来越远，直到现在，电话通讯的成本已经非常低，足以被绝大多数社会群体所接受。电话交往受到电话线长度限制的困难在之后的发展中逐渐被克服，无线电话应运而生，但电话的体积和耗电问题依然是目前科学无法完全突破的瓶颈。特别是电话对电的需求不仅会不断损耗电力资源，同时也会使人们对电的依赖更加强烈，成为现代人类异化的重要问题。此外，电话交往存在一定的安全漏洞，内容易被窃取，无法保证人类隐私的安全性，具有一定的安全隐患。

在信息的电子介质交往时期，电在交往方式中的应用在很短时间得到了最大程度的普及。这一时期的交往方式更新速度大大加快，相比传统交往时期的各种交往方式，大大节省了人们的交往时间，保留了旧有交往方式的优点，弥补了之前的缺陷，加快了社会进步的速度；但在时效性上依然无法达到最优效果，这给之后的交往方式预留了进步和提升的空间，为之后的信息互联网介质交往时期的到来做好了充足的准备。总体来说，电子介质交往时期在整个交往史中起到了承前启后的作用。

四、信息的互联网介质交往时期（20世纪90年代至今）

随着交往需求的不断扩大和升级，旧有交往方式的延迟性成为人类交往的最大障碍，人类充分利用科学技术并不断加以钻研，信息的互联网介质交往时期——一个重要且崭新的交往时代悄然而至。如同电在短时交往时期的应用一般，这一交往时期运用了一个更加快捷、更加便利、更加先进的工具，即互联网。互联网交往是主要以虚拟的网络技术为前提，借助数字化和符号化为主要表现形式，利用计算机等电子设备、光纤网络为载体的新型交往方式，是迄今为止人类社会技术最先进、应用最广泛、成果最高效的交往形式。信息的互联网介质交往时期的到来，标志着虚拟交往的正式诞生和应用。

（一）手机

为了摆脱电话线对人类交往范围的束缚，人类发明了手机。经过一个世纪的发展，无线电话越来越完善，随后逐渐发展成现在的智能手机，成为了人类社交的重要工具。近二十年是移动通讯发展最为迅速的时期，由于手机的迅猛发展和广泛应用，人类社会现代化进程不断加快，手机市场的更新换代和竞争都越来越激烈。利用GSM数字蜂窝技术后，2G、3G、4G时代相继到来并不断被取缔，此刻我们进入5G时代。在有线电话发展至无线电话，再到智能手机的过程中，新的功能被不断注入到新的载体之中，从最初单纯的通话到文字、图片信息的编辑发送，再到高清视频通话和各种功能的软件在手机中的应用，手机的发展和完善并没有经历太长时间就横扫整个世界成为当代人类最主要的社交工具。手机纷繁多样的功能便利了人们的生活，满足了人们的各种需求，但也带来了因过度使用手机而出现的问题。在心理健康方面，最近的研究中表明，目前已经有80%以上的人患有无手机恐惧症，手机没电、丢失或无网络状态会感觉到焦虑，这不仅造成了在各种场合中随处可见的"低头族"（做事注意力不集中、喜欢看手机的人群），同时也加重了人们对于电子设备的依赖。在身体健康方面，由于使用手机时手部肌肉快速紧张的运动和长时间浏览使用手机，拇指腱鞘炎和干眼症的发病率大大提高；低头看手机的姿势使得脊椎压迫等问题越发突出；日本生物学家的研究表明，如果每天对手机的使用时间达到3小时，则8年以后的听力会下降12%。在社交方面，沉迷手机而忽略真实社会社交的人随处可见，人们利用各种社交平台将自己的生活照片以及感受上传、互相点赞已经成为生活中重要的一部分，甚至已经成为一种生活模式。如何合理使用手机成为当下一个亟待解决的问题。

（二）计算机

计算机也称电脑，从20世纪四五十年代至今，经历了四个发展阶段，特别是在1995年可以连接互联网之后，发展更新更加迅速，如今已经成为轻巧、便捷、使用普遍的重要交往工具，是20世纪最先进的科学技术发明之一。随着生产力的发展和社会的进步，网络计算机得到了迅速的发展，当下的计算机不再是最初的庞然大物，且价格也越来越被更多的人所接受，使得计算机在各个领域中的普及率越来越高，成为了当代人们生活的重要组成部分，对社会的发展起到了积极的影响。网络计算机有着大数据化、网络化和智能化的特点，有利于信息快速有效的收集，使人们能够快速高效的获得越来越多的资源和信息，极大地满足了人们的工作需求和交往需求，大大地提高了人们的生活质量。不仅如此，计算机在经济领域的应用使现代企业提高了生产率，降低了生产成本，节约了大量的人力资源，缓解了经济快速发展所带来的巨大压力，给未来经济的发展带来了更多的机遇。计算机的应用推动着社会向更高更好的形态不断发展，但同时也间接带来了信息泄露、网络诈骗、网络暴力、资金安全等风险，给人们对其的应用和管理带来了挑战。同时，为了满足人们社交以及生产不断更新的更高要求，攻破计算机技术中的漏洞，对计算机技术的人才需求和要求均越来越高，以开发计算机技术更多的功能，以期进一步发挥计算机对人类的积极作用，使其不断顺应时代的发展，更好地服务于生活。

（三）嵌入式系统

嵌入式系统是在信息的互联网介质交往时期中计算机发展应用于各个领域的一种延伸状态，英国工程师协会将其定义为"完全嵌入受控器件内部，为特定应用而设计的专用计算机系统"，就目前人们的使用状况来看，嵌入式系统几乎可以说是所有利用互联网技术和计算机技术的电子设备的统称。诚然，在互联网大范围普及背景下，嵌入式系统几乎囊括了所有的电子设备，大到社会中的工业自动化装置和仪器、医疗设备、车载多媒体、电梯、ATM机、自动售货机，小到家用的空调、数字电视、机顶盒、多媒体播放器、数码相机、平板电脑。可以发现，我们的生活中充满了各种各样应用了嵌入式系统的电子设备，且嵌入式系统的应用范围仍在不断扩大，使当下社会真正实现了万物互联的景象。信息的互联网介质交往时期的发达科学技术和信息化方式使各种嵌入式产品获得了巨大的发展空间和发展契机，使用嵌入式系统的电子设备最大的特点是智能化、可互联，这使过去只具备单一功能的设备更加人性化、生活化，各种嵌入式产品的功能不再单一，结构更加复杂。同时，为了发展出更多可能，设计师和工程师必须不断将更多功能集成在嵌入式系统的芯片上，这间接推动了互联网的进一步发展，适应了现代社会中人类交往的发展需求，网络互联已经成为了未来社会发展的必然趋势。

信息的互联网介质交往时期的到来比以往任何一个时期对人类的影响都更大更深远。中国互联网络中心（CNNIC）在北京发布的第43次《中国互联网络发展状况统计报告》显示，截至2018年12月，我国网民规模达8.29亿，普及率达59.6%。手机网民规模达8.17亿，网民通过手机接入互联网的比率高达98.6%，越来越多的人成为了互联网交往时期中虚拟交往的受益者。在社会生活方面，虚拟交往的普及不仅便利了人们的生活，同时也开拓了人们的眼界，即使人们生活在偏远地区也有了知晓世界、了解时事的机会。在教育方面，人和人的关系比以往更加平等，网络的普及使人人都可以拥有同样接受信息和教育的机会。在经济活动方面，从未有任何交往方式可以如此方便快捷地促进消费和生产的发展，更大大节约了人们日常工作生活的时间成本。互联网交往时期给人类带来了一个新的时期，一个充满了机遇和挑战的时期，但任何事物的发展都是一把双刃剑，虚拟交往同时也带来了人类前所未有的异化问题。对互联网的依赖导致人类过度关注网络而忽略了真实生活。信息的公开和互联使大量信息被盗用，隐私被窥视。大数据不只提供了有价值的海量数据，随之而来的还有海量的垃圾信息。互联网的无国界、无地域差别的特点使虚拟空间难以规范法治，使网络诈骗等新的犯罪形式更有机可乘。

从整个交往媒介的发展史中可以看出，交往媒介的发展史正是人类文明交往史的发展过程。同时，这一过程并不是单一的从旧有的媒介工具过渡到新的媒介工具，而是一种复合、叠加、补充、累积的复杂过程。任何一种新的交往媒介的诞生都彰显了人类的智慧所带来的技术升级，在交往媒介不断完善的过程中，人与人之间的关系也呈现出更多的创造性和可能性，知识的分享、信息的交换、思维的创造、思想的交流都在媒介的发展中得到了更好的发挥空间，促成了人类文明走向今天的辉煌成果。

第二节　互联网技术的起源与发展

美国著名未来学家阿尔文·托夫勒曾在他的代表作《第三次浪潮》中形象地预见了互联网的深刻影响，"一枚信息炸弹正在我们中间爆炸，这是一枚形象的榴霰弹，象倾盆大雨向我们袭来，急剧地改变着我们每个人的内心世界据以感觉和行动的方式"①。诚然,以互联网技术现在的发展水平和对我们生活的影响程度来看,这种说法并不夸张,信息时代的新纪元就在这种新的科学技术中被开启,无论是史无前例的信息承载方式,还是世界性的信息流动,抑或是人与人之间交往的新形式,无不深刻地影响了这个时代中每一个人的生存方式,决定了人类历史向着互动、共享、协同、数字的方向发展的趋势。

一、国际互联网的起源

互联网（Internet）又称因特网、国际网络,是基于不同种类和规模、独立运行的计算机网络或一台计算机按照国际通用协议而连接成的世界范围的庞大的国际网络。整个国际网络又下分出一些分支,包括小规模的局域网（LAN）、具有一定城市规模的区域网、大规模的广域网（WAN）等,这些网络借助卫星、高速的专用线路、光纤和微波等构成的线路,将散布在世界各地的计算机和移动终端连接起来,利用具备完善功能的软件,实现信息的交换和资源的共享,为广大互联网用户提供各种服务,满足了人们的各种需求。毫不夸张地说,互联网的诞生是整个人类发展史中的一次重大发明,它带来的影响涉及到了全人类的生存现状和发展趋势。

互联网被发明的真正契机源于美苏两国冷战所引发的军事策略。其雏形阿帕网（APRANET）是美国国防部先进研究计

---

① 〔美〕阿尔文·托夫勒:《第三次浪潮》,朱志焱等译,三联出版社1984年版,第229页。

划署（Advanced Research Projects Agency）所开发。其建立之初的目的是防止战争一旦发生时，网络的某一部分遭到攻击不会影响到网络的其他部分继续正常进行通信工作。随着更多研究机构的加入以及其在更多领域的广泛应用，1983年，阿帕网分裂为两个部分，一部分用作专门的科学研究的阿帕网，另一部分依然延续与军事相关的应用，被称为MILNET。

对互联网的诞生产生里程碑式纪念意义的事件是美国国家科学基金会（National Science Foundation）建立出NSFNET。NSF在全美按地域划分建立起计算机的广域网，基于此，各地区的计算机通过网络被互联起来。NSFNET在1990年6月彻底取代了阿帕网。同时，与阿帕网不同的是，NSFNET对全社会开放，打破了过去网络仅用于科学研究和军事领域应用的局限，迈开了互联网向全社会普及化的第一步。正是在全社会普及化这样的理念中，才有了当下互联网的进步与发展。

在互联网面向全社会开放的同时，人们挖掘出它的又一重大作用，即将网络进一步商业化。互联网的商业化起始于20世纪90年代初期，用于电子邮件服务，随后随着各商业机构的互联网的普及，互联网迅速在通讯、信息存储、内容检索、在线销售、广告推广和客户服务等应用推广开来，并发挥出极大潜力。一些富有远见的企业看到了互联网可能带来的巨大价值和财富，纷纷加入到互联网行列之中，"虚拟"一词成为了对全社会至关重要的新热点。

私人企业对互联网的渗透和越来越广泛的应用推动了互联网的全面私有化。1995年5月，美国国家科学基金会将NSFNET的经营权转交给美国三家最大的私营电信公司，即Sprint、MCI以及ANS。促成了互联网发展史中的重要转折，标志着互联网商业化运营模式的正式到来，开始带动了大量从事互联网运营的企业迅速崛起。这意味着互联网摆脱了能够对其产生实际的监督和控制的组织和机构，朝着更加自由的方向发展，这带来的后果无疑是双重的，即使互联网能够自由地发挥出其全部的潜力，开发出其无穷的价值，但同时也给社会和国家对其的管控带来了前所未有的挑战。

二、互联网协议

互联网能真正实现互联，使处于不同地理位置的人运用不同的移动设备就可以随时加入到互联网之中，是基于科学家们设定出的各种技术协定。这些互联网协议也称为计算机语言，也正是这些协议（计算机语言）保证了数据能够通过网络安全、可靠地到达指定目的地，实现了不同移动设备的通讯，不同网站的沟通，以及各种信息的共享和交换。互联网协议主要有TCP（Transmission Control Protocol）传输控制协议和IP（Internet Protocol）网际协议。

同时，这些互联网协议需要建立在几个重要前提下，才能真正地实现全世界的网络互联，这些前提包括：

第一，互联网的使用权属于全球全人类，而不属于任何单独的国家、机构或个人。虽然互联网起源于美国，但它并不是单纯地从美国扩展至全世界，而是需要全世界各国在基础设备完善并遵从通用的互联网协议才得以可能，因此，实现世界互联并不能单独依赖某一国家、机构或个人，其成果也应当被全人类共享。

第二，互联网中的每一个设备都应有其独一无二的IP地址。世界上任何移动终端的IP地址不能重复，任何需要传输的数据和信息都要包含发送方和接收方的IP，这是保证数据和信息能够在互联网中准确传输的最主要前提。

第三，互联网中连接的每一个设备以及广域网中的每一个局域网都具有平等的地位，唯一会产生影响的只有带宽和网速会决定浏览信息的速度。除此之外，不会有任何规定和协议能保证某一个体具有优先特权。这充分体现出互联网的初衷就是建立起能够使全民共享信息，自由互动的网络场所，充分地尊重了每一个体的自由、自主意愿。

可以看出，互联网协议作为使互联网正常运行的前提，凸显出互联网平等、自由、互联、共享的服务理念，这成为加入互联网必须遵循的约定俗成的规则。尽管现在仍有某些技术问题未能做到尽善尽美和面面俱到，但在这种最基本的精神守则之下，互联网必然会发展成为每一个个体提供更加自由且高质量的服务。在人类交往需求不断提高的同时，互联网必然会随着人类的进步和发展与我们共同成长。

三、互联网的发展趋势

互联网自从在世界普及以来,发展速度迅猛,已经形成包罗万象的壮观景象,对互联网的研究和探索已经成为相当复杂且深刻的状态,因此对其整体发展趋势的描述只能如同管中窥豹,无法面面俱到。本部分试图从几个方面进行整体概括,试图尽可能地缕清其发展脉络。

第一,效率高速化。互联网突破了传统交往方式的种种障碍,为人们创建了一个平等自由的交往平台,给当代人类生活带来了极大的便利,但是其速度和效率仍然无法摆脱客观现实中带宽的限制。因此,近年来的互联网发展始终致力于其设备的基础设施建设。光纤、卫星、接入技术都在短时间内迅速发展起来,随着网络传播效率的不断提速,互联网终将满足更多人的交往需求,为社会的进一步发展提供主要动力。

第二,人工智能化。随着互联网软件和硬件的不断升级,互联网已经渗透到更多的移动终端之中,语音交互技术的不断发展和成熟,使智能家居所使用的硬件从过去的环境感知类设备向自动控制、语音交互类设备发展。而语音交互技术意味着连接互联网的各种移动终端依靠物质基础和技术前提所实现的人工智能。就人工智能的本质而言,是计算机和互联网对人类的思维信息的模拟过程,目前相关领域得到了不断的突破,未来也将会朝向为人们提供更多便利而继续努力发展。

第三,传媒数字化。互联网技术不断发展和成熟更新了人们接收信息的方式,以极短的时间就全方面替代了报刊类传媒、广播类传媒和电视传媒在人类社会生活中的影响力。和过去传统传媒方式相比，互联网传媒实现了前所未有的高效、便利、经济、直观、平等和自由。在互联网平台中，人们可以随时随地精准地获取自己需要的信息，也使全人类能够即时分享世界的热点和新的知识，使人类获取知识的渠道实现了质的飞跃。

第四，覆盖领域多元化。互联网作为人类文明发展至今渗透速度最快、创新最活跃、影响最深远、参与度最高的交往方式，深刻地影响了当今人类社会的各个领域和各个行业。就其目前的发展状况来看，在政治、经济、文化、教育、农业、牧业、工业等全方位的社会领域中，都成为了重要的技术支持。同时这个发展趋势并没有停止，未来可能会向更加全面的社会领域进军，给人类生活带来更多的便利和可能。

第五，全球万物互联化。自互联网在人类日常社会生活中普及以来，短短三十几年就对整个世界产生了极为深远的影响。直到今天，也没有人能够准确预测其确切的覆盖范围以及未来最终的发展程度。但可以明确的是，互联网必然会给国家、企业和个人赋予前所未有的创新活力以及前所未有的经济发展机遇，在未来的进一步发展中，互联网还会进一步从物联网走向万物互联的状态，所有的东西都会被互联网赋予语境感知，从而获得更强的感应能力和处理能力。而万物互联的社会中，数据、事物和人的进一步结合也会带来更多不可估量的价值。

从互联网整个的发展历程和历史来看，互联网利用最短的时间将全世界所有的国家、地区和个人连接在了一起，其波及的领域之广泛，使其已经成为人类生活不可替代的重要存在。互联网推动社会的高速发展和不断的创新，以及其涵盖的信息量之广阔，使每一个身在其中的人都不禁感叹其给人类生活带来的颠覆性改变。但这也同时带给人们更大的挑战，人们现在已经无法想象没有互联网的生活将会怎样，无可厚非的是社会很可能会陷入一片混乱甚至是彻底瘫痪，这不得不说也是当代人异化的一种体现。在未来的发展中，互联网依旧会发挥其重要的作用，发挥出其不可预估的前景、功能并挖掘出更多的可能性，促进社会的全面转型，使人们更彻底地迈向一个崭新的社会形态之中。

第三节　中国互联网发展的四大浪潮

在人类交往发展史中占据重要地位的造纸术和印刷术都在古老的中国被发明，但对当今信息社会起到决定性作用的互联网技术却很晚才在中国起步，但这并没有影响到互联网和虚拟交往在中国的发展进程。互联网在中国的发展，也经历了从服务科学研究开始，逐渐发展成商业化和平民化的历程。特别是在2012年之后，各种各样的互联网企业和社交软件在中国呈井喷式发展起来，接下来的发展速度更超过了人们的预期，并很快在国际互联网发展中取得了令人瞩目的成果。从1995年至2020年，中国互联网发展的二十五年，涌现了四次浪潮。在这四次浪潮中，中国的社会形态已经完全被颠覆并重置，这种震荡和剧变，不亚于甚至远超于中国古代历史上任何一次改朝换代给人们带来的震撼。

一、互联网1.0：开疆扩土

中国的互联网1.0时代主要指1995—2000年期间，从互联网最初进驻中国，开启了门户网站向搜索引擎过渡的阶段。1995年，中国电信公司开通了北京和上海两个节点正式接入互联网，揭开了中国互联网发展的序幕。这个时期人们对互联网的了解还非常少，并不知道可以用互联网做什么，只能处在被动且单向接收信息的过程中。互联网对人们而言，只是获取信息的一个高端渠道，普通人只能望尘莫及。但是这个局面很快就被打破了。

这取决于一次转折，1997年，发生了席卷整个东南亚的金融危机，但也为人们打开了思路，中国政府与国际金融市场的过招开拓了国人的眼界，中国坚定了决心要加快速度与外界互通。在此基础上，1998年开始，中国各门户网站上线，呈现在人们面前。1999年，搜狐推出了新闻网站，为人们带来了丰富的内容频道，随后各大门户网站为中国的互联网事业开疆辟土。2000年，搜狐、新浪和网易就都在纳斯达克挂牌上市了。

因为一切都在起步阶段，这为开疆辟土的勇士们提供了非常充分的发展空间，三大门户网站在这一时期抓住了"内容"这个着力点，尽可能作出更多丰富的内容展现在各自的门户中，才得以吸引更多人参与到互联网之中，为中国互联网最初的发展阶段争取到了第一批流量。

这一时期对互联网发展作出最多贡献的有两种人。其一是一些在美国留学的学者，他们见识了美国硅谷崛起的传奇，并试图将这种模式带回中国；另外一部分是一些富有远见的计算机技术先驱，他们看到了互联网市场具有广阔的发展前景，并投身于其中，开拓了互联网市场的疆土。也正是因为这些人的贡献，我国与国际互联网迅速接轨，快速重组了中国的商业结构和运行模式，为中国互联网发展奠定了重要基础。

二、互联网 2.0：诸王纷争

中国的互联网 2.0 时代，主要指 2001—2008 年期间，在积累了一定数量的用户基础上，开启了搜索引擎向社交软件的过渡时期。2001 年起，各种搜索类软件打开了互联网 2.0 时代的序幕。在吸引了一定用户参与到互联网之中后，需要更多功能来满足互联网用户的更多需求，因此为了使用户可以用最高效率获取精准的信息，百度、谷歌和雅虎等搜索类企业迅速崛起。

不同于上一时期的各大门户崛起，在这一发展阶段，个人门户网站开始流行起来，博客、sns、论坛、微博、腾讯等使人们充分展现个性的平台出现在大众视野中，开启了互联网社交的帷幕。与此同时，电商和通讯市场取得进一步发展，互联网向着满足人们更多需求，给人们带来更多便利的人性化方向发展。

值得一提的是，短短几年中，中国互联网公司三大巨头——被称作 BAT（百度、阿里巴巴、腾讯）——迅速发展起来，成为了这一时代的绝对主角。百度作为本土发展起来的搜索引擎，深刻理解中国人的输入习惯，相较于谷歌在中国得到了更充分的发展空间。阿里巴巴的淘宝网建立了整个中国的电商基础，其推出的支付宝作为电子商务活动中的第三方平台，解决了中国人最初面对电子商务时所面临的信任危机，更是在之后的发展中深刻地影响了中国人在互联网时代的支付习惯。腾讯作为最初在中国覆盖最广泛的社交软件，也影响了整个时代的人的社交习惯。BAT 的发展使中国在搜索引擎、电子商务和网络社交的技术服务，以最快的速度达到了与世界互联网脉络相通，在这一时期相继上市，完成了在资本市场的华丽转身。

有一些人曾质疑过百度抄袭了谷歌，阿里巴巴复制了 eBay，腾讯更是照搬了 ICQ，但事实上，一个新的技术引进时，摆在中国人面前的也只有学习和复制成功案例才能得到自己的发展机会。真正使 BAT 得以崛起的原因，在于三大公司在学习和复制国际成功案例的同时，适当地加入了符合中国特色的改造，才最终得以在中国互联网这片宽阔而肥沃的土壤中脱颖而出，为中国整个互联网行业抓住了一个难得的机会，开辟出一片天地。

三、互联网 3.0：帝国崛起

中国的互联网 3.0 时代，主要指 2009—2014 年期间，在社交、电商、搜索引擎等更多功能已经可以在互联网中丰富呈现且稳定发展的基础上，开启了从 PC 互联网向移动互联网过渡的时期。互联网 2.0 时代的 BAT 三大公司继续蓬勃发展，夯实了中国互联网行业发展的模式和基础。智能手机在这一时期出现在大众生活中，伴随着 2G、3G 网络技术的更迭和发展，移动互联网赋予互联网用户最大的灵活性，摆脱了 PC 互联网对人们行动范围的束缚，中国的互联网用户在这一时期迅速暴增，微博、微信等各种各样的社交类、服务类、游戏类 APP 掌握了时代的先机，得到快速发展，手机网民的数量超过 PC 互联网用户数量，建立起庞大的移动互联网的环境。

BAT 根据自己在上一时代打下的基础，继续完善功能，壮大规模，很快覆盖了中国的社交、娱乐、电商、文化、企业等各个行业和领域。同时，具有同样功能且展现出不同特色的后起之秀也纷纷发展起来，壮大了中国互联网行业的队伍，为人们提供了更加丰富的功能和体验，中国的互联网帝国在不知不觉中缔结起来。

四、互联网 4.0：百家争鸣

中国互联网 4.0 时代，主要指 2015 年至今，互联网从最初的电子计算机发展到移动终端，涌现出各种形式的APP、自媒体、功能性服务性软件，呈现出百家争鸣的景象，互联网开始全方位渗透到社会生活之中，成为人们日常生活不可或缺的部分。

2015年，互联网＋这种互联网发展的新业态被提出来，意指利用互联网技术和平台，使互联网与各个传统行业进行一次深度融合，创造一种新的发展生态。这意味着一种更新的社会形态的到来，在"互联网＋"的带动下，社会中的各种资源被充分调动，得到了更加优化和集成的效果，互联网从此融合到政治、经济、文化、社会等各种领域中，在互联网技术的作用下，整个社会的生产力得到了大幅度的提升，形成经济发展的新形态。

纵观我们所生活的当下社会，淘宝、京东、盒马生鲜等电子商务平台基本实现了足不出户就能购买一切商品；各类导航软件、出行打车软件使人们享受到更便利的出行条件；抖音、快手、火山小视频造就了大量平民网红；微博、微信、QQ成为了人们最主流的社交工具；百度、知乎、各类贴吧论坛可以即时为人们提供精准信息内容……各种APP纷繁多样，难以尽述，但无一不在无声无形中对人们的生活产生不可估量的影响。

中国互联网的发展，用短短二十五年，从一无所有的荒蛮之地走到诸侯林立的帝国，如奇迹一般深刻影响着国民的生活和世界整体互联网空间的发展进程，且这一脚步并未停止，仍然在继续向前迈进，未来可期，可以预见到中国还将继续创造出更多的奇迹。

第四章
虚拟交往生成的实践基础

第一节　虚拟交往生成的物质基础

　　物质生产实践是马克思唯物史观的重要内容，从人类的物质生产活动出发，思维和存在才统一起来，这是马克思主义哲学首要的基本范畴。为了应对人类活动的各种难题，人们通常把实践当成是主体的人与客体的自然之间的矛盾，忽略了实践过程中，互为主客体关系的人与人之间的交往及其关系的重要性。因此，从物质生产的角度研究人类交往是一个不容忽视的重要课题。

　　虚拟交往是科技革命带来的最优秀成果，是物质生产实践发展到一定高度才形成的先进社交形式。从物质基础的角度来看，首先，纵观社会交往形式的发展史，每一次的社会变革必然带来交往形式的变革，因此，交往形式与社会变革密不可分。其次，虚拟交往作为一种全新的交往形式，与传统交往形式相比最根本的特点表现在使信息成为了一种新的生产力，对当下社会发展起到了不容忽视的重要作用。最后，生产力的不断发展必然会推动社会交往形式的不断完善和升级，就如马克思在《资本论》中早已阐明了一个道理，没有金属，人类永远无法走出磨石时期，没有一定的植物和动物，人类永远也不会从游牧生活过渡到农业生活。因此，虚拟交往是科技成为第一生产力的信息社会所带来的必然结果。

一、虚拟交往在社会变革中生成

在人类历史漫长的发展过程中，人类社会实践活动的内容和形式始终在随着生产力的发展而发生变化。不同的时代背景下，社会实践的内容和形式受到生产力水平的深刻影响，反映出该时代生产力水平的高低。而交往活动作为人类的重要实践活动，更加体现出不同时代生产力发展的不同水平，随着社会的变革而发生深刻的改变。

（一）农耕社会的交往

农耕社会，是指农民以农业生产作为主要生产方式的社会阶段。在长期的农业生产活动中，社会逐渐生成了一种为适应农业生产和生活需要的国家制度、文化教育和习俗礼俗，并形成了目前世界上存在最为广泛的农耕文明。农耕社会中的交往关系，最显著地体现在人与自然之间的交往。

农耕社会中，生产方式表现为男耕女织，多数以家庭为单位，规模相对较小，家庭内部的分工十分明确，每一个家庭在这个过程中可以实现自给自足，交往范围也非常狭小。低下的生产力发展水平决定了人们在交往过程中多数以衣食住行的基本需求为主，社会交往互动性非常低，获取各种信息和知识的渠道也非常单一，社会群体中绝大多数人每日进行反复单一的劳作以维持生活的正常运转，极大程度表现出独立性和封闭性。

作为人类发展史中第一个文明形态，农耕社会的出现意味着人类对食物的获取方式从采集变为生产，是生产力第一次飞跃的成果，在这种社会形态中，一般推行的是君主制或君主专制，是自上而下的金字塔状态，具有明显的阶级性质。由于人们对于生活的要求基本停留在衣食住行的最基本状态，因此社会中的个体大多终其一生辛苦劳作，就可以实现自给自足，并不带有掠夺和侵略的性质，社会相对和谐稳定。人与人之间的和谐交往促进社会中生成具有团结统一、独立自主、自强不息、爱好和平等特点的价值观。在这种社会背景下，人与人的交往关系表现出最大的特点，即始终受到自然的支配和控制，各种社会关系主要靠地缘、血缘结成，通过婚姻，人们结成更加庞大的共同体，家庭、家族在地域限制下，组成最基本的社会组织结构。

（二）工业社会的交往

蒸汽机的发明和电力的应用，推动了机械制造业的发展，人类从农耕社会进入到工业社会。在工业社会中，机器在生产活动中的应用代替了传统的人力，社会中的个人得到了很大程度的解放，人类的物质生活水平大大提高，人们获得了更多自由的时间可以进行更加丰富的交往活动，扩展了人们交往的范围。在这一社会阶段中，交往形式发生了变化，交往活动的侧重点从人与自然的交往中过渡到人与人之间的交往。

工业社会的到来形成了市场经济，在新的经济体制下，人们走出了以血缘为基础的共同体，开启了以利益为基础的交往，这一阶段的交往伴随着商品交换的产生，在交换中形成了人们之间的普遍联系，显示出人们已经不满足于对最基本物质生产资料的需求，需要借助于与他人交换的合作关系提升生活的质量。这种经济关系会潜移默化地对政治生活产生影响，手中掌握更多生产资料的人就自然形成更高的社会地位，雇佣生产资料少的人来为其进行劳动，形成雇佣关系，因此工业社会具有明显的社会等级制度，阶级特征明显。

随着脱域化过程在工业社会的不断加深，人们开始走出自己习惯的区域，与异地的人进行更加多样的互动；明确的分工使人们脱离以血缘为纽带的熟人群体，使人们与陌生人建立起新的联系。家族制内部以血缘关系建立的信任基础被打破，人们不得不开始依赖契约来对新的社会关系进行约束。契约的内容由在阶级中具有较高地位的群体来设置，地位较低的人为了生存不得不对其妥协。这种形式达到了形式上的平等，但实质带有阶级性质，是不平等社会关系的反映。由此可见，工业社会中人与人的交往关系，始终显示出代表了资本力量的等级制和鲜明的权力和阶级属性。

（三）信息社会的交往

学界对信息社会的研究由来已久，在我们当下所生活的社会，信息社会已经成为一个使用频率极高的词汇。信息社会意指信息在社会生产中起到主导作用的社会，人们不满足于工业社会的生产力水平，构建起以电子信息和互联网技术为基础，以信息为推动社会发展的基本资源，以信息服务相关产业为社会基本产业，以网络化和数字化为基础的虚拟交往为社会主要交往形式的新型社会。信息社会与网络技术密不可分，由此也被称为知识社会、后工业社会、网络社会、虚拟社会等。

信息社会与工业社会具有不可分割的内在联系，工业社会推动了科学技术的发展，信息社会正是科技水平到达一定程度时的产物，社会信息化水平不断提高为信息社会提供了物质前提。信息社会建立在工业社会积累的社会财富和科技水平之上，在信息开始发挥创造、创新和传播的作用下，社会的生产力水平和知识的生产率得到极大提升，如同卡斯特所描述："在新的社会发展方式中，生产力的来源在于产生知识、信息处理与象征沟通的技术。知识与信息无疑是一切发展方式的关键因素，因为生产过程总是奠基于某个水准的知识，以及信息处理过程。然而，信息发展方式的特殊之处在于：针对知识本身的知识行动，就是生产力的主要来源。信息处理便集中于提高信息处理的技术，以之作为生产力的来源，达至技术的知识根源，以及应用技术来促进知识生产和信息处理这两方彼此互动的良性循环。"[1]以此可以看出，信息社会与农业社会和工业社会相比最大的不同就是除去有形的物质资源，信息也可以成为生产力的构成要素并发挥出更大的价值。

在信息成为生产力的信息社会中，劳动生产率和生产力的

---

[1] 〔美〕曼纽尔·卡斯特：《网络社会的崛起》，夏铸九等译，社会科学文献出版社2003年版，第20—21页。

发展水平得到了极大的提升，特别是互联网技术的诞生，彻底颠覆了人们的生存方式和日常生活方式，给当代人的意识形态和价值取向都带来了颠覆性的改变，扩展了人与人交往的空间和边界，使全世界的国家、组织、企业、个人都紧密联系在一起，资源和知识的共享程度也得到了空前的提高，这是人类历史的重大变革。不同于以往任何社会形态，信息社会中人与人的交往弱化了尖锐的阶级属性，呈现出共享、自由、平等的特征，为人类进一步的发展提供了很多新的可能性，散发着人类文明不断进步的光辉。

二、虚拟交往使信息成为新的生产力

蒸汽机的发明是工业社会的最显著特征，标志着人类社会正式进入了工业社会的阶段。对于互联网技术高度发达、虚拟交往无处不在的信息社会而言，信息成为了当下社会最显著的特征。就如马克思所说："各种经济时代的区别，不在于生产什么，而在于怎样生产，用什么劳动资料生产。劳动资料不仅是人类劳动力发展的测量器，而且是劳动借以进行的社会关系的指示器。"[①]从垂直的角度来审视历史的发展，我们现在所生活的时代与马克思和恩格斯所处的时代具有本质的不同，互联网技术和信息传播方式的更新使我们的生活结构以及人的劳动方式都发生了质的飞跃，社会生产力水平以及人们的存在方式

---

① 《马克思恩格斯选集》第2卷，人民出版社2012年版，第172页。

也随之一同发生了根本性的变化。我们正在见证一个新时代的崛起，这是一个以信息技术和以知识为指导的新时代，这是整个人类文明最新、最伟大的成果。

世界首富比尔·盖茨把这个被铺天盖地的信息和信息技术所包围的世界称作"一个绝妙的生存时代"[①]。著名的社会学家曼纽尔·卡斯特尔也谈到对这个时代独到的见解，"社会能否掌握技术，特别是每个历史时期里具有策略决定性的技术，相当程度地塑造了社会的命运"[②]。

比尔·盖茨建构了震惊世界的微软帝国，马云开辟了中国的电商市场，这个时代有大多数人的成功源自于把握住了信息时代的最佳机遇。这直接给我们的生活带来了颠覆性的改变，如今没有人可以彻底与互联网隔绝，眼花缭乱的社交软件、购物平台、通讯工具充斥了人们的生活。这给我们带来最直接的启示：如果想要在社会中站稳脚跟，取得一席之地，就必须把握住最先进的信息技术，信息是当下社会生产力的第一要素。也正是如此，培根提出的"知识就是力量"、马克思提出的"科学技术是生产力"以及邓小平所说的"科学技术是第一生产力"才具有了前所未有的、振奋人心的巨大力量。各种"科技兴国""科教兴国"的举措更是使很多发展中国家的人民看到了国家前途光明的希望。

---

① 〔美〕比尔·盖茨：《未来之路》，辜正坤译，北京大学出版社1996年版，第344页。

② 〔美〕曼纽尔·卡斯特尔：《网络社会的崛起》，夏铸九等译，社会科学文献出版社2003年版，第8页。

（一）信息是虚拟交往行为的介质

信息是什么？信息有什么特殊之处？信息具有怎样与众不同的属性？这是这个时代我们最需要掌握的问题。简而言之，信息就是互联网社会中人与人进行交往的重要介质。何为介质？在中文翻译中，介质代表了工具、通道、桥梁、媒介、纽带、载体和手段，这些词语都可以贴切反映信息在人类的虚拟交往活动中的重要作用，我们可以将其形容为人们传递信息的工具、扩展交往范围和交往形式的通道、人与人之间相互沟通的桥梁、虚拟交往所使用的重要媒介、维系人与人关系的纽带、承载交往内容的载体，或也可以直接称其为实现虚拟交往的手段。

被称为现代管理学之父的彼得·德鲁克在他的著作中曾经这样阐释过："50多年来，信息技术一直以数据为中心，包括数据的收集、存储、传输和显示。在'信息技术'中，重点始终是'技术'。然而，新兴的信息革命的重点是信息。它们提出的问题是：'信息的内涵及其目的是什么？'"[1]这种看法十分具有远见。关于信息的内涵，以下几种理论界中已形成的较有影响力的描述具有很大的参考价值。

第一，信息是事物间的差异或传递中的变异。事物在传递信息的过程中是否会产生差异性，决定了信息本身是否具有变异的特性，而信息的变异恰好证明了信息的存在。无论是在人

---

[1] 〔美〕彼得·德鲁克：《21世纪的管理挑战》，朱雁斌译，机械工业出版社2006年版，第84页。

类社会，还是在自然界中，都存在这种信息的差异，差异越大，其体现出的信息量也就越大。如果差异不存在，意味着信息也就不存在，同时，传递的过程对信息也非常重要，信息一定可以经过传递，无法经过这一过程的就不能被称为信息。

第二，信息是由物理载体与语义构成的统一整体。德国学者克劳斯认为："什么是信息？纯粹从物理学方面看，信息就是按一定的方式排列起来的信号序列。但光说这一点还不足以构成一个定义。毋宁说，信息必须有一定的意义，必须是意义的载体。……由此可见，信息是由物理载体与语义构成的统一整体。"[①]同时，克劳斯还认为，信息在物质和意识相互作用的关系中起到载体的作用。

第三，信息是不确定的减少或消除。这个观点是美国科学家申农对信息的定义。他认为，信息具有使不确定性减少的能力，而信息量则表示了不确定性减少的程度。从通信的角度来看，信息就是通信的内容，通信的作用就是消除通信者的某种不确定性。通讯活动中所获得的确定性的信息，是主题的控制活动的基础。

第四，系统科学认为，客观世界是由物质、能量和信息三大要素组成的，而人类认识物质和能量比认识信息要早得多。"信息"是物质系统中事物的存在方式或运动状态，以及人们对这种方式或状态的直接或间接的反应。

[①]〔德〕Q.克劳斯：《从哲学看控制论》，梁志学译，中国社会科学出版社1981年版，第68—69页。

第五，除了对信息是什么做出定义以外，还有学者发表了信息不是什么的观点，维纳说："信息就是信息，不是物质也不是能量。"[①]这种观点是认为信息并不是客观的、实实在在存在于现实中的东西，而是需要某一种实实在在存在于现实中的物质来存储和表达的东西，它看不见，摸不到，我们只有通过某些载体才能将信息传递，而报刊、书籍、电磁波、存储器都可以作为存储信息的载体。

综上所述，可以得到对信息内涵的更清晰认识，信息就是人们对客观世界中物质的存在和能量的运动有序形式的能动反映。

总的来说，我们可以这样概述：信息就是客观世界中物质与能量存在和运动的有序形式，以及人们对这一形式的能动的反映。对于这种定义我们可以从广义和狭义两个方面来考虑。

从广义上讲，信息是客观世界中物质和能量存在和运动的有序形式。物质和能量是实实在在存在于客观世界中的，信息正是这些客观实际所表现出来的属性。物质和能量都是客观存在的，不以人的意识为转移，它们有着守恒的数量和存在形式，但是它们运动的方式却有所不同，因此才造成了物质和能量内在的差别，而物质和能量一旦有着不均匀的分布，或是由不同的运动生成了不同的性质，信息就此产生。

从狭义上讲，信息是人们对于客观世界中物质和能量存在

[①]〔美〕N.维纳：《控制论：或关于在动物和机器中控制和通讯的科学》，郝季仁译，科学出版社1985年版，第133页。

和运动的有序形式的能动的反映。信息是主体和客体在环境相互交换过程中产生的内容，是不确定性的减少和消除，也是对事物状态的一种描述。狭义的信息是人们对物质和能量存在和运动的有序形式进行加工和处理，从而得出的有实际意义的消息、数据、情报、信号等的总概念。它们能动地反映了客观世界中的物质和能量，对人类的实践有着一定的指导意义。因此，随着信息处理技术的发展，人类掌握了更多的可能性，甚至创造出了网络，使虚拟交往成为可能，让人们可以进行多种多样的虚拟实践活动。

（二）信息的物质性特征

纵观整个人类文明的历史发展进程，信息与人类之间始终保持着紧密的关系。最初人类还没有意识和总结信息的能力，但是却在不自觉的活动中运用着信息，直到社会发展到一定程度，人类形成了对信息的认识，并在不断的积累和总结中提取了信息，并掌握了信息的内涵，甚至开始总结信息的特性。这个过程类似于人类认识自然界和认识能量的过程。例如，在人类最初起源之时，人们就可以孕育出下一代，在婴儿的表情和反应中，大人们开始懂得婴儿有怎样的需求，虽然这时的人类并没有意识到这就是一种对信息的实践和运用。随着人类社会的进步和更大的社会组成结成，信息的传播方式也得到了发展，利用动物传递信息、用烽烟等信号传递信息，人们在传播方式的更新中掌握了如何正确使用信息的方式。电磁波的发明使人类交往经历了第一次飞跃，深入的研究信息的内涵和作用使人们建立起信息科学。直到今天，我们身处其中的信息社会正在高速运转和发展着，信息不再是一种简单的概念，更加成为一种社会的存在方式，普遍地渗透到了我们生活的所有领域和行业之中，人类已经完全步入了信息社会。这恰恰也证明了，信息对整个人类社会发展所起到的重要作用，是能够推动社会不断进步的重要力量，虽然它并不依赖于社会的存在而存在，因为远在人类社会没有形成之前，信息就已经是一个客观存在的物质了。

目前，很多学者认为，随着社会的快速发展，信息量也一定会随之急剧增加。其他人则认为，信息可以被人们大量生产出来，并将生产的信息用于消费，进而达到使用信息的最终目的。但显然，这种想法与信息的物质性特征是相悖的。因为信息和客观存在一样，是在自然和社会中的独立的存在，并不能以人类的意志为转移。人类的意志无法创造出信息，信息量也只能在自然和社会的发展中才能得到扩大和增加。人类所创造的任何负载信息的工具都是为了让人们更好地处理这些已有的信息，从而使人类更好地理解和利用这些信息。人们所提到的生产信息并不贴切，因为这种"生产"只能作为"产生"的一种外化的表现形式。我们应该做的，是从信息的物质性特征出发，以信息存在的客观性为前提，跟随社会的发展和进步的角度，去剖析信息对于社会的意义和作用。此外，由于信息是各种客观存在的物质的一种对其自身概念和内涵的理解和概括，我们应该认识到，当社会的结构越复杂，社会秩序越高级，变化越多时，社会也会衍生出越多的客观物质，进而使信息量增加，这同时也是社会的物质性特征。

对信息最好的诠释和理解应该从唯物主义原则出发，客观的分析和理解信息的内涵和形势，认清信息的物质性特征，不能过于狭隘地理解这一重要概念，应该从宏观的角度出发，使信息能够更好地服务于人类。同时我们也应该提高生产力水平，创造更多利用信息的工具载体，扩充对信息研究的领域，这是社会进步的重要要求，也是社会发展的重大推动力。

（三）信息作为虚拟交往介质的作用机制

从前面对信息的定义和特征来看，我们可以作出如下总结，信息是一种客观的、无形的存在。所以，它需要借助于一定的载体和传播工具才能展现在人们的面前，于是媒介、符号成为了实现信息传播最不可或缺的重要因素。在信息通过媒介、符号传播的过程中，使虚拟交往得以实现的各种工具被创造出来。而虚拟交往本身就是一种对信息进行传递和交流的交往方式，因此，信息也成为了虚拟交往最为重要的行为介质。

试想，如果信息不能流通，加之宗教信仰、文化观念、政治立场、风俗习惯、语言表达都有着巨大的差异，使得主体之间无法达到沟通，那么各个主体之间也就相互封闭起来了。但信息时代的到来，使马克思当时视为普遍交往基础的生产力发展水平已经达到了空前的提升，先进的信息技术克服了种种障碍，为人类创造出了一个全人类都有机会参与的、全新的、普遍交往的平台，由此虚拟交往迅速发展，彻底地颠覆了传统的交往方式，延展了人们的交往范围，使人们获得了一种相对自由的充分表达自我、宣泄情感、相互扶持、融入社会的途径。

三、虚拟交往是生产力发展的必然产物

当代科学技术水平的不断提高，使人们用来交往的工具发生了质的飞跃，具有革命性质的虚拟交往方式一方面极大地促进了包括物质生产力和精神生产力的进一步发展，同时也受到生产力不断提高的影响，快速进行更新换代的升级，因此也可以说，虚拟交往是生产力发展的必然产物。为得出这一结论可以追溯至对不同时期生产力发展水平在不同程度下人与人之间的交往方式是如何随着社会的发展而不断变化的。

（一）个体与社会的矛盾构成交往关系的内在矛盾

马克思主义的观点认为，人类的生产分为物质生产、精神生产和人自身的生产，其中物质生产是马克思主义哲学最首要的基本范畴。正是在物质生产之下，人的思维和存在才能达到统一，唯物论和辩证法、认识论和本体论、自然观和历史观才能统一起来。在社会历史的领域中，马克思主义唯物史观也是立足于物质生产实践和人的感性活动才得以统一的。人们常常把实践当作解决人与自然矛盾的重要活动，却忽视了在实践过程中人与人之间的交往关系同样有着重要的作用。尽管如此，

我们不能矫枉过正，正如马克思的观点，交往是生产的前提，交往的发展过程其实是人们创造全面的物质生活的过程，交往形式和交往活动可以决定劳动同时也被劳动决定，这是交往自身辩证结构形成的过程。也就是说，马克思并不认为交往有非劳动的性质，而是说在劳动和交往的辩证过程中交往的真正内涵才慢慢体现出来。

从人类历史的开端来看，人类先有了维系生存而进行的物质生产劳动，才形成了人与人之间的关系，所以在人们进行物质生产活动的过程中，必须要认识到自己与周围的人始终是具有联系的，是生活在社会的群体之中的。由此就可以看出，社会关系的根源表现出了个体和社会中的群体之间的矛盾关系，它们必然是同时形成和产生的。这种由个体和社会群体的矛盾所构成的社会关系，只能通过交往形式和交往手段的不断更新才能得到解决。从这个意义来看，交往形式的发展和变化就是在解决个人的特殊活动和社会的一般活动之间的矛盾，或者可以说，是在解决人的个性与共性之间的矛盾。

在原始的自然界中，人对自然的理解十分有限，这决定了人类思维的局限性和狭隘的本质，人与人之间的关系也就不可避免地凸显了这种狭隘性。这是最低级的交往形式，人与人之间的关系充满了动物的本能，个体与社会的关系处于低级阶段。在这个阶段，个体始终从属于某个更大的整体之中，如马克思所表述："最初还是十分自然地在家庭和扩大成为氏族的家庭中；后来是在由氏族间的冲突和融合而产生的各种形式的公社中。"①同时，这一时期的分工集中体现在家庭内部为了维持正常生活运转的自主分工，财产所有制属于原始形态的共同私有制。人与人之间的关系主要特征是平等协作，没有明显的利益冲突，人们为了整体的需要和共同的需求而进行物质交换等交往。

当社会生产力水平进一步得到发展，交往的范围进一步扩大，家庭内部的分工已经无法满足生活需要，而逐渐扩大至更广阔的群体之中进行社会分工。人的物质劳动分裂出精神劳动，这种形式造成的直接后果即出现了城乡对立，一部分人拥有了权力，占有了部分生产资料，集体的共同财产被转化为私人财产，私有制应运而生，人类文明最初的原始共同体出现了从"野蛮向文明的过渡，部落制向国家的过渡，地域局限性向民族的过渡"。人类的个人利益和集体利益开始产生了矛盾，出现了统治阶级和被统治阶级，社会组织结构得到了扩展，形成了国家这种新的组织形式。在这种背景下，人与人之间的交往关系从个体、家庭、部落、种族的氏族关系或血缘关系转化为了利益关系。

当基于利益关系的普遍交换开始迅速普及之时，商业逐渐发展起来，为保证商业活动的顺利进行，货币也随之形成。这意味着社会生产力的大幅度提高，使大量剩余产品可以用在交换的基础之上。商业的出现使人与人之间的关系出现了"物"

---

① 《马克思恩格斯选集》第2卷，人民出版社2012年版，第684页。

这个新的媒介，这建立在发达的社会分工之上，生产者之间也需要更严密的合作，这种合作需要生产者之间的相互依赖作为基本条件。这种社会背景导致的直接结果就是，作为个体的人开始日益孤立化，而交换活动又将彼此孤立的个体重新连接起来，在这种矛盾下，个体与社会的矛盾也进一步深化，人的个性和社会的共性、个人的私生活和社会群体的公共生活都产生了一定程度的对立。只要更深地对这个阶段的社会性质和结构加以分析，就会发现，这种矛盾产生的背景正是资本主义社会，在这种社会制度中，对个人的私生活而言，个体作为现实的存在却没有真实性，相反在公共生活中，具有普遍性和真实性的个人又缺乏了现实性。

（二）个体与社会关系的整合推动生产力的发展

对于资本主义社会中高度发达的生产力，马克思早就予以了高度的肯定："资产阶级在它的不到一百年的阶级统治中所创造的生产力，比过去一切世代创造的全部生产力还要多，还要大。"[①]但是正如上一部分所分析，在这种发达生产力的背景下，个体的人与社会之间的矛盾却在不断深化，这种社会制度的社会利益时常要以牺牲个人的利益为代价。高度细致的分工致使社会底层的人们活动范围越来越小，人得以生存的综合能力也越来越单一和片面，人创造了具有强大生命力的机器，而

---

① 《马克思恩格斯选集》第1卷，人民出版社2012年版，第405页。

人却不断异化成为整个机器的某一环节，某一零件。可以看到资本主义社会强大生命力虽然创造了各种各样纷繁多样的社会关系，使社会不断向前进步和发展，但生存于其中的个体也就越发异化和残缺。

值得庆幸的是，从历史发展的历时态来看，资本主义发展以及其对人类交往关系的影响并不会一直如此，社会生产力的提高带来了社会综合能力的丰富和提高，给人们更全面的发展提供了最主要的条件，这种社会的发展最终必然会使人们摆脱分工的束缚。个体和社会之间的深层矛盾激发了个体与社会关系的整合，并成为社会生产力进一步发展的主要动力来源，这个过程内部的运作机制和原理需要从社会的分工和人与人之间的交往方式中探析。

1. 分工

社会生产力发展到一定程度而出现的社会分工，造成了少数人利用私有制得到了更快更全面的发展，进而带动社会的发展，但同时也造成了另一部分人的片面发展，这首先引发了个体与社会之间的矛盾。

首先，分工使人们的活动开始细分，在具体的领域展开个体活动，造成了人们活动越来越独立。告别了过去的群体活动形式，人们通过独立的活动获得了属于自己的劳动产品，私有制由此诞生，并成为了人的本质象征，使人有机会取得更加独立的地位。同时，正是如此，掌握先进生产力的少数人，利用在分工中取得的优势和特权将其他人的剩余劳动也划为自己私人财产的一部分。分工使每一个个体通过共同的活动组成了整体的社会力量，扩大了整个社会的生产力，但这种反过来可以支配人们活动的力量也成为了与个人相对立的异己力量。

其次，人们一旦通过分工确定了某一领域，就将自己固定在了一定的范围中。也就是说，分工和私有制使未能掌握先进生产材料的劳动人民不得不被固定于某个具体的劳动生产领域，且为了维持生计，不得不承担起社会中的劳动重负，且基本上需要终身从事这一物质生产劳动，彻底失去得到自由发展的机会和条件。从这个角度来看，生产力是不由我们选择的，也不受控制，不以我们的意识而转移的力量。尽管如此，我们并不能忽视或否定这种力量对整个人类历史和社会发展所体现出的重要作用。

最后，分工带来了私有制，使掌握先进生产材料的人从体力物质劳动活动中分离出来，通过自身的优势来占有劳动人民的剩余价值，产生了剥削，使人与人的关系通过阶级被彻底对立起来，如马克思所陈述："在分工的范围内，私人关系必然地、不可避免地会发展为阶级关系，并作为这样的关系固定下来。"[①]由此可见，分工最终造成了劳动者所代表的阶级受到了剥削和奴役，不得不为剥削阶级创造更多的物质资料，同时剥削阶级得到了自由的时间去进行精神生产活动，宗教、科学、艺术、哲学在此过程中发展起来。整个社会也就在这种杠杆下

---

① 《马克思恩格斯全集》第3卷，人民出版社1960年版，第513页。

得到了向前发展的动力，总体上得到了进步的人类社会却使得不同阶级之间的差距开始更加明显。

2. 交往

交往活动保证了社会中的个体可以充分利用和享用社会总体发展的力量来进一步实现个体自身的发展。

首先，从历时态的角度来看，每个人都必须在前人已经创造出来并遗留下来的生产力成果中开展交往活动。前人所遗留下来的生产力成为当下每个个体继续发展的基础，每个人"周围的感性世界决不是某种开天辟地以来就直接存在的、始终如一的东西，而是工业和社会状况的产物，是历史的产物，是世世代代活动的结果，其中每一代都立足于前一代所奠定的基础上，继续发展前一代的工业和交往，并随着需要的改变而改变他们的社会制度"[1]。由此可见，人都是根据自己的需要，对前任的生产力或交往方式进行继承，以此来获得自身发展的需要。同时，在这种继承中，还体现出了辩证性，前人的生产力和交往方式无法适应当下社会生产水平的部分，在进一步的发展中被突破甚至消灭。

其次，已经存在的社会生产力是靠人类的交往活动才得到了传递的空间，成为整个社会的价值。在此基础上，是人类的交往活动使前人遗留下来的生产力成为现时代个人发展的物质基础，同时也使现时代中人们所创造出的新的生产力获得新的

---

[1]《马克思恩格斯选集》第1卷。人民出版社2012年版，第155页。

社会价值，被他人所利用，成为现时代社会进一步发展的材料。

再次，交往活动对人本身在社会中的存在形式以及人与人通过交往而组成的新的社会组织得到不断更新的重要工具。人与人之间通过交往缔结了一定的固定模式，如宗教礼仪、民俗风俗、道德规范等，这些模式有利于组织起一定范围内的人，并解决了在此范围内，人们可能引起的争端。通过交往，约定俗成的规则得以传播，每一个个体都成为传播社会规范的流动媒介。

最后，人与人之间小范围内的交往活动可以进一步延展和放大，人类由此联合起来，社会从一个个小的交往有机体逐渐凝结为整个世界的社会大机体，人的本质力量得到了充分的发挥，最终推动了生产力的不断发展和进步。在个体的交往活动扩展为社会交往活动的过程中，人类无论在物质生产活动还是在精神生产活动中的活动范围都得到扩展，给社会生产力的发展提供了重要条件。因此个人的发展和社会的发展总是相辅相成的，需要用辩证的眼光来分析和看待。

（三）虚拟交往是生产力发展的必然产物

分工和交往推动了个人与社会关系的整合，在这种整合下，社会生产力得到了不断发展的动力。前人遗留的生产力和交往方式是现时代人进一步发展生产力的基础，基于此基础，人们又利用当下的生产力进一步发展，根据新的需求创造出新的生产力和交往方式。在信息时代中，工业社会积攒的丰富生产力给科学技术的发展提供了坚实的基础，同时，随着社会的进步和人们对交往形式和效率需求的不断提升，使得基于高度发达的科学技术而实现的虚拟交往最终被发明出来。因此我们可以得出，虚拟交往是一定历史时期内生产力发展到了一定水平而必然产生的交往方式。

1.交往是物质生产的前提

社会中的各个生产实践领域，不管是阶级斗争还是科学实验都以主体间的交往为前提。从人类发展历史的起源来看，最初的实践活动就是为了满足人类自身对物质生活资料的需要的第一个历史活动，而交往恰恰能实现人们在互动中共同劳动创造物质生活资料的需求，只有交往才能使人们结成最初的社会群体，共同克服自然界所带来的各种阻碍。马克思指出："人们在生产中不仅仅影响自然界，而且也相互影响。他们只有以一定的方式共同活动和互相交换其活动，才能进行生产。为了进行生产，人们相互之间便发生一定的联系和关系；只有在这些社会联系和社会关系的范围内，才会有他们对自然界的影响，才会有生产。"① 不仅如此，交往的扩大还会产生新的生产部门和传递现存的生产力。在科技进步信息发达的前提下发展起来的虚拟交往就是对此最好的验证，虚拟交往使交往史无前例地扩大，而各种生产部门和各种新的生产力也就应运而生。

---

① 《马克思恩格斯选集》第1卷，人民出版社2012年版，第340页。

2.物质生产决定了交往的形式

首先,交往是物质生产实践的产物。物质生产交往可以决定人类的全部交往活动,这是因为人类通过物质生产活动来协调与自然的关系,改变过去消极适应环境的现象,成为能动的改造自然的关系,是"物质生产的性质,决定了交往的性质"①。其次,物质生产实践推动交往的扩大和深入。物质生产实践的生成和发展,促进了社会分工协作、物质交往和精神交往等社会关系,在整个人类发展的历史上起了至关重要的作用,随着交往主体实践能力的提高而提高,推动了人们交往范围的扩大并促使人们交往的不断深入。最后,物质生产实践实现着交往形式的变革。在整个人类社会发展的历史中,生产力是最为活跃和最能激发革命的因素,其根本原因在于作为主体的人在物质生产实践活动中的主动性。因此,交往形式的变革与人的物质生产实践活动必然息息相关。当物质生产实践同交往形式相适应时,会更有助于物质生产实践的展开。但人的实践活动是不断深入和发展的,这使得不能与时俱进的交往方式会成为生产活动的最主要屏障,因此,在物质生产的推动下,交往形式必然要随着生产力的发展而革新才能适应物质生产实践的发展。

因此,马克思和恩格斯指出:"一切历史冲突都根源于生

---

① 范宝舟:《论马克思交往理论及其当代意义》,社会科学文献出版社2005年版,第79页。

产力和交往形式之间的矛盾。"①也就是说，任何的交往形式都是在生产力的带动下，随着生产力的提高而不断革新和发展的，交往必须适应生产力的发展水平和物质生产实践的水平才能不断提高，社会才能得到进步和发展。我们当下的社会是一个生产力水平极高，科学技术非常发达的社会，虚拟交往正是在这种生产力水平推动下而产生的，它由人类的物质生产活动所决定，同时对人类的物质生产活动有着深远的影响并起主导作用。

当代有很多研究交往的哲学家和学者割裂了生产力与交往之间的深刻关系，如哈贝马斯，只把语言看作是交往的媒介，只是片面地利用语言这一方面讨论建立合理的交往关系的条件，而无视交往形式与生产力发展之间的内在联系，就阻断了讨论交往形式多样性和交往结构历史发展的可能性。虽然马克思没有看到当代虚拟交往的实现，但马克思有关生产力与生产关系、生产力与技术之间关系的理论，以及物质生产与人类社会交往关系的理论，对我们解读当代虚拟交往的内涵仍然有非常宝贵的指导作用。

---

① 《马克思恩格斯选集》第1卷，人民出版社2012年版，第196页。

第二节 虚拟交往生成的技术支撑

一、交往工具的发展

交往是一切社会关系发生的前提，是信息的交换和扩散。实现交往需要借助一定的工具，交往工具的发展是不同时期交往所需要的技术支撑。

在人类社会交往形成的最初阶段，还没有形成便于交往实现的有效工具，因此实现交往对人类而言有诸多限制，比如互为主客体而实现交往的自然人之间的用何种方式进行交流、提供交往发生的场合，以及用何种方式传递信息，等等。最初只有人与人面对面的前提下，交往才能得以可能。这时的交往可以通过声音、语言、肢体语言和表情等直观形式进行传达，同时这些行为也可以帮助交往的主体更好地接收到对方想要传达的信息。因此也常有人说，社交是真实在场的。虽然交往所传达的信息具有多样性，甚至有时可以是很抽象的，但面对面的交流和沟通却是基于具体的地点而实现的。但是随着社会的进步和生产力水平的提高，互联网技术背景下的虚拟交往已经进化成为以光纤网络和电脑、手机等各种数码产品为媒介和工具的新型交往方式，光纤网络和数码产品是经济高速发展的现代化产物，这恰巧印证了交往的方式随着生产力发展而不断更新升级其工具的过程。交往工具的发展主要经历了五个重要阶段。

（一）一定地域内语言系统的统一

随着群居生活的到来，人类开始以族群为单位生活在一起，在共同生产、共同生活的推动下，人与人之间开始需要更明确的方式来传递信息。于是不得不联系、不得不沟通的基本诉求使得语言得以诞生。自语言被发明以后，人与动物之间的区别也更加突出。囿于当时的交往范围依然有限，语言也无法在很大的范围内得到统一，因此也发展出了多种语言系统，时至今日，即使是经济全球化的现代社会，全世界依然有很多由地域限制而造成的不同语言系统。语言是最早使人类开始萌芽社会化的交往工具，是人与人之间传递信息的最基本手段。但在最初时期，交往的主客体之间还处于非常简单的社会关系之中。这也限制了实现交往的范围，首先物理空间限制要求主客体必须都在场，要面对面的传达才能实现；其次交往的主客体要属于同一语境和语言系统，不然就会因为语言系统的不统一而无法准确的传达信息。

（二）文字等记录信息的符号的诞生

语言的诞生虽然大大地推动了信息交换的准确度以及交往的发展，但是由于面对面的物理空间限制，交往范围始终受到极大的限制，而文字在这一时期应运而生，打破了实现交往的物理空间的限制。也打破了交往主客体必须同时在场的时空限制。信息发布者只要将所要传达的信息用文字的方式记录在某种工具上（如岩石、兽皮、铜器、铁器、龟甲、木片等等），就能使承载文字的工具所到之处，皆能传递信息实现交往，大大扩展了实现交往的物理空间范围。今天我们考古学的发展，依然可以通过古人留在工具上的问题得以进行，这同时也说明了文字突破时空限制的重大进步。

自此，交往呈现出非直接性和非同时性的特点，交往成为可以一对一甚至一对多的形式，信息更可以通过保存时间久的工具一直流传下去，代代相传，被无数人，无数代传颂，这就造就了我们无数的古文经典。但和语言系统一样，文字也因为地域辐射范围在当时的生产力条件下十分有限，因此也出现了地域性差异的文字系统，这使信息交流者之间会出现"文本"和"释义"之间的沟壑，而且，信息的第一发出者，也无法预测自己通过文字留下的信息将会传送至何处，被何人所接收以及接收者是否能准确理解，以及最终会带来怎样的影响。

（三）造纸术和印刷术的诞生

文字出现的最初时期，记录文字的工具多种多样，工具的重量、体积以及能记录的信息长度十分有限，而这一困境，在造纸术和印刷术发明之后，得到了极大的改善。特别是印刷术传到欧洲之后，打破了圣经只能记录在羊皮上，被少数传教士所掌控的教义经过印刷术的传播之后可以直接被人民群众自己掌握，推动了文艺复兴和宗教改革的发展，因此可以说造纸术和印刷术对社会的改革和变迁也起到了重大作用。

与文字诞生后一样，信息的发出者更加无法预料信息的去向和作用，这使得交往的主客体关系也越来越复杂、越来越宽泛。但对于信息的接收者而言，他的生活环境得到了极大改变，接受各种知识和信息的可能性也增强了，整个社会的文化发展加快进步，古人和他人的经验可以更广泛地传播开来，对继续推动社会生产力的发展起到了重要作用。

（四）19世纪通信工具的发展

19世纪30年代，电报机在美国和英国发展起来，电报机利用电磁感应原理，利用电磁体将信息记录在纸上，并经过电线传送出去。1844年5月24日，美国人塞缪乐·莫乐斯（Samuel Morse）在美国国会大厦联邦最高法院会议厅用"莫尔斯电码"发出了人类历史上的第一份电报，至此实现了相较过去更加快速方便的长途交往。

1864年，英国物理学家麦克斯韦预言了电磁波的存在，说明电磁波和光的性质雷同，都可以以光速进行传播，至此，信息可以进行无线传播，无线电报、无线电路、电视机、电话、卫星通讯技术、光纤通讯技术开始以雨后春笋般的速度相继出现在人类生活中，交往的范围和效率极大幅度地升级了。

电报和电话等工具的诞生，使人类交往迎来了新纪元，信息得以即时传达，空间上也跨越更广。特别是这种以电为工具和媒介的交往方式是伴随着打破空间限制而产生的，这与最初的面对面的语言交往已经不可同日而语。同时通信线路的不断延伸和卫星通讯的广泛使用，使得地域限制越来越小，随着这些通信工具的普及，任何人在任何时间任何地点实现交往已经成为可能。

（五）计算机的发明和互联网的普及

1946年，第一部电子计算机在美国宾夕法尼亚大学诞生。最初的电子计算机由大量的电子管组成，占地150平方米，是个不折不扣的庞然大物。由于耗电十分快，且只能用来计算的功能限制，很快被更新换代了。1958—1964年，第二代晶体管电子计算机诞生，此时计算机软件有了较大的发展，采用了监控程序和高级语言，是后来操作系统的雏形。1965—1969年，第三代集成电路计算机诞生，计算机的体积更小，耗电更少，功能更强，寿命更长，性能已经有了很大的提升。1971年至今，大规模集成电路计算机被发明出来，惊人的运算速度以及各类系统软件和应用软件的普及，使计算机应用进入新纪元，因为体积小且轻便，计算机逐渐走进无数家庭中，成为了日常生活不可或缺的一部分。为了适应人类实践活动的需求，单一的计算机在这一过程中迅速发展成了计算机网络，即互联网，这将亿万家庭的计算机通过看不见的网络联系到了一起，人类交往上升到了一个史无前例的新阶段，数据通信、数据共享使人类展开了前所未有的交往互动，海量数据所构成的大数据时代悄然来临，人类生存方式得到颠覆性改变。

信息时代的到来使互联网迅速覆盖全世界，人与人之间的交往形式也从最初的面对面的实在交往转变为了以互联网为媒介的虚拟交往时代。马克思的唯物史观认为，经济活动具有基础性作用，所有组织社会的基本成分都是经济活动的外化体现。经济基础可以决定上层建筑，同时也决定了人们的价值观念和社会意识的形态。由交往向虚拟交往发展的几个重要阶段，我们可以总结出，虚拟交往是马克思所总结出的交往在当代社会的一种延伸，是生产力随着社会发展至今的产物，生产力的不断发展使交往从最初的地域性走向全球性，从最初的实体交往发展至虚拟交往，并从最初满足人类基本需求的使用价值发展成为具有符号价值的交往形式，这些都在充分说明，生产力的发展是虚拟交往的物质基础。是交往需求不断更新所推动的，也是当代科技发展的产物。

二、互联网社交的发展

互联网技术的不断发展提高了人们进行交往的效率，为社会生产、知识传播、人际交往都带来了极大的便利，特别是虚拟交往这种新的交往方式，就是在互联网技术提供的社交方式中逐渐形成并发展起来的。以互联网技术为基础的社交发展可以分为延时互动虚拟交往和即时互动虚拟交往两种形态。

（一）延时互动虚拟交往

虚拟交往的最显著特征就是突破了时间的局限，实现了即时性的交往形式，但并不意味着虚拟交往无法实现延时互动，在交往主体的自主选择下，可以根据交往需求选择相应的延时互动虚拟交往方式，主要包括了电子邮件、贴吧、论坛、博客、搜索引擎等方式。与传统交往方式中的延时交往模式相比，互联网的延时互动虚拟交往有了质的飞跃和改变。

电子邮件是传统的书信交往在互联网空间中的进一步扩展，但相比书信交往又具备了成本低、速度快、使用方便的优点，是虚拟交往形成以来经久不衰的交往方式，其延时性也并非像书信交往一样需要寄送过程，而仅是对交往双方不要求同时在线，交往者可以根据需求在任何时间进行信息的发送和接收。贴吧、论坛等BBS同样是延时互动虚拟交往的重要形式，使人们可以随时将信息发布在其中，也可以吸引更多的人参与探讨。目前已经成为互联网世界中重要的电子信息服务平台，渗透到各行各业之中。对大众而言，BBS的内容非常丰富，且不要求参与者在线的时间，任何人都可以在任何自己方便的时间参与其中，属于灵活性很高的延时互动虚拟交往形式，在当下时代，是大众参与传播的重要媒介手段。

（二）即时互动虚拟交往

虚拟交往创造了人与人之间进行即时交往的可能性，从聊天软件的出现开始，为人们塑造了一个随时随地进行交往的空间，形成了建构人类社会关系的新工具，如QQ、微信、微博、网络游戏等方式。

无论延时互动虚拟交往还是即时互动虚拟交往，都丰富了人们的交往生活，同时还在根据人们的交往需要进一步的发展和完善。互联网技术未来发展趋势将会呈现以下特点。

1. 与智能化融合发展

除了自动化、高度集成化以外，智能化逐渐成为网络信息技术和各种机械设备的代名词。其中移动互联网技术与智能化的融合发展就是互联网技术未来发展的最主要趋势。面对发展十分迅猛的移动互联网技术，传统的传输方式已经无法满足数量持续不断增长的移动终端用户信息需求，也无法为广大信息用户提供良好的网络服务。为了缓解这一问题，将智能化技术与移动互联网技术有机结合，是目前和未来相关领域研究的重点。这样既能提高互联网技术的自动化水平，又能有效保持网络路由的聚类特性，进而提升移动互联网技术的服务水平。

2. 与精确定位技术相结合发展

纵观当前移动互联网技术发展状况可以发现，未来移动互联网的追踪定位技术还会向更加准确、更加高效、更加实时的方向发展。移动互联网技术与高效、精确定位技术的有效融合，可以达到互相促进、共同发展的良好效果，不仅可以有效促进定位技术精确度的提升，而且有利于推动移动互联网技术的进一步完善。在高效精确定位技术的研究过程中，尤其是对多种定位技术的重叠研究，应重点对移动互联网的感知定位能力进行加强，对网络定位技术与信息资源进行高效充分利用，以确保向用户提供的定位信息是即时、准确的。总之，移动互联网技术与精确定位技术的有机融合，对人们的生活方式、交流方式的改变具有重大意义，对提高定位质量与效率具有重要作用。

3.与物联网高度结合发展

物联网作为信息技术、计算机技术、网络技术等多种技术综合发展下的产物，是IT领域当前与今后发展的重点对象之一，具有巨大的研究价值与发展潜力。目前物联网在诸多领域内都得到了较好的应用，并得到了大多数国家的大力推广与支持。在力求不断丰富与提升物联网功能、提高物联网的信息传输速率和传输可靠性的背景条件下，在不断推动移动互联网技术进一步发展与推广应用的发展形势下，将移动互联网技术与物联网进行高度结合，既是两者发展的必然趋势，也是时代提出的新要求。它需要对网络信息采集、移动终端识别等关键节点进行优化设计，对移动互联网技术所需资源进行合理配置，实现各项资源的充分综合利用，并对移动互联网技术的接入方式进行创新设计。同时，通过对现有接入方式存在缺陷与弊端的深入研究，对其进行有效的弥补和调整。为促进移动互联网技术与物联网的高度融合，未来还需要在信息传输、设备节能、追踪定位等各方面对物联网进行不断的改进和完善。

三、移动终端的发展

智能移动终端是借助互联网技术进行虚拟交往时所必需的物质工具，和数字化、看不见实体的互联网技术相比，移动终端可以实实在在地拿在手中，以小巧轻便、多功能等特点发挥了巨大的力量，在短短几年中就对人们的生活方式产生了巨大的影响，推动了整个社会的变革。

（一）移动终端设备的应用

伴随着适用于移动终端设备上网的应用软件不断推出，原本较为单一的移动网络服务变得丰富起来。与此同时这些服务也改变了人们一些传统的生活习惯，以智能手机为例，淘宝、京东、当当等应用于手机网络平台的网购软件相继推出，它们通过手机网络平台改变了人们原有的购买方式，使人们不再局限于空间与时间的限制，交易随时随地都能够发生，给人们提供了更加全面快捷的选择方式。现在的年轻人越来越依赖于移动网络，当你走在街道、公园、地铁站随处都可以看到拿着手机上网的人，看新闻、聊QQ、刷微博，移动网络已经融入到人们的生活当中。试想一下，如果现在移动网络突然从人们的生活中消失会怎样？当人们在坐地铁或是等公交的时候又会做些什么呢？结果可能是不知所措，我该干些什么，这些零碎的时间怎么去安排，这些都会成为人们所需要重新考虑的问题。随着城市的扩大化和生活节奏的快速化，人们时常抱怨时间不够用很多事情做不完，因为一天24个小时被切分成数段，整块的时间都用于学习与工作当中，而一些零碎的时间却被人们忽略，然而就是人们忽略的这部分时间相加将是一个很可观的数字，如何利用这段时间就成为人们必须要思考的一个问题，面对这一问题移动网络的存在就为人们提供了一个解决这一问题的平台，不论是办公、娱乐、购物人们只需一部移动终端设备登上移动网络就可以解决一系列的问题。

（二）移动终端使用中的信息安全

常见的移动终端设备具有轻便、小巧、适应能力强等特点，但是它也存在着专业性不强、续航能力差、性能较弱等明显的缺点，因此制约着其发展的速度。随着适用于移动终端设备的商务应用不断增多，设备的网络安全问题也逐渐成为人们所关注的重点，时常会有人担心自己利用移动终端设备上网是否会泄露自己的隐私或者账号密码造成不必要的麻烦与损失。人们对此的担心并不是多余的而是实实在在存在的，市场上移动终端设备的主流系统大多是 Android、Windows、IOS、MacOS 系统，其中智能手机中应用的主流系统是 Android 平台，如今 Android 系统已成为手机病毒肆虐重灾区。这些病毒大多是以与热门软件捆绑的形式进入到用户手机当中，从而盗取用户的信息资料给人们带来麻烦甚至经济损失，例如平常人们最常见的垃圾短信、骚扰电话、话费流失等问题。虽然一些网络安全公司已经对此推出了相应的杀毒软件，也起到了一定的作用，但这些手机病毒的伪装性与隐蔽性也越来越强，令人防不胜防。但是手机病毒也是可以防范的，当大家在下载软件时选择大型正规的网站进行下载应用就可以很好地降低中毒的概率，同时也要时常关注新型手机病毒入侵的方式做到了解，例如二维码扫描，现在很多商家利用其制作便捷广告，用户只需利用摄像头一扫，其中的商家产品信息就会传入手机当中，这种便捷的传输方式甚至已经出现在个人名片上。但这种便捷的传输方式在传递所需信息的同时也可以夹带手机病毒从而在用户不知不觉的情况下进入用户的手机盗取资料。对于移动终端的应用威胁不是只有病毒，正版的软件同样对其存在着安全隐患。根据中国互联网数据中心（DCCI）发布的《2013移动隐私安全评测报告》显示，具有读取通话记录行为的移动应用当中，有着高达73.1%的越界抓取行为。用户在使用应用程序的过程中，根本就用不到此项功能，但在安装应用软件时系统却会提示需要此项调取授权，大多数用户可能没有留意这一授权的问题，但一些用户资料正是因为这个调取授权而导致泄露。如今的移动终端设备都设有权限控制系统，如果用户不经过Root获得最高用户控制权限，即使用户得知已安装的软件中含有对于敏感隐私信息抓取的行为也将无法终止。

（三）移动终端的发展方向

当今人们所持有的移动终端大多是智能手机、平板电脑为主的便携式手持设备，这些移动终端设备在使用时都需使用者低头单手或双手托扶进行设备操作，长时间会致使用户颈椎酸痛视线模糊等问题。如何解放用户双手，让移动终端设备以更加自然的方式出现并且进行使用，将是移动终端设备研究开发的新方向。"谷歌眼镜"是美国谷歌公司X实验室团队于2012年4月发布的一款"拓展现实眼镜"，它利用增强现实技术成功地解放了人们的双手，并且利用移动网络资源的实时性成功地将其中的资源以虚拟化的形式与真实世界相结合,它的出现将开启增强现实型穿戴式移动终端设备的网络时代。

第三节　虚拟交往生成的现实动力

20世纪90年代后,全球化对人类的影响日益扩大,引发了各国政治、文化、教育等各个领域的重视,但对全球化的研究却大多停留在政治、经济、文化和技术层面,实际上,"当代全球化是以人类物质交往为基础的社会关系的宏观拓展形态,反映的是人类现代社会所蕴涵着的经济、政治、文化等多维度、多层面的交往关系和交往结构的系统过程。可见交往仍然是当代全球化的发生点和增长点"[①]。

一、虚拟交往促进了社会关系的全面发展

虚拟交往的主体是社会中的人,人的发展过程是关于人类本身的能力和水平不断扩展的变强的过程,而对这个过程起到决定作用的是人们在社会中交往活动所显示出的社会关系和观念的发展状况。反过来看,人的社会关系又是由人们日常交往作为基础的,交往方式的升级使人们能够从"狭隘地域性的个人"发展成为"世界历史性、真正普遍的个人",给社会中的交往主体建立起更加紧密的社会关系。因此,社会交往方式的

---

① 范宝舟:《论马克思交往理论及其当代意义》,社会科学文献出版社2005年版,第233页。

丰富，给人们充分发挥创造性、实现文化与信息的交流、加强人与人之间的联系提供了可能性，不同的交往工具使人们建立起不同性质的交往关系。从根本来看，交往工具和媒介的发展决定了社会关系的发展。

（一）虚拟交往使人与人之间建立了世界性的普遍联系

互联网技术的发展最显著的特点就是突破了传统交往对于空间的局限性，过去的任何交往方式都将交往范围限定在了一定的地理空间中，阻碍了人们进一步交往的发展。网络建立了一个广阔的虚拟平台，在这个平台中，世界上任何国度、民族、地域的人都可以自由地参与到其中，这使得不同国家、不同民族和不同地域的人建立起更加紧密的联系。同时，这种交往方式方便快捷，只需要连接网络就能实现，不需要过多的成本，提高了人们之间的交往效率，各种社交软件还为人们提供了更多选择，社会关系因此得到了前所未有的扩展和发展，个人在交往活动中的水平也得到了提高。同时，虚拟交往隐匿了交往主体真实的身份、性别、社会地位等真实信息，突破了社会中传统的阶级限制，促进了社会的平等。对真实身份的数字化隐匿还可以使交往主体根据交往需求来塑造自己在虚拟交往中的形象，可以自由地发表自己的观点和看法，也可以随意选择交往对象，提升了主体的自由。从总体来看，虚拟交往建立起很多新的社会关系和交往形式，形成了新的交往观念，世界性的普遍联系在此被建立起来。

(二) 虚拟交往使信息的生产建立起世界性的普遍联系

在虚拟交往形成以前，知识和信息的传播只能通过从传播者到接收者自上而下的等级进行，而虚拟交往提升了人们之间的互动性，使任何知识和信息的传播都可以及时收到反馈。互联网技术的发展，使信息呈放射性扩散，交往主体可以自由地选择自己需要的信息，也可以自由地传送来自主体自己的信息，世界任何角落的热点新闻也可以在第一时间向世界推送，让每一个虚拟交往的参与者对其进行评价，知识的接收者也可以对其进行即时的反馈，这都使得信息的生产和扩散被赋予了世界性的普遍联系，也使每一个交往主体都将自由的表达权发挥到了极致。虚拟交往建立了社会中新的阶级状态，在这个空间中，话语权从过去少数的掌权者手中分布到每一个虚拟交往参与者的手中，并形成了网络语言这种新的文化模式。由此可见，在虚拟交往中，任何人都可以成为世界性联系的主体，参与到世界的信息生产方式中，创造出信息时代中文化输出的新形式，汇集成推动历史发展的新动力。

(三) 虚拟交往推动了人类思维方式的发展

思维的发展决定了一个人的思想境界和价值取向，对个人的发展起到了决定性的作用。互联网带动了全球各个国家、各个民族的文化碰撞，使不同的思维和观念在交往过程中不断得到融合。过去人们的思维方式受到地域的局限，深刻体现出该地域文化的特征，但虚拟交往打破了这一现象，在多元文化的交流和碰撞中,人们开始对自己和他人的文化进行反思,在比较中进行思考,获得了更加丰富的成果,人们不再像过去那样墨守成规,而是更加开放、宽容地接纳更多的文化和可能性,提升了当代社会中人类的思想境界和水平,直接导致了传统观念和文化习俗的结构建立起更加开放、平等、创新的意识形态。

二、虚拟交往为个人需要的全面发展提供条件

生产力发展的水平决定了个人需要的满足,同时,个人需要的产生和满足是生产力进一步发展的重要动力。随着社会的不断进步,人们对人与人之间的交往提出了更高的需求,而虚拟交往的出现及时解决了人们的这一需求,为个人需要的全面发展提供了技术支撑。

(一)虚拟交往提升了交往效率,使人们获得更多的自由时间

"时间实际上是人的积极存在,它不仅是人的生命的尺度,而且是人的发展的空间。"[1]能够自由地对时间进行分配,使人们可以有更多的机会去对已经产生的精神文化进行深一步的研究,丰富自己的生活。同时,也使人们有更多的机会和时间去进行更加丰富的生产活动,为创造更多的财富提供了可能性。

---

[1]《马克思恩格斯全集》第47卷,人民出版社1979年版,第532页。

虚拟交往突破了传统交往方式中对时间的限制，以往的任何交往都具有一定的延时性，而虚拟交往可以做到随时随地的即时交往，各类社交软件、电子邮件、语音视频，可以在任何时间建立起人们的联系，这提升了人与人之间的交往效率，给人们节约了大量的时间。人们的工作也不再受到硬性的时间限制，人们可以根据自己的需求来进行工作时间的调整，使人们既能兼顾生活，又能完成工作。同时，虚拟交往使远程工作成为了可能，无论你在什么地方，都可以拿起电脑进行工作，缓解了交通压力，促进了节能减排。同时，开放、平等的网络空间使人们可以自由发布任何看法和评价，改变了信息的输出方式，有利于社会的信息和知识的整合，更进一步促进了社会的发展。

（二）虚拟交往满足了人们对交往的多层次需求

随着社会的不断进步和人的不断发展，人的需求开始向多层次转化，除了对基本的衣食住行等生理需求，还包括安全感、归属感、自我实现等精神需求，这体现了人向着更高级的层次的发展，社会也由此产生了进步的空间和可能。虚拟交往为人们多层次需求的满足创造了条件。当下社会，人们手中的移动终端可以安装各种外卖、购物、旅游、出行等服务软件，解决了人们对衣食住行的基本生理需求。互联网的智能算法，可以推算出每个人的兴趣爱好和具体需求，及时为人们推送所需要的信息和知识，有利于人们进行信息的筛选，为人们提供更多的选择性。虚拟交往的多种形式，可以让人们进行一对一、一对多、多对多等多种模式的交往，人们可以在这些交往形式中进行自由切换。对于工作压力和学习压力的排解，各种网游、读书软件、娱乐软件、电影、音乐丰富了人们的精神世界，满足了人们的精神需求。信息的公开化还推进了网络政治的发展，使人们提升了政治参与度，使每个人都获得了为国家发展提供意见的空间。纷繁多样的信息平台、问答机制，扩展了人们的眼界，使人们能够快速准确地获得自己需要的知识和信息，实现了知识共享。综上，虚拟交往使人们在交往中的各种需求都得到了满足，人们的精神世界得到了前所未有的满足。

三、虚拟交往为个人的自由发展提供空间

个人拥有自由发展的空间才能实现个人的全面发展，让社会中的每一个个体都能拥有最大的自由发挥自己的全部可能性，使个人能力得到全面彰显，个人的创造性得到全面发挥。虚拟交往中的每一个个体，在自由发展的空间中，将个性和能量得到完整释放，使整个社会散发出更多的能量，为社会的解放提供了重要助力。

（一）虚拟交往促进自由社会群体的形成

传统的社会交往活动中的集体大多具有明显的阶级属性，同一阶级的人由社会分工促成联合，具有一定的被动性。但马

克思认为真正的集体应该由个人通过自主意愿而构建起来，只有在由交往主体自己的意愿而形成的集体，才能使人获得更加充分的自由和全面发展的可能性。虚拟交往是在交往主体自主自由的意愿下参与的，满足了马克思对于真正集体的要求。在虚拟交往的过程中，人们可以根据相同的兴趣和爱好结成团体，进行交流，这种群体具有同样的价值取向，交往的内容往往具有一致性，每一个主体也会获得归属感和认同感，因此更容易团结起来。同时，人们可以自主选择在网上观看的信息和内容，并将自己的观点和看法自由地表达出来，与他人进行沟通和交流，促进了人与人之间的沟通。这些特点能够让人们在交往的过程中结成越来越紧密的联系，促进了自由的社会群体的形成。当然，这也不可避免地结成了一些消极的社会群体，具有一定的社会安全隐患，因此，应该更加注重虚拟交往主体正确、积极价值取向的养成，提升虚拟交往参与者的自身素质，保证虚拟交往环境的健康与和谐，只有这样，在自由社会群体中的个人才能得到真正全面的发展。

（二）虚拟交往促进了人的个性解放

首先，虚拟交往消除了社会中的等级，使每个人都可以拥有平等的机会参与其中，因此个人的自由精神得以萌发，个性也得以表达。在数字化的技术和海量的数据库下，虚拟交往的主体自身也成为了具有信息符号性质的存在，获得了前所未有的自由，突破了传统社会观念中的规则和束缚。交往主体可以根据自己的自主意愿来塑造自己的角色和形象，选择让自己舒服和适应的方式与他人进行沟通，释放出真实的自我本性。其次，虚拟交往的内容具有个性化特点。虚拟空间就像给每一个人赋予了一个可以自由发声的麦克风，利用这个麦克风，每一个主体都有机会向世界倾诉自己的想法和感情，实现了交往主体真正的个性化。再次，虚拟空间中的服务具有个性化的特点。公众号的自媒体、搜索空间的智能算法、各种软件的智能推送可以保证商品和服务的精准化，让每个人都得到量身定做的服务，以达到各种需求的满足。最后，虚拟交往所使用的媒介也在向更加个性的方向发展。随着科技的进步，人们对于虚拟交往所使用的媒介和工具也拥有越来越多的选择，iPad、智能手机、笔记本电脑、智能手表等各种形式的工具和媒介，以及这些媒介具体的品牌，都可以根据交往者自主的意愿来进行选择，充分发挥了每一个交往主体的个性。

　　虚拟交往的出现彻底颠覆了我们的生活，改变了人们的交往方式甚至是人的存在方式，扩展了我们的交往内容，突破了传统交往中的各种局限，为社会和人的自由、全面发展提供了条件和可能。总而言之，虚拟交往是人的交往需求不断升级的产物，社会在人的需求不断提升的过程中得到发展，社会的进一步发展又形成了人们新的需求。

第五章
虚拟交往理论的辩证审视

第一节 对交往行为的传统理论审视

对交往行为的传统理论审视对于现代当下虚拟交往的研究具有非常重要的理论意义，但基于社会交往理论的广阔与丰富，无法完整详尽地呈现在当前研究中，因此这一部分仅具体论述对现代交往理论影响最深刻的马克思的交往理论和哈贝马斯的交往理论。

一、马克思的交往理论

马克思非常重视人的社会交往活动，在他看来，人在交往的过程中才实现了积累、传递、继承和发展社会生产力的机制，是人在根本上不同于动物的社会遗传机制，是交往使得前一代的经验和知识得以传承，进而推动了社会生产力的不断发展。基于人与人的交往，生产力可以代代相传，基于民族和国家的交往，一个地域内的生产力才能与其他地域的生产力相互交流，可以说，整个世界的发展离不开社会交往。

（一）马克思对交往的论述

作为唯物史观中的核心概念，马克思从未对交往给出一个具体的概念性的定义，但在其著作中，交往却无处不在。综合多部著作中对交往的说明和解释，我们可以大概将交往进行归纳和界定。

最早在马克思的博士论文中，就体现了马克思对交往这一概念的思考，他提到"所以一个人，只有当同他发生关系的另一个人不是一个不同于他的存在，而他本身，即使还不是精神，也是一个个别的人时，这个人才不是自然的产物"。这表明一个人想要脱离自然性，拥有社会性，就要先学会交往，这也是人不同于动物的根本区别。人与人之间一旦形成了具有社会性的交往活动，才能加强合作与分工，从而促进社会的进步和发展。

在《1844年经济学哲学手稿》中，马克思提到了"人与自然的交往"，人们想要生存和立足，交往是最重要的前提条件。这里的"交往"类似于实践的概念，就是把自然的东西变成社会的东西的活动，通过对自然的改造和利用，来满足人类自身生存和发展的需要。

在《德意志意识形态》中，马克思共有七十余处采用了"交往""交往关系""交往形式"等概念，详细且系统地论述了"物质交往"，同时引出了"物质交往"决定"精神交往"这一对人类社会的发展具有重要作用的结论。可以说，《德意志意识形态》是马克思的交往理论得以完整建构的重要标志。在此书中，马克思还认为交往是人类独有的行为方式，"一当人开始生产自己的生活资料，即迈出由他们的肉体组织所决定的这一步的时候，人本身就开始把自己和动物区别开来。……

而生产本身又是以个人彼此之间的交往为前提的"①。这里再次强调了人与动物的区别在于生产，而交往又是生产活动的基础，更加深刻地表明了，交往是人类区别于动物的一个重要属性。

但是由于在《德意志意识形态》中，马克思并没有给"交往"一个具体而明确的定义，同时在此书的论述中，生产关系与交往的使用并没有加以区分，因此学术界存在用生产关系代替交往的误区，或者认为，生产关系是交往的成熟形态，这类观点无疑是没有根基的，在深入理解后有待进一步考量。

实际上，马克思对"交往"这一概念第一次给予明确论述是在1846年12月28日写给帕维尔·瓦西里耶维奇·安年科夫的一封信中。信中提道："为了不致丧失已经取得的成果，为了不致失掉文明的果实，人们在他们的交往（commerce）方式不再适合于既得的生产力时，就不得不改变他们继承下来的一切社会形式。——我在这里使用'commerce'一词是就它的最广泛的意义而言，就像在德文中使用'Verkehr'一词那样。例如：各种特权、行会和公会的制度、中世纪的全部规则，曾是唯一适应于既得的生产力和产生这些制度的先前存在的社会状况的社会关系。"②总的来说，马克思的交往范畴在最广泛的意义上来讲，涵盖了一切社会关系，而不是简单地等同于生产关系。

---

① 《马克思恩格斯选集》第1卷，人民出版社2012年版，第147页。
② 《马克思恩格斯选集》第4卷，人民出版社2012年版，第409页。

当今社会中，交往更是人与人之间的重要活动形式，这不仅是对于社会中的个人而言，于整个社会、各民族之间，同样意义重大。"各民族之间的相互关系取决于每一个民族的生产力、分工和内部交往的发展程度。……不仅一个民族与其他民族的关系，而且这个民族本身的整个内部结构也取决于自己的生产以及自己内部和外部的交往的发展程度。"①生产力的发展程度决定了交往程度，由于社会的进步和生产力的不断发展，国与国、民族与民族之间的交往形式不断升级，同一民族内部的交往也由此不断优化升级。

民族分工的发展程度决定了一个民族生产力发展的水平，而分工的本质就是一种对生产力发展起重要作用的交往。民族内部的分工引起工商业、农业的分离，从而进一步引起城乡分离和城乡利益的对立。社会制度由此不断更迭，朝着更加先进的方向发展下去。

综上所述，我们可以这样理解马克思的交往理论："交往"是马克思建构的唯物史观中的一个重要的基础性概念，它贯穿于唯物史观的建立、形成、完善和发展的各个时期。它是人类的第一个历史性活动，是人类拥有社会性的重要标志；它是人类进行物质生产活动的前提条件，使历史转变为世界历史成为可能；它更是历史的车轮向前行进的纽带，使得人类的历史呈现出多样化的特点；它也是探索人类发展和社会发展的钥匙，

---

① 《马克思恩格斯选集》第1卷，人民出版社2012年版，第147页。

社会更迭的神秘之门由此打开。

（二）马克思交往理论的内涵

马克思的交往理论，更加突出地立足于作为交往主体的人与人之间的相互作用之上，对于人类历史发展的规律和人类社会性的分析，有着重要的意义。对于交往的理解，马克思始终反对将其理解为一种人的先验本性或是由人自发的本性。他认为，交往是随着人创造物质性社会和物质生活的过程产生的。交往及其形式一方面由劳动所决定，人们要进行劳动就不得不打开交往的局面。另一方面交往及其形式又决定了劳动，更高级的交往活动必然能使劳动形式也不断得到升级。这意味着，交往并不是非劳动性质的，相反，在人类历史中，交往和人类的社会生产，与人本身的存在，甚至与不断发展的人类历史都是密切且不可分割的，必须对交往与生产、交往与人、交往与人类历史这三对关系进行辩证的分析，才能掌握交往的真正内涵。

1. 交往与生产的关系

交往从其内容上可以分为物质交往和精神交往。因为相应的，交往与物质生产和精神生产之间都有着密切的联系。

从交往与物质生产的关系来看，首先，交往是物质生产的前提。不论是生产实践还是其他一切实践活动，实际上都是以人类之间的交往活动为前提的。"活动和享受，无论就其内容或就其存在方式来说，都是社会的，是社会的活动和社会的享受。"①"孤立的一个人在社会之外进行生产——这是罕见的事。"②这充分说明了人的劳动作为重要的生产实践活动是具有社会性的，每个人都要借助于他人的劳动成果，在与他人直接或间接的协作中，才能使劳动顺利进行。最初的劳动就是人们为了满足自身的物质生产资料的需求而开展的第一个历史活动，自此，劳动以群体间相互交往的形式组织起来，可见，交往是人类进行物质生产的最基本形式。其次，物质生产决定了交往的具体形式。在资本主义之前："生产的基础还不是建立在交换上的，交换只限于以不交换为基础的狭小范围。"③"在这种情况下，真正的交换只是附带进行的，或者大体说来，并未触及整个共同体的生活，不如说只发生在不同共同体之间，决没有支配全部生产关系和交往关系。"④人类为了改造客观世界和获得物质生产资料而产生了分工协作的劳动形式，从而形成了物质交往、精神交往和经济交往的各种社会关系，在这个过程中，作为主体的人的实践能力不断提高，就必然推动了人在时间上、空间上交往需求也不断扩大。这不仅仅是地理或物理空间扩大的过程，为了满足人类交往更加丰富的需求，只有交往形式也不断地升级和变化才能实现交往对于时间和空间的需求。可见，交往形式的变革和人类自主的实践活动是紧密相连的。物质生产实践作为一种物质活动，还决定了政治活动、

---

① 《马克思恩格斯全集》第42卷，人民出版社1979年版，第121—122页。
② 《马克思恩格斯全集》第12卷，人民出版社1979年版，第734页。
③ 《马克思恩格斯全集》第46卷下，人民出版社1979年版，第186页。
④ 《马克思恩格斯全集》第46卷上，人民出版社1979年版，第105页。

宗教活动等精神的活动，同时，物质活动和此类精神活动相适应还会更加有利于物质生产实践的展开。但如果实践活动不断深入，旧的精神活动就会与实践活动之间产生矛盾，阻碍其进一步发展，不断深入和发展的交往形式对物质生产活动同样具有重要意义。

从交往和精神生产的关系来看，首先，精神生产反映了人们的交往关系。精神首先是人类对自然界的一种意识，随着对自然界的进一步了解，劳动分工的生产实践活动水平的提高，人类开始意识到自己与其他人或者其他物的狭隘联系，也就是说，"人们在意识中表现出来的是人们生产出来的不以他们意志为转移的必然的交往形式以及由这一切所决定的个人的关系和社会的关系"①。没有交往关系，人和人之间就仍然带着动物本能的性质，也就建立不起来与对象的关系，就不能产生区别人和动物的精神生产活动。其次，精神生产和交往活动是相互交织的，人的交往活动产生了与之相匹配的社会存在，社会存在直接决定了精神生产的发展水平，这个过程不是简单的单向运动，而是相互交织、密不可分的双向运动。人们并不是为了履行各自的社会职能才进行交往活动，而是在交往活动中进行物质生产活动。换句话说，物质生产活动和交往紧密相关，同时不可分割，社会存在和人在社会中的生活都在交往活动中形成。精神生产和交往活动相互交织，使得整个社会不断向前

---

① 范宝舟：《论马克思交往理论及其当代意义》，社会科学文献出版社2005年版，第90页。

发展。

2.交往与人的关系

要理清交往与人的关系，首先应该明确人的本质是什么，人的本质问题在哲学界始终是争论的焦点问题。宗教神学认为人是由超自然的神所创造，人的本质藏在灵魂之中。黑格尔把人的本质归结为人的自我意识和理性，他认为："人的规定是思维的理性：一般思维是他的单纯规定性，他由于这种规定性而与兽类有别。"①在这里黑格尔也把人当作了劳动的产物，但他眼中的劳动只是指精神的劳动，而劳动的主体是他所归纳的人的本质中的自我意识。费尔巴哈对人的本质有了较深层次的探讨，并且已经属于唯物主义的范畴，他说："观察自然、观察人吧，在这里你可以看到哲学的秘密。"②但他把人的本质归结为人类对幸福的欲望。并没有达到对人的本质的真正深刻理解。

在马克思看来，前人对人的本质问题的阐释并没有抓住问题的实质与核心，只是单纯而肤浅的解释，他转换了角度，首先将人与动物之间的区别作为出发点，认为人的本质是"一当人开始生产自己的生活资料，即迈出由他们的肉体组织所决定的这一步的时候，人本身就开始把自己和动物区别开来"③。

---

① 〔德〕格奥尔格·威廉·弗里德里希·黑格尔：《逻辑学》上卷，商务印书馆1966年版，第118页。

② 〔德〕路德维希·安德列斯·费尔巴哈：《费尔巴哈著作选集》上卷，三联书店1962年版，第115页。

③ 《马克思恩格斯选集》第1卷，人民出版社2012年版，第147页。

恩格斯认为："劳动是整个人类生活的第一个基本条件，而且达到这样的程度，以致我们在某种意义上不得不说：劳动创造了人本身。"①可见，马克思看来，劳动是人的本质。不仅如此，在《费尔巴哈的提纲》中，马克思还提出了"人的本质不是单个人所固有的抽象物。在其现实性上，它是一切社会关系的总和"②，回答了人是如何成为人的问题。

在人的本质问题得到解决之后，我们才能进一步研究作为人的基本活动——交往。"人们为了能够'创造历史'，必须能够生活。但是为了生活，首先就需要吃喝住穿以及其他一些东西。因此第一个历史活动就是生产满足这些需要的资料，即生产物质生活本身，而且，这是人们从几千年前直到今天单是为了维持生活就必须每日每时从事的历史活动，是一切历史的基本条件。"③作为人的生命的活动状态是探究人的本质的基本出发点。人的本质就隐藏于作为主体的人与他人的相互关系之中，因为无论什么样的生产活动，都不是单个人能够实现的孤立行为，有生产的地方必定会有交往，生产和交往是互为前提的。只要有交往活动，人就自然而然地将自身纳入到与作为交往对象的他人的相互关系之中。而这种交往活动就形成了一种突显了人的本质且具有社会性的活动。

交往之于人而言，具有不言而喻的重要作用，是社会发展

---

① 《马克思恩格斯选集》第3卷，人民出版社2012年版，第988页。
② 《马克思恩格斯选集》第1卷，人民出版社2012年版，第135页。
③ 《马克思恩格斯选集》第1卷，人民出版社2012年版，第158页。

的内在动力。每一代人都是在前人已经达到的生产水平之上继续发展前人已经发明的工具和交往方式，并随着生产力的发展不断调整，才得以在根本上改变了它的社会制度。在社会中的个人，也需要交往形式不断随着生产力的发展而变化，才能满足人更加宽泛的自主活动的需求。纵观整个历史的发展过程，交往形式不断随生产力的发展进行调整，并与之适应，也正是生产力不断发展的历史体现。就如马克思所概括的那样，"生产力与交往形式的关系就是交往形式与个人的行动或活动的关系"①。归根结底，"交往形式的形成、改变必然要同人的自主活动相一致，并为之服务。因此，人的活动与交往形式之间是一个不断调整的过程，是一个矛盾运动的过程"②。

3. 交往与人类历史的关系

马克思在探寻历史发展的规律时指出："第一个历史活动就是生产就满足这些需要的资料，即生产物质生活本身。"③物质生产活动是人类最基本的实践活动，也是马克思揭示历史发展的运动规律和社会历史演变过程的内在依据。这不同于黑格尔探寻历史所运用的"绝对精神"概念，也不同于哈贝马斯从语言和精神交往的角度研究人类历史，是真正从社会运行和演变的最根本动力来探究历史发展的规律。究其根本对其进行概括，马克思认为，推进历史发展的根源在于生产力的发展水

---

① 《马克思恩格斯选集》第1卷，人民出版社2012年版，第203页。
② 范宝舟：《论马克思交往理论及其当代意义》，社会科学文献出版社2005年版，第168页。
③ 《马克思恩格斯选集》第1卷，人民出版社2012年版，第158页。

平，他曾表述："历史不外是各个世代的依次交替。每一代都利用以前各代遗留下来的资料、资金和生产力；由于这个缘故，每一代一方面在完全改变了的环境下继续从事所继承的活动，另一方面又通过完全改变了的活动来变更旧的活动。"[1]这里说明了每一代都生活在前一代的生产力发展水平之上，同时新创造出来的生产力又不断代替旧有的发展水平，从而推动了社会和历史的更迭。与此同时，"一个民族的生产力发展的水平，最明显地表现于该民族分工的发展程度"[2]。人类的分工合作作为最基本的交往活动内容，对生产力的发展水平、性质和发展状况同样具有重要作用。生产力决定了交往，而交往关系的具体形式状况又反作用于生产力的发展，对生产力起到制约或促进的作用。这需要几代人的共同协作和分工的交往才能最终达到的结果，这一过程恰是人类历史的发展过程。可以理解为，马克思对人类历史的研究就是出于对人类的交往活动之于生产力的关系的角度而进行的。如此看来，历史也可以看作是每代人的交往活动形式在人类历史的不同发展时期如何演变的过程。

（三）交往的形式

人最基本的实践形式——物质生产实践活动使人和动物得以区分，解决了人与自然之间的对立，并生产出了人生活所需

---

[1]《马克思恩格斯选集》第1卷，人民出版社2012年版，第168页。
[2]《马克思恩格斯选集》第1卷，人民出版社2012年版，第147页。

要的物质生产资料，从而使人类社会进一步产生了各种交往活动以及整个社会关系。换而言之，人类在改造自然和客体的过程中形成了人类交往，以及具体的交往形式乃至整个社会的存在状况。所以马克思概括说："这种交往的形式又是由生产决定的。"①同时，马克思认为，交往关系是精神生产的对象，也是构成精神生产的重要内容。所以交往的形式可以从人类对交往的精神需求不断发展的过程中总结。

恩格斯在《路德维希·费尔巴哈和德国古典哲学的终结》中提道："我们自己所属的物质的、可以感知的世界，是唯一现实的；而我们的意识和思维，不论它看起来是多么超感觉的，总是物质的、肉体的器官即人脑的产物。物质不是精神的产物，而精神本身只是物质的最高产物。"②可以看出，在马克思主义哲学中，精神作为人类的思想观念，是物质的最高产物。这正是社会存在决定社会意识，社会意识反作用于社会存在的基本原理。生产力从低到高的发展过程也是人类精神世界从低级向高级发展的过程，精神交往作为社会意识的重要部分，是实现交往不可或缺的软件支撑。

精神生产是人类交往活动的产物，由社会存在所决定。一般来说，人类的交往活动可以分为两个部分。首先，人们为了满足自己生存发展的物质生活资料，将自然作为对象的活动。其次，为了获得物质生产资料，人与自己以外的他人相联系而

---

① 《马克思恩格斯选集》第1卷，人民出版社2012年版，第147页。
② 《马克思恩格斯选集》第4卷，人民出版社2012年版，第234页。

进行的活动。从这两个方面来看，交往的形式有以下三个方面：

1.服从于自然，为生存而交往

在人类发展的最初时期，自然界对人类而言是神秘的、异己的、不可制服且有无限威力的存在，人在其中与其他动物一样，是不得不服从于自然的状态。这主要是囿于当时极低的生产力发展水平所决定，对于自然界的存在形式及其规律，人类的认识非常有限，因此人与人之间的交往形式也只是为了生存而不得不合作狩猎、保证生存并与动物毫无差别的狭隘关系。在历史发展中，"人们的观念和思想是关于自己和人们的各种关系的观念和思想，是人们关于自身的意识，关于一般人们的意识（因为这不是仅仅单个人的意识，而是同整个社会联系着的单个人的意识），关于人们生活于其中的整个社会的意识"[1]。可见建立关系是意识产生的重要前提，有了关系，才能有意识和精神的产生。从人类产生与动物性不同的意识并建立起合作的关系开始，交往的最初形式也应运而生了。如果没有人与人之间的交往，人依然保持着和动物没有差异的离群索居的本能，则不会形成社会性，这也正是人区别于动物的根本所在，动物没有意识形态，所以动物也不可能建立起对对象的关系。所以马克思说："意识一开始就是社会的产物，而且只要人们存在着，它就仍然是这种产物。"[2]

---

[1]《马克思恩格斯全集》第3卷，人民出版社1960年版，第199页。
[2]《马克思恩格斯选集》第1卷，人民出版社2012年版，第161页。

2. 探索自然界，为推动生产而交往

由于"人们是自己的观念、思想等等的生产者，但这里所说的人们是现实的、从事活动的人们，他们受自己的生产力和与之相适应的交往的一定发展——直到交往的最遥远的形态——所制约"①，因此随着社会的发展和进步，当人们逐渐开始掌握了自然界的规律，可以开始在一定程度上认识和了解自然界后，与这种进步相同步的交往方式也诞生了。自然界是有规律可循的，激发了人类去探索自然界更多规律的欲望，人类和自然界逐渐处于可以和谐相处的阶段。在人与人之间的关系上，劳动协作不可能是孤独的个人的行为，而必须是在一定的社会关系之下才能进行的具有社会性质的协作活动，这种社会关系一旦形成，人与人之间就会在交往的过程中形成合作的意识，物质交换、传递信息、交流思想的各种交往活动，人类的相互交往由此开始逐渐成熟。同时也只有相互联系彼此交往，才能保证将合作生产过程中所获得的经验代代相传，从而进一步推动生产的发展。

3. 驾驭自然界，为丰富精神而交往

马克思曾说："意识的一切形式和产物不是可以通过精神的批判来消灭的，不是可以通过把它们消融在'自我意识'中或化为'怪影'、'幽灵'、'怪想'等等来消灭的，而只有通过实际地推翻这一切唯心主义谬论所由产生的现实的社会关系，

---

① 《马克思恩格斯选集》第1卷，人民出版社2012年版，第152页。

才能把它们消灭。"①这说明了"关系"反映了人的精神，作为主体的人和作为客体的"为我的"关系决定了精神是如何的，"怪影""幽灵""怪想"不会消灭精神的存在，真正决定精神的只有使它产生的社会关系是否消亡。当社会中已经存在的社会意识已经不能再准确地反映社会关系，或者已经歪曲了社会关系的时候，精神和社会关系之间就会产生矛盾，从根本上讲，这正是生产力和生产关系之间的矛盾。马克思和恩格斯准确地概括道："如果这种理论、神学、哲学、道德等等和现存的关系发生了矛盾，那么，这仅仅是因为现存的社会关系和现存的生产力发生了矛盾。"所以，由于生产力的不断发展和进步，旧的生产关系必然要随着生产力不断调整，必要时，还要进行革命性的变革，这是生产力发展所必然引起的后果。这个思想在《共产党宣言》《黑格尔法哲学批判导言》中都有迹可循。人类的意识想要解放，就必须经过革命将旧的关系推翻，不仅如此，旧的意识消亡，就必然会出现新的意识取而代之。社会中的一切精神都会遵循这个规律发展。以上都说明了，当生产力发展到一定阶段，新的精神，新的社会关系必然会代替旧的精神和社会关系，交往形式也必将伴随其一起改变。

在生产力高速发展的今天，人们已经掌握了足够多的自然界规律，并能够利用这些规律改造人类所生存的社会系统，在很多方面，达到了可以驾驭自然界的程度，这说明人类发展到

---

① 《马克思恩格斯选集》第1卷，人民出版社2012年版，第172页

了一个空前的阶段。在社会生活得到了极大改善之后，社会系统已经可以自如运转，人们不再因为温饱问题而担忧，为丰富精神世界而进行的交往活动越来越普遍地在生活中得以蔓延。在这一阶段，交往形式前所未有的多样化，特别是在互联网技术的普及下，超越了传统实体交往的虚拟交往形式应运而生，给人们带来了极大便利的同时，也改变了人类的生存方式，这恰恰验证了马克思理论的正确性。

二、哈贝马斯的生活世界理论

生活世界殖民化理论来源于"生活世界"理论，生活世界理论最早由胡塞尔提出，其后的现代西方哲学家开始热衷于对生活世界的探讨。其中哈贝马斯对其进行了进一步的发展和延伸，不但深刻剖析了生活世界的内涵和本质，划分了生活世界的层次，同时还形成了由于系统对生活世界的侵入而导致的生活世界殖民化的交往异化现象，并提出建构合理化的生活世界以解决生活世界与系统的脱节问题。对当下互联网世界中虚拟交往所产生的新的交往异化问题具有一定的指导意义。

（一）生活世界理论及其发展

自工业革命以来，工业现代化带动了经济的发展，科学技术加快了社会进步的脚步，"科技是第一生产力"的观念深入人心。一些西方哲学家认识到对实证主义的科学理论过度重视，会引发人性的危机，造成科学主义对人性的替代。面对这一困境，哲学家们所关注的重点，开始由意识哲学转向对人们生活世界的探究。

"生活世界"的概念最早出现在胡塞尔晚期理论的现象学中。在胡塞尔看来，对实证主义的科学理论过度的重视，会引发欧洲的人性危机，造成科学主义对人性的替代，面对这一困境，胡塞尔提出了生活世界理论。胡塞尔的生活世界有两个层面的内涵，其一是日常生活世界，也就是"作为惟一实在的，通过知觉实际地被给予的，被经验到的世界，即我们的日常生活世界"[①]。这个世界并不是一人所独有，或个别经验所构成，而是人类所共有的，充满了生活在其中的人类各种主体性行为的世界，在这个世界中，人与人相互关联，是关乎所有人类的经验的世界。其二是超验的原始生活世界，这一层面的生活世界与人类以生存为目的所创造出来的科学世界完全对立，生活世界是在科学世界形成之前就已经存在的先验世界，它有着自己的运行规则，是科学世界可以成为现实的前提，给人类创造的科学世界提供了发挥的空间，是一切存在的原始根基。胡塞尔提出生活世界理论的本意是希望唤醒人们意识到，先于科学世界的生活世界具有重要作用，需要使用经验现象学才能对其进行整体的把握，具有前科学的、超验的、先在的本性。

海德格尔从胡塞尔的超验现象学转为了经验现象学，对生活世界作出了具体的、进一步的阐释，认为生活世界从客观角

---

① 〔德〕埃德蒙德·胡塞尔：《欧洲科学危机和超验现象学》，上海译文出版社1988年版，第58页。

度来看是永恒存在的客体，回归了对人所生存的日常生活世界的重视和思考。海德格尔认为，即使日常生活世界因科学技术的发展产生了异化，造成了人类非本真的存在状态，但粗暴地对其进行否定会陷入对人类现有的生存状态一并否定的困境之中。虽然胡塞尔确立了一切客观存在得以生存的客观世界基础，但若不对以此建立起的经验世界进行剖析，就无法做到对人在社会中的生存状态的分析和把握。

许茨进一步丰富了胡塞尔的生活世界理论，对生活世界进行了更加生动具体的描述，认为生活世界是一个系统化的世界，并经过了思维的组织，包含了人们如何看待世界的方法和解释社会的行动。许茨着重强调了主体间性的作用，他说："我们生在其中的这个世界，从一开始就是一个主体间际的世界。这一方面意味着，在这个世界中存在着我通过各种社会关系与之联系起来的同伴。我不仅影响那些无生命的东西，而且也影响我的同伴，在他们的诱导下进行活动，并且诱导他们进行反作用。"①可以看出许茨的立场不同于胡塞尔，他认为利用胡塞尔的超验现象学无法对生活世界进行准确的概括，在许茨看来，生活世界是与他们共同建造的，主体间性恰当地表达出了人与人之间交往沟通的内在机制，这也表现出许茨的生活世界理论与之前生活世界理论的不同之处，即从方法论的角度来解释生活世界，着重分析了人所生活的经验世界，认为生活世

---

① 〔奥〕阿尔弗雷德·许茨：《社会实在问题》，华夏出版社2001年版，第295页。

界是具有整体性和可经验性的。

维特根斯坦的语言哲学对生活世界理论也产生了深远的影响。维特根斯坦的语言哲学认为语言是人的一种行为，不仅具有陈述的功能，同时可以启动行为，对人类具有十分重要的作用。但语言是根植于真实的生活之中的，脱离了真实生活的语言将毫无意义，因此，维特根斯坦认为只有对生活本身进行探究，才能更完整地体现出语言的意义。维特根斯坦还提出了"语言游戏"的概念，认为语言是生活世界中的一个具体的实践活动，具有能动和共通等特性，作为一种游戏活动，对单个人而言的语言没有存在的意义，只有在群体交往中的公共语言才能达到沟通的效果。

哈贝马斯认为胡塞尔的生活世界理论具有极其重要的价值，肯定了胡塞尔生活世界理论中的合理部分，并吸取了海德格尔、许茨等人对生活世界的改造，将维特根斯坦理论中语言的重要作用引入其理论之中，从总体上对生活世界理论进行了批判的继承。同胡塞尔一样，哈贝马斯肯定了生活世界具有先在性，为人类的实践活动提供了"原型"和"规范"，是人类进行其他实践活动的基础性存在。同时，哈贝马斯也对海德格尔和许茨进一步对生活世界的阐释表示认同，认为生活世界是人存在的客观境域，虽然先于人的经验而存在，但同时也是可以经验的。交往的主体之间可以利用共同的语言系统来进行沟通和交流，从而达到互相理解的程度。重视语言的作用是哈贝马斯交往理论的重要特征，因此，哈贝马斯的生活世界理论实际上可以说是一个日常话语建构出的世界，语言为人们的交往行为服务，是建构社会文化的基础。只有在统一的文化背景之下，生活世界才能真正发挥其对交往者的价值导向作用和解释作用。

（二）哈贝马斯对生活世界理论的创新

哈贝马斯认为胡塞尔的生活世界理论具有极其重要的价值，他肯定了胡塞尔生活世界理论中的合理部分，并吸取了海德格尔、许茨等人对生活世界的改造，将维特根斯坦理论中语言的重要作用引入其理论之中，从总体上对生活世界理论进行了批判的继承。首先，同胡塞尔一样，哈贝马斯肯定了生活世界具有先在性，为人类的实践活动提供了"原型"和"规范"，是人类进行其他实践活动的基础性存在。其次，哈贝马斯也对海德格尔和许茨进一步对生活世界的阐释表示认同，认为生活世界是人存在的客观境域，虽然先于人的经验而存在，但同时也是可以经验的。再次，交往的主体之间可以利用共同的语言系统来进行沟通和交流，从而达到互相理解的程度。重视语言的作用是哈贝马斯交往理论的重要特征，因此，哈贝马斯的生活世界理论实际上可以说是一个日常话语建构出的世界，语言为人们的交往行为服务，是建构社会文化的基础。只有在统一的文化背景之下，生活世界才能真正发挥其对交往者的价值导向作用和解释作用。可见，哈贝马斯勾画出了一个内涵更充实的生活世界。

在哈贝马斯看来，生活世界是每一个交往者都置身其中的大背景，任何活动都无法超越这个限制。所以，"在语言对话中开启，为人们所共同居住的生活世界的社会空间，为我们提供了解开'社会'这个概念的钥匙"①。哈贝马斯为生活世界提供了三种解释模式。其一是基于交往者的文化背景，在进行交往时所使用的知识储备。由于生活世界是每一个交往者置身其中的境域，这要求了交往者们可以在交往过程中产生互相认同和互相理解，而这种认同和理解是基于共同的语言系统或其他符号系统和文化背景，只有实现了交往者的相互理解，才能顺利实现交往，达到传递或更新文化知识的目的。其二是交往者调节其交往行为所依据的秩序，与社会制度有关。我们所处的生活世界，是通过交往者的日常沟通并由此产生的各种社会行为的社会领域，是"交往者始终置身其中的境遇"②。人在社会中生活就不可避免地处于各种社会关系之中，在各种各样复杂的社会关系之中，人们不得不建立起可以达到多数人认同的社会秩序，在规范的社会秩序中，人与人通过互动达到协调，在某种程度上来说这一过程推动了社会的演变过程，顺应了社会集体的交往需求，从而达到了巩固和联合的效果。其三是每一个交往主体自身所具备的语言沟通和理解能力，与自我本体和个性导向相关。无论是文化还是社会制度，大境域的顺

---

① 范宝舟：《论马克思交往理论及其当代意义》，社会科学文献出版社2005年版，第209页。
② 〔德〕哈贝马斯：《交往行动理论》第2卷，洪佩郁译，重庆出版社1993年版，第165页。

利发展必然离不开个体的自我认同和需求的满足，在社会中参与交往的每一个个体，都需得完全地参与到交往的理解过程中，才能达到自我认识，从而进一步达到自我实现。在这个认知过程中，交往个体会理解到对方的目的和需求，个人的行为准则以及完善对普世价值观的认知。综合来看，哈贝马斯是试图通过文化的反思和个人行为的协调来满足社会的生产和更迭以及自我的实现。同时，任何人在社会中的交往都不能超越生活世界这个具有先验性的境域，这个境域是人人共有的，不是任何个体的私人世界，这强调了生活世界的主体间性。

　　哈贝马斯对生活世界理论的超越性主要体现在系统概念的引入，并通过系统侵入生活世界的角度，完成了生活世界殖民化的理论。他认为，与生活世界相对应的是系统的概念，社会由生活世界和系统共同构成，只有将系统和生活世界放在同等重要的地位进行研究才能建立起一套完整的社会理论。系统泛指社会中的政治系统和经济系统，由权力为中介、货币为媒介组织起来，相较于生活世界更注重语言的作用，系统注重的是结构和功能的作用，具有目的合理性，追求利益和效率的最大化。系统经制度的建立和法律的规范之后，对人类的生活世界可以产生深远的影响。在哈贝马斯看来，社会是一个庞大复杂的体系，由负责文化再生产的生活世界和物质再生产的系统这两个不同方向的领域共同构成。如果二者可以保持均衡，可以推动社会朝着理想的状态进化和发展，但若二者失衡就会带来很多社会问题。

事实上，社会的进化有其自身的特殊性和复杂性，是一个社会关系复杂化、社会体系完善化和社会秩序合理化的过程，而正是由于这个过程的复杂性导致其充满了变数，所以会导致生活世界和系统越来越严重的分化甚至脱节。原本应该为生活世界服务并使生活世界更加美好和谐的系统随着现代化过程中工具理性的不断扩张，以权力为媒介的政治系统和以货币为媒介的经济系统大肆入侵了生活世界的"私人领域"，并一跃成为社会的主宰，权力和货币在欲望的不断滋生下开始变得越发强势，逐渐控制了生活世界，甚至抵消掉了其对社会世界的整合作用，最终形成了生活世界的殖民化。

（三）虚拟交往的生活世界殖民化

生活世界的范围，在当代被赋予了更加确定的内涵，学术界现在讨论的生活世界，是"一种视域性的存在，一种批判性地审视人类各种理论活动和实践活动的视域，它既不是具体的生存空间，也与马克思所理解的'感性世界'迥异。而正是因为作为一种视域的存在，它才负载着批判的意蕴"[①]。随着虚拟交往在人类政治、经济、文化等各个领域的渗透，虚拟技术也在这些领域中被赋予了更大的权力，甚至在多数时候起到了至关重要的决定作用。虚拟交往所创造的虚拟空间，作为当代生活世界中最重要的组成部分，也是人们进行社会交往活动的

---

① 夏宏：《论作为视域的"生活世界"——兼与鹿林商榷》，《哲学研究》2008年第12期，第61页。

重要场域，虚拟技术在其中的侵占以及所产生的对人类的主导作用，导致了虚拟交往背景下的生活世界殖民化。

虚拟交往所构建的虚拟空间虽然有着现实社会没有的虚拟性，但在虚拟空间中人与人的交往在绝大多数情况下依然沿用了现实交往所必需的原则，哈贝马斯对生活世界的三种解释模式在虚拟空间中依然适用，虚拟空间也可以用文化、社会制度和自我本体来进行解释，表现为虚拟文化、虚拟空间的制度规范和虚拟交往参与者的自我实现。随着网民数量呈指数上升，虚拟交往成为人们进行社会交往的主要方式，虚拟空间成为实现交往的主要场所，人们的很多行为方式和决策都受到了网络的干预，原本为人们服务的互联网逐渐掌握了主动权，对虚拟交往的参与者的影响越来越深刻，虚拟交往带来的生活世界殖民化日益凸显，具体表现在以下几个方面：

第一，虚拟世界的文化问题。由于人们在虚拟空间中的交往使用了互联网这种新的技术和媒介，并发展出了新的形式，长久以来也就形成了新的文化，即虚拟文化。虚拟文化是社会文化在虚拟空间的延伸，具有很多与社会文化的相似之处，但也表现出了诸多新的特点，对社会中的传统文化产生强烈冲击。虚拟文化所处的虚拟空间是真实社会以外的新的场域，这为人类实现自由全面的发展提供了更广阔的空间，在虚拟空间中，云空间可以存储海量的信息和资源，互联网使信息资源的获取更加快速便捷，这相当于为人类提供了一个宽广的文化平台。互联网的自由性和开放性决定了虚拟文化的丰富性，在虚拟空间中，人们可以开阔眼界，获取新的思想和观念，极大程度开拓了人的认知领域，改变了人的存在方式和思维方式。但是，随着虚拟技术和网络技术越来越发达，现实世界的数字化、虚拟化以及电子化的程度也随之越来越高，真实世界中的自我越来越难把控，真实世界和虚拟世界的界限越来越模糊，这意味着虚拟文化对于交往主体而言的积极影响并非绝对的。虚拟交往的虚拟性使在虚拟世界中交往的双方始终蒙上了一层神秘的面纱，不能做到真实世界中交往的真实坦诚和相互理解，在此过程中形成的虚拟文化作为一种异己的存在，过度的使用和依赖会使在虚拟空间中的交往导致交往主体与虚拟的存在对立起来，从而出现主体不同程度的异化。特别是在虚拟文化从虚拟化发展至智能化之后，人类的血肉之躯与生物科技连接在一起，形成了人工智能，突破了现实社会中文化所能到达的边界，还能否用现实社会中已有的文化范式来界定人工智能已经成为有待商榷的问题，未来的虚拟文化将发展至怎样的方向成为现阶段无法预测也无法估算的未知领域，这样的困境给生活世界的殖民化提供了存在的空间和土壤。

第二，虚拟社会的制度问题。在现实社会中，制度和规范是保证社会生活正常进行的重要机制，没有相应的制度和规范会使社会倒退至一片混乱的状态。虚拟交往赖以生存的虚拟空间同样需要制度和规范来进行约束。但事实上，从宏观的角度来看，虚拟空间并没有现实社会中如此分明的地域界限，在现实世界中无法相融的文化和制度常会在虚拟空间中得到猛烈的碰撞，加之没有任何普遍适用的规则可以对虚拟世界进行统一的规范，失去了管束的自由虚拟世界会出现各种程度的道德失范和制度冲击，给现实世界的和平和稳定埋下了隐患。从微观的角度来看，通过对种种消极的网络现象进行剖析，我们常常可以得到对现象背后本质的把握。政治系统和经济系统对于虚拟媒介的操控，依然是导致虚拟世界中各种不良行为的根源所在。语言作为在哈贝马斯眼里最重要的交往媒介，在虚拟交往中同样会被权力和金钱同化，逐渐失去它原本该有的理解和协调作用，从而操控人类的虚拟交往演变为支配交往主体的异化存在。自由的发展受到限制和扭曲，交往的合理化最终在虚拟空间中再次演变为工具的合理化。种种不稳定因子开始动摇真实世界原本的规则和范式，形成生活世界殖民化的重要原因。

第三，虚拟交往主体的自我实现问题。一次完整交往行为的实现，依赖于交往主体的自由度和完整性。交往主体的个性表现在对语言的使用能力和个体的行为能力。人在交往过程中的主体性和个性相依而存、密不可分，只有符合个性、具有主体性的交往才能满足自我实现和自我认同。当知识和科技的力量在人的存在中占有越来越重要的角色的同时，人对科技创造出的产品的依赖也越来越明显，在这种被动的关系下，人对事物独立的判断力，以及想象力和创造力在无形中被削弱，因此，虚拟交往的参与者的个性和主体性也会随之丧失。互联网的传播速度比以往任何媒介都更具影响力，海量的数据和信息让人应接不暇，当具有导向性的报道铺天盖地而来时，人们很容易丧失对信息真伪的判断能力，变成被舆论和流言操控的傀儡，本身的创造力和想象力被大大削弱。由于虚拟交往具有虚拟性，交往者的真实身份往往可以隐藏在数字化中，这使一些人失去了社会中的道德感和责任感，形成主体模糊的错觉，从而流露出不自觉的攻击性以及不愿为自己行为负责的投机心理，形成影响社会安定的不稳定因子。虚拟交往为人类生活创造了很多新的条件和便利，极大程度节省了人工和人力资源，依靠科学技术，利用网络和各类计算机，提高了人们生活的效率，但因此加重了人对科技的依赖，这实际上是人类自理能力的一种退化，使人类异化成为科技的奴隶，难以完成自我实现，失去了交往的最重要意义。

（四）解决虚拟交往生活世界殖民化的路径探寻

对于如何解决虚拟交往所造成的异化问题，哈贝马斯的生活世界殖民化理论同样具有借鉴意义。针对生活世界殖民化的现象，哈贝马斯提出了解决此现象的思路和方法，即交往合理化的概念，通过让人们重拾合理、自由和平等的交往与对话机制，达成人与人之间关系的和解，通过合理的交往手段来建造合理的生活世界。在哈贝马斯看来，工具合理性对于交往合理化并没有非常重要的意义，真正有意义的是建构一个健康良好的语言环境和对话环境。当交往的主体可以做到在交往行为中以道德规范为准绳约束自己时，才能使交往主体不受到工具理性的影响，从而实现真实且真诚的交往，使生活世界的交往走向合理化，也使交往主体的自我实现有了可能，协调好生活世界和系统之间的关系，从根本上解决生活世界殖民化的问题。

哈贝马斯的交往合理化构想，是帮助我们解决虚拟交往异化现象的重要指南。

首先，注重道德实践，提升交往主体的自身素质，为虚拟交往构建良好的语言环境和对话环境，形成健康的文化氛围。文化建立在全部人类的精神活动之上，因此一个良好的文化环境应该是所有主体的实践活动在注重道德修养的基础上共同作用的产物。互联网的高效性加快了信息的扩散，缩小了人与人之间的物理距离，使得任何主体的行为都可以产生比以往任何时期都深刻的影响，这就导致了每一个交往主体的行为都可能产生蝴蝶效应，即使是非常微小的行为经过了传播都有可能被放大并引发无法预测的随机性结果。只有交往主体注重自身素质的提升，本着真诚和真实的动机参与到虚拟交往中，注重良好语言环境和对话环境的建设，才能摆脱工具合理性对主体交往行为的控制，建立起交往合理性，从而重构社会的理性，使虚拟交往的生活世界走向合理化，形成良性的文化氛围。

其次，对虚拟交往相关制度的建立，应注重分寸的掌握，既不能过度放任而任其自由发展，也不能被市场规律左右而滥用权力，才能建立合理、自由和平等的交往环境。健康的文化环境需要主体共同构建，但这一环境的维护需要政府相应的政策加以制约。健全的制度才能使得虚拟交往平等的交往环境保持长效性，以及对于交往者的不良行为及时予以制止和规范，因此，及时建立起完善的法律体系和制度体系对虚拟交往的生活世界加以管束刻不容缓。同时，政府应该适应角色的转变，从单向的输出管理和服务，向共同协商和治理转变。为交往主体合法、正当的交往行为提供自由的空间，不应该滥用权力，使虚拟交往沦为思想独裁的工具，保护交往主体的舆论知情权，保证信息的真实有效性，更要尊重在虚拟交往中不同文化之间的碰撞和融合。

最后，重视语言的重要作用以及主体间性的理解和包容，通过真诚、真实、正确的语言机制进行自由的交往，重拾交往主体的自我认同。虚拟交往的生活世界依然是社会先验的存在，是人们交往活动的背景所在，且它不是一个私人的世界，是所有交往主体共有的主体间性的世界。在这个主体间性的世界中，理想的虚拟交往应该建立在一定的交往规则之下，交往双方享有平等的地位，并且具备语言能力和活动能力，可以理解彼此所要表达的意思。基于这样的前提下，任何参与到交往行为中的主体都应该受到重视。任何交往者都有同样的权力表达好恶和情感，也可以提出拒绝、承诺以及自我辩驳。只有在这样约定俗成的交往规则之下，交往主体才能实现真正的理解和包容。此外，虚拟交往的交往主体应该协调好虚拟与现实生活世界的关系，认识到虚拟交往只是一切交往活动的一部分而非全部，对人的生活起到的是辅助作用而非主导作用，社会性和主体性才是人最重要的属性，任何交往行动都是为了主体在社会中的自我实现。只有在这样的社会中，才能使得每一个参与的主体的自我认同和自主权有实现的可能性，从而最终建立一个和平美好的生活世界。

第二节 马克·波斯特——用信息方式代替生产方式

马克·波斯特（以下简称波斯特）是著名的西方马克思主义批判理论家，他坚持自己是一个马克思主义者，在他的著作中，引用了大量马克思以及西方马克思主义学派的论点，其理论的发展中遍布马克思思想的痕迹。但作为当代的马克思主义者，波斯特不满足于单纯地解读马克思主义理论，而是始终致力于从当代社会的背景出发，沿用马克思的经典观点重新解构现代社会。在《信息方式——后结构主义与社会语境》一书中，波斯特侧重于马克思所在的时代并未得到重视的媒介的作用，以信息化社会作为背景，从哲学的视角对当代的信息技术进行考量，并形成了信息方式这一符合时代特点的媒介研究方法论，吸引了众多国外学者的关注，并为当代哲学、传播学以及历史学学者提供了一个新的思路。

波斯特认为，"要想恰如其分地描述电子化交流方式，便要有一种理论，能够对社会互动新形式中的语言学层面进行解码。作为向这一目标迈进的一步，我在此提出信息方式这一概念"[①]。作为一位马克思主义研究者，信息方式的提出显然是

[①]〔美〕马克·波斯特：《信息方式——后结构主义与社会语境》，范静哗译，商务印书馆2000年版，第13页。

受到了马克思生产方式的启发，波斯特认为，马克思将风车作为封建制度的典型表现形式，蒸汽机作为资本主义制度的典型代表，那么，如果马克思来到现代社会，也一定会将现代社会中最为典型的电子通讯作为信息社会的典型代表。这反映出波斯特对时代特征的敏感性以及对自身的理论沉淀，他将后结构主义的方式引入到了对当代信息社会的研究中，开启了人们对信息时代的讨论语境，弥补了当时学术界对信息时代的研究方法不足的缺陷。

波斯特的主要研究方向为历史学，但是更倾心于哲学，有着很强的思辨能力，善于利用批判性思维并结合宏观的历史视野聚焦现实的社会问题。与马克思所在的工业社会不同，波斯特的研究侧重于后工业时代，囿于不同的时代背景，社会的主要矛盾已经不再是如何建构一个工业化的时代，取而代之的是如何摆脱资本和工业化带给人们的桎梏。因此，波斯特致力于将历史学思维和哲学思维进行融合，提出了用信息方式的理论范式来审视当下信息时代媒介的作用，通过媒介重新划分了不同历史时期下的人类文明，开创了将社会发展理论与传媒理论相结合的先河，是波斯特最为重要的理论核心。但客观来讲，波斯特并未对信息进行具体的阐释，这导致他对信息相关概念的划分也模糊难辨，可见信息方式理论始终具有局限性，无法达到重建社会批判理论的高度。对于学术界经常将信息方式与马克思生产方式横向对比的研究方式，信息方式实属犹未可及，但波斯特着实为当代电子媒介的研究，提供了一个新的视角。

一、信息方式的理论来源

信息方式理论中蕴含了大量对前人理论的批判和发展，其中包括对贝尔的后工业社会、马克思的生产方式、法兰克福学派中的新马克思主义、韦伯的社会行动理论和哈贝马斯的批判。波斯特认为以上理论都忽略了基于语言学的信息理论对认识论发展所起到的重要作用，因此都"具有严重的缺憾，这些缺憾使他们难以提出一套信息方式的理论"①。

波斯特首先反驳了后工业社会中的总体化理论，其中较为典型的是与后工业社会理论联系最为密切的丹尼尔·贝尔。首先，贝尔认为社会已经到了与以往所有社会形式都截然相反的、以信息技术和信息经济为主的发展过程当中，而这一现实便是所谓后工业社会的最显著特点。这种观点的错误在于试图"以一种总体化立场代替另一种总体化立场"②。即使贝尔已经为了避免陷入技术决定论的困境之中，将研究重点指向社会的经济结构中，但由于他整个的理论逻辑却将政治、经济和文化等因素都置于信息技术所带来的改变之中，认为后工业社会的全部起因都是电脑和大众传媒结合后技术革新的结果，因此仍然陷入了技术决定论之中。其次，总体化理论会不由自主地将人们带入以偏概全的困境之中，这导致其理论无法做到有效严谨，经不起研究者的推敲和追问。例如，贝尔陈述"随着后工

---

① 〔美〕马克·波斯特：《信息方式——后结构主义与社会语境》，范静哗译，商务印书馆2000年版，第59页。
② 〔美〕马克·波斯特：《信息方式——后结构主义与社会语境》，范静哗译，商务印书馆2000年版，第33页。

业社会的来临，主要'变量'已经从资本及劳动的变量变成信息及知识的变量"①。贝尔试图利用"变量"一词来掩盖其论述的模糊性，这种过于总体化的阐述，只不过是"披着已证实事实的外衣而已"②，并不能自圆其说。再次，贝尔简单地将信息交往看作是一个只有在对马克思主义最简单的描述上才能体现价值的经济隐喻，从而割裂了语言与社会之间的联系，造成了语言的压抑，使其理论显得先天不足。在波斯特看来，忽视了语言的重要作用，不利于对后工业社会以及信息社会理论提出连贯而有效的论点，最终会拆散了社会和交往之间的重要联系。

相比对总体化理论和贝尔犀利的反驳，波斯特对马克思、韦伯和哈贝马斯的批判较为温和，或者可以更加贴切地称作批判地借鉴。波斯特十分认可马克思和韦伯对于社会发展的预见力和洞察力，认为其理论只是受到了历史环境和文化假定的限制，但是"人们只需对他们的立场进行增补便可覆盖历史的诸多新发展"③。但马克思和韦伯同贝尔一样，未能注意到语言的重要作用。马克思虽然承认了机器大生产和科学是社会发展的重要因素，但是却更加注重劳动与资本的矛盾，如果从解放

---

① 〔美〕马克·波斯特：《信息方式——后结构主义与社会语境》，范静晔译，商务印书馆2000年版，第36页。

② 〔美〕马克·波斯特：《信息方式——后结构主义与社会语境》，范静晔译，商务印书馆2000年版，第37页。

③ 〔美〕马克·波斯特：《信息方式——后结构主义与社会语境》，范静晔译，商务印书馆2000年版，第44页。

劳动出发直接走向科学话语的释放，这一步骤就会显得比较牵强，需要大量概念的重组才能理清理论上的逻辑。韦伯关于主体的社会互动理论中，将重点从劳动中转移到了对个人行动的意义的考察之上，但仍然没有做到从语言学的角度分析其交往行动理论。哈贝马斯为了突破马克思和韦伯的理论局限，提出了其符号互动理论，并以此为基础形成了其重要的交往行动理论，"把社会批判理论的基点从共举行的理性转到了符号的理性互动"①。这说明哈贝马斯已经发现了语言的重要作用，正在为行动理论走向语言理论做努力，但是由于他受到启蒙理性观念的影响过于深刻，对新论题的着眼点依然是解放，所以最终也未能为电子媒介交流的分析提供有效的分析框架。

  前人的理论在波斯特看来虽然存在诸多缺陷，但是却给了他极大的启发。基于对马克思生产方式的深刻考察，波斯特意识到适用于资本主义时代的生产方式已经无法对当下的时代发挥同样的指导作用，对电子媒介的发展也很难再发挥现实有效性，以往理论中总体化的困境和对语言学的忽视更让他意识到，重视语言的作用对交往行为的研究具有十分重大的意义，因此波斯特认为，借由后结构主义的理论框架和分析基础，为当代理论界提供一个"能够对社会互动新形式中的语言学层面进行解码"的社会理论，即信息方式理论，是重建当代社会批判理论的当务之急。

---

① 〔美〕马克·波斯特：《信息方式——后结构主义与社会语境》，范静哗译，商务印书馆2000年版，第57页。

二、信息方式的理论内涵

波斯特的信息方式理论最主要的目的和初衷就是要重建当今时代新的社会批判理论。在波斯特的观点中，他的信息方式理论是以符号学和语言学为基础，对我们现在所处的电子媒介信息社会中产生的新交往方式，以及在电子媒介信息社会的各种新出现的社会文化现象进行描述和批判。他首先对马克思对于社会批判的传统给予了极大的肯定，但认为马克思的生产方式理论只是建构于马克思所处的时代和社会背景下，在信息社会中，对生产方式为核心的社会批判理论早已过时，对于人们的研究也早已失去了参考价值和言说效力。

波斯特认为，当下以电子媒介为基础的信息社会同过去马克思所处的工业资本主义社会相比，已经发生了质的改变。这个科技和信息技术都在迅速地全面发展的社会，在大阔步地步入一个新的时代，即电子媒介时代。他指出："电子设备作为媒介的传播环节与日俱增。人们看电视，打电话，听收音机，看电影，使用电脑、传真、录像机及音响。这样的手段存在于每个机构及每个社会群体。政治、工作、消费、家庭、军队、教会、教育、休闲活动——一切的一切都在不同程度地采用电子装置进行交流。每种情况下，符号的交换、信息的发送与接收、资讯的获取都仍像人类使用语言之初，一如既往。然而，变化总还是有的，电子交流手段因为其电子化特点，在某种程度上便成为新的语言经验。"①

信息技术和科学技术的发展，不仅改变了人们的日常交往形式，同时也使人们的劳动形式乃至生产形式都发生了深远的变化。与此同时，产业结构的重大变化也不容忽视，第一产业和第二产业早已不再处于决定性的主导地位，而第三产业已经逐渐上升成为了当下社会的以服务业和信息产业为主导的核心产业。在这种深刻的变革下，劳动力的分配也相应的和过去有所不同，就目前来看，社会中已经有超过一半的劳动力开始转向从事服务业，特别是信息服务行业。由于科学技术的发展和进步，生产的组织和管理逐渐转为半自动和自动化的趋势。大部分生产已经可以达到脱离劳动力仍能自动进行的程度。因此波斯特说，"生产过程空前依赖于语言和知识"，"生产活动日益由电脑管理的机器所规定"。这正是因为在波斯特看来，当代的生产早已不是囿于马克思生产方式理论意义上的物质生产或商品生产，而是更多地转向了抽象的生产或符号的生产。

由于上述各种变化，波斯特不再赞同马克思所划分的无产阶级，并且解放的出路也不在于无产阶级与资产阶级之间的斗争。阶级斗争这个论题已经不再符合时代的主题，就时代的特征而言，我们应该将更多的注意力转移到虚拟空间、虚拟交往和数字信息技术等新的时代话题之中，建构新的理论。于是，波斯特提出了信息方式的理论，他提出："如果还是套用马克

---

① 〔美〕马克·波斯特：《信息方式——后结构主义与社会语境》，范静哗译，商务印书馆2000年版，第7页。

思的说法，磨坊与封建社会相联系，蒸汽机与资本主义相联系，那么同样，我也可以这样说，电子化通讯手段则与信息方式相联系。"①

对于波斯特以信息方式替代马克思生产方式的社会批判理论，有以下两个核心内容。

（一）以电子媒介和信息技术为基础的交往结构

支撑信息方式理论的最主要载体就是以信息技术和电子媒介的技术为前提的虚拟交往方式。电子媒介和信息技术的产生使当代的政治、经济、文化等领域的表现形式都发生了深远的变化，对当代人类生存和发展的整个社会都产生了深刻的影响。波斯特的信息方式理论有以下两个特点。

1.重视语言

波斯特对一些传统的批判理论持认可态度，其中包括了马克思主义、后结构主义和法兰克福学派，但是在这三种批判理论中，只有后结构主义做到了对现实进行有效的批判。

在波斯特看来，后结构主义之所以不同，在于其对语言的态度上与传统批判理论是不同的。马克思主义的批判理论没有足够重视语言的重要性，认为实践和语言并没有过多的联系，忽视了语言所具有的社会功能。而对于这个问题，后结构主义做到了肯定语言的重要社会功能，对语言进行再思考，其中较

---

① 〔美〕马克·波斯特：《信息方式——后结构主义与社会语境》，范静哗译，商务印书馆2000年版，第16页。

为典型的是福柯的话语实践理论。波斯特认为语言不仅仅只是人类用来表达情感和交流的工具，同时它也是一种对交流内容界限加以限定的结构，可以做到对使用语言进行交流的主体重新进行构型。依照他的观点来看，语言和实践一样具有自足的领域。而当代社会中，科学技术和媒介技术的进步和发展，使信息方式逐渐形成一种和以往不同的语言经验，同时这种语言经验"在相当程度上改变了社会关系网络，并重新结构着它们所构成的社会关系及主体"①。

2.打破了传统的总体化和中心化

马克思主义一直在试图以一种中心理论全面地概括整个社会的规律和运转过程，自由主义也有此特点，即便是波斯特自己在极力推崇的后结构主义，也在某种程度上有着这种总体化和中心化的特点。但这种趋势是波斯特极力避免的，他试图将自己的信息方式理论建构成一种通用的理论而绝非过去马克思主义或后结构主义所建构的总体化和中心化的理论。

对此，波斯特的观点是信息方式理论只可能对社会中的某些领域产生局部的效果，而不能解决社会中出现的所有问题。与此同时，波斯特还认为社会是不会围绕一个中心运转的。而马克思主义的理论却典型地给整个社会的运转设置了一个中心，比如其理论中为社会活动所设置的中心就是劳动场所，在这个中心的前提下，将理论逐步展开开始了对资本主义社会的

---

① 〔美〕马克·波斯特：《信息方式——后结构主义与社会语境》，范静哗译，商务印书馆2000年版，第17页。

批判。这种设置中心的理论建构方式并不适用于我们现在所处的时代,对于当下的信息媒介时代而言,信息方式这种理论是打破了传统理论中总体化和中心化的新的理论建构方式。

(二)新的语言经验

如前文中所说,波斯特之所以推崇后结构主义,特别是福柯的话语实践理论,都是因为这些理论中表明了对语言的足够重视,特别是福柯的话语实践理论。波斯特非常明确地将以电子媒介为基础的信息方式视为一种新的语言经验,这种新的语言经验极大地改变了整个社会关系的网络,形成了新的社会关系以及社会交往的主体。对于这种影响过程,波斯特主要借鉴和参照了福柯关于话语权力的理论。在文化这个问题上,他认为不论是马克思主义还是自由主义,都局限地将社会领域看作以实践为主的领域,却忽视了语言的重要作用。但是,以福柯为代表的后结构主义却意识到了语言的重要作用。

三、信息方式与生产方式之比较

综合马克思的多部著作,可知马克思给生产这个概念界定了两个明确的含义。其一,生产是一个历史范畴,在任何社会形态形成之后,生产方式便独立于个人的活动,同时,整个人类社会也会随着生产方式的变革而变化。生产方式的不同是划分人类社会各个发展阶段和社会形态的最重要标志,不同时期的生产方式决定了不同的社会关系和生产手段。其二,在资本主义社会中，生产方式主要泛指了各种经济活动，对社会的发展起到了重要的决定作用。正如马克思所说："人们用以生产自己的生活资料的方式，首先取决于他们已有的和需要再生产的生活资料本身的特性。这种生产方式不应当只从它是个人肉体存在的再生产这方面加以考察。更确切地说，它是这些个人的一定的活动方式，是他们表现自己生命的一定方式、他们的一定的生活方式。"①在马克思的陈述中，我们可以发现，任一时代的先进生产工具都体现了这一时代或社会状态下的生产方式，这就同"磨坊主与封建主义相联系，蒸汽机和资本主义相联系"是同样的道理，即生产方式与人类的生产工具以及实践活动密切相关。将此结论迁移到波斯特的信息方式中，也就是说信息方式是与各种科学技术和信息技术密切相连的。基于这一个结论，波斯特特别强调了，他的理论是借用了马克思的生产方式理论的，正如他自己的陈述："我所谓的信息方式也同样暗示，历史可能按符号交换情形中的结构变化被区分为不同时期，而且当今文化也使'信息'具有某种重要的拜物教意义。"②波斯特还认为，"电子化通讯手段与信息方式相联系"③。

虽然信息方式理论是借用了生产方式理论，但是信息方式

---

① 《马克思恩格斯选集》，第1卷，人民出版社2012年版，第147页。
② 〔美〕马克·波斯特：《信息方式——后结构主义与社会语境》，范静哗译，商务印书馆2000年版，第13页。
③ 〔美〕马克·波斯特：《信息方式——后结构主义与社会语境》，范静哗译，商务印书馆2000年版，第16页。

和生产方式在内容规定上却是相反的。这种不同具体表现在信息方式是以什么为基础建立起来的。

波斯特认为，信息方式的发展会经历多个阶段，而在各个阶段中的信息方式，都有不同的特征。这种不同阶段的不同特征是基于该阶段的技术发展水平的，这种不同同时形成了主体之间的不同关系结构。最初的阶段是主体之间的口头传播，这种方式要求了主体需要进行面对面的交往和沟通。第二个阶段是各种印刷品的传播阶段，主体通过印刷品传递自己的思想和信息。最后一个阶段就是当下的以信息技术和电子媒介为中介的信息传播阶段，主体之间可以进行更加多元和分散的交往形式。①波斯特甚至直接将电子媒介定义为了信息方式。②所以我们不难看出，波斯特的信息方式是以现代的各种科学技术特别是信息技术为基础而建立起来的。

有一些学者认为波斯特的信息方式是对马克思的生产方式在信息时代的延伸和扩展，但显然这种观点是把问题简单化了。如果波斯特对信息方式的规定是与马克思对生产方式的规定是一致的，那么信息方式必然会对我们当下的时代起着决定性的主导作用，同时会渗透在我们社会生活的各个领域中，对社会中的每一个人的思维和实践活动都起着重大的影响。波斯特的目的是要用信息方式理论替代生产方式理论，这是因为他

---

① 〔美〕马克·波斯特：《信息方式——后结构主义与社会语境》，范静哗译，商务印书馆2000年版，第13页。

② 〔美〕马克·波斯特：《第二媒介时代》，南京大学出版社2001年版，第83-85页。

认为生产方式理论只是马克思就当时工业时代和资本主义的社会背景而建构的，如今时代变迁，各种技术迅速发展，马克思并不能预示到今天这种社会高速发展的状态，也没有感受到科技和信息给社会带来的巨大变革，所以理所当然的，生产方式理论注定是无法适应这个信息化社会的，这就推翻了生产方式理论的合理性，用信息方式替代生产方式，是波斯特这个研究的最主要目的和最根本动机。

波斯特提出的"信息方式"这一概念是有着重要的理论意义的。从历史唯物主义观点来看，如果我们承认了波斯特提出的"电子媒介"等信息技术是一种生产力的话，那么他所讲的"信息方式"其实是"生产方式"的另一种表述，也是符合马克思的生产方式的决定作用这一历史唯物主义观点的。只是信息方式决定的是后现代的思想学说，而传统生产方式决定的是工业时代的理性思想。这一理解可能不能被波斯特认可，但如果生产方式对应的是工业时代的理性主义的话，没有什么人会反对"信息方式"对应的是后现代的后结构主义思想。我认为这也是信息方式这一概念的意义所在。因此，当代的马克思主义研究必须结合时代的变化，重视科学技术在社会发展中的作用，关注最新的科技发展状况和趋势。进入21世纪以来，信息技术的发展将我们带入了"知识经济""数字化生存"和"网络生存"等生活方式中，其实我们也可以说这些是"信息方式"，也要深入地研究信息方式这一概念。

其实，在承认了"信息方式"的同时，我们并不能说它就可以替代马克思所讲的"生产方式",而应该是生产方式在特定历史阶段的一种形式,因为如果我们用生产方式去分析信息社会,也会得到类似于波斯特的结论。此外,由于信息经济时代的发展的确同传统工业时代有着不同的特征和问题,我们很难说信息,也就是波斯特所讲的"电子媒介交流"及其过程是不是生产的一种形式,是否还涉及具体经济生产中的投入、产出、消费、利润等具体问题。信息经济中的一些概念和问题比如知识、信息的价值等,还有待历史唯物主义进行更深入的研究。

我们可以绝对肯定的是,实践始终是检验真理的唯一标准。从20世纪后期网络开始疯狂地流行于人们的生活,到21世纪这种疯狂逐渐淡然下来,人们应该从中明白,任何事情都不能长久永续地发展,时代和社会总是处于不停地更迭之中,马克思所处的工业社会也好,我们当下信息社会也罢,不管是马克思曾经提出的生产方式理论,还是波斯特根据如今的社会特点提出的信息方式,都是建立在人们的生存方式和生活常态下的,都是以人类最基本的衣食住行作为根本出发点。这也就说明了,不管人们用什么样的方式使我们的社会步入了怎样的阶段和时代,人们都不能离开最基本的需要而阔谈其他,对此,马克思的历史唯物主义正是始终保持了对人类最基本的生产活动和需求所进行的探讨,这也是马克思主义的唯物史观永远不会改变的基石。网络这个新兴事物之所以经历了从开始的过分狂热到后来的网络泡沫的彻底破灭,都是因为人们将信息技术和科学技术看得太过，甚至认为那是凌驾于人类的生存之上的存在所带来的恶果。同时我们也应该明白，即使是再先进的社会状态或技术，都要以人类的基本生活，即人类的衣食住行为前提，并与之充分融合，才能够继续保持生命力和得到更好的发展。所以，这样看来，波斯特的信息方式理论不可否认地是对当下时代非常好的总结与概括，但由信息方式所决定的各种人类活动，还只是步入起步阶段而已。至少就目前来看，马克思的生产方式理论依然涵盖了更广泛的领域，更好地解释了人类和社会的发展规律，这种理论依然有着强大的活动空间，也就是说，信息方式理论与生产方式理论相比，虽然增添了时代的特点，但就其最深处的理论内核而言，仍然无法替代生产方式理论。

第三节　数字化生存——虚拟交往的现实困境

随着当代科学技术水平的不断进步和信息技术对人们生活的不断渗透，互联网的时代已经彻底到来，这预示着人类文明已经从工业文明大刀阔斧地挺进到数字文明，数字化生存成为了人类新的生存方式。在新的科技革命浪潮的大时代背景下，互联网、虚拟交往、虚拟经济、区块链、大数据、人工智能成了时代的代名词，人与人之间的交往方式也发生了质的改变，虚拟交往应时代潮流而诞生。在这个时代，面对人类新的生存方式和交往方式，人的价值观和自我认同方式将会向何处发展以及人类将置于什么样的新境地，是人类即将面临的新的挑战，而在此时代背景下我们应该何去何从成为了当下最严峻的问题。

华为公司作为我国通信设备民营企业的龙头，其企业业务市场营销总监邱恒在2018汉诺威消费电子、信息及通信博览会（CEBIT）新闻发布会上提出，"赢在大时代，要用确定的能力迎接不确定的未来"，意在提醒人们，要想把握未来，就必须要抓住数字化转型的机遇，使传统得以重塑，进而实现变大变强的时代要求。诚然，数字化改变了人类的生存方式，给我们的生活带来了无限的可能，但也由此将整个社会未来的走向陷入了未知，尼葛洛庞帝在20世纪90年代就已经在《数字化生存》一书中预言到了数字化将会给世界带来怎样的变化，提出了在未来信息技术更加发达的社会中，数字化会占据绝对的主导地位，脱离数字化，人们的生活将难以为继。纵观我们身处的社会环境，尼葛洛庞帝的预言已经成真，数字化生存已然成为了我们现在的日常生活方式，这虽然给我们带来了更多的便利和高效，但对于数字化的依赖程度也达到了极致，人类已经走进了无数字化便不能生存的困境之中。因此，如何帮助人类脱离数字化生存的困境成为信息时代的重要主题和人类交往理论深化的迫切要求。

一、数字化时代带来新的机遇和挑战

尼古拉斯·尼葛洛庞帝（以下简称尼葛洛庞帝）是著名的

美国计算机科学家，他是美国麻省理工学院的教授，并创办了麻省理工学院的多媒体工作室，因长期倡导利用数字化技术推进社会生活的转型而被西方媒体推崇为在电脑和传播科技领域中最具影响力的大师之一。《数字化生存》是尼葛洛庞帝在1996年出版的一本关于描述数字化、信息化、网络化的新型社会将会给人们带来的巨大变革的著作。"数字化生存"意指在我们所生活的现代社会中，已经生成了一种以信息技术为基础的新型生存方式，在这样的数字化环境中，人们不自觉地形成了依托于数字化而存在的新的生存观念。有些理论的价值体现在对世界的归纳和总结上，而还有一些理论的价值则建立在对未来的准确预见和洞悉之上，数字化生存理论明显属于后者。在此书创作的时期，信息时代还处于萌芽状态，但尼葛洛庞帝已经预感到了科学技术和信息行业的未来走势，并大胆预言在未来社会中，人们将必须要依赖于新兴的信息行业和数字化领域才能得以正常地生存和继续发展。尼葛洛庞帝对信息时代敏感的嗅觉及准确的预测使得《数字化生存》一书被称作是"20世纪信息技术及理念发展的圣经"，事实上该理论对信息行业的深刻影响在20世纪90年代就已经有所体现。他提前为人们介绍了什么是信息技术，信息技术将会得到怎样的应用，它的发展趋势如何，以及它将会给人类带来的巨大价值，更为人们第一次刻画了这个将要到来的时代的宏伟蓝图。

正如尼葛洛庞帝所言，"大家都热衷于讨论从工业时代到后工业时代或信息时代的转变，以至于一直没有注意到我们已经进入了后信息时代"①。数字化支撑了网络和信息技术的发展，在网络和信息技术逐渐普及的过程中，时代早已发生了质的改变，数字化生存的形态也早已经在不知不觉中渗透到了人们的日常生活。如今，环顾四周，无论是工作、学习、生活还是交往，人在社会中的各种行为模式都不得不依托于数字化带来的影响。互联网作为利用数字化技术的最典型成果，于无形之间介入到人们的日常生活，使人与人的交往形式从实体交往过渡到虚拟交往。如今我们已经习惯了瞬时完成数字化信息的传递，并沉醉于数字化技术所制造出的各种超现实影像，我们不能否认，在数字化技术所建构出的虚拟空间之中，人类得到了前所未有的发展机遇和发展空间。数字化给人们带来的机遇和挑战主要体现在以下方面。

（一）形成新的交往形式

数字化建构起一个超越了物理空间和精神空间的新空间，即虚拟空间，虚拟空间是当代人进行交往活动的新场所，它不同于传统的现实空间，但却是现实空间的延伸，人们在虚拟空间中进行社会交流和交往，由此形成了虚拟交往的新型交往方式。

1.交往场所

数字化创造了虚拟空间，虚拟空间是充满了创造性的时空

---

① 〔美〕尼古拉斯·尼葛洛庞帝：《数字化生存》，胡泳、范海燕译，海南出版社1996年版，第191页。

结构，在虚拟空间中，人们可以尽情享受超时空的学习、生活和交往，甚至可以做到很多超越现实空间的活动，例如最初被设计出来的应用于各行业中的虚拟现实技术，飞行员可以利用模拟飞行来训练应对各种突发状况的反应能力，汽车驾驶员也可以利用模拟驾驶来体验如果在道路驾驶过程中突发危险时各种反应会造成怎样的结果。现在，虚拟现实技术会更广泛地应用于各种娱乐和消费中，成为人们新的消遣方式。虚拟空间使我们做到了沟通古今、疏通中外，我们可以预测到未来的发展趋势，将使我们看到更多的可能，突破种种传统的障碍和束缚，人类必将实现更全面的信息、知识以及情感交流。不得不说，数字化大大扩宽了人们的交往空间，使得人类活动原本不可能被突破的物理空间得以无限的延伸。

2. 交往媒介

数字化时代，互联网成为交往所使用的新媒介。从长时交往时期发展到短时交往时期，人类经历了几个世纪之久，但是从短时交往时期过渡到瞬时交往时期，却只用了几十年，这是因为人们用来交往的媒介发生了质的改变，以原子为基础的时代已经彻底结束，取而代之的比特用呈指数增长的速度改写了整个世界。从将文字附于物质载体之上进行传播到将信息进行数字化处理从而利用光纤实现瞬间的传递，这在最大程度上节约了人类的时间成本，对信息的过滤、分拣、排列和管理可以在瞬间完成，并按照每个人的不同需求呈现在个人手中，生活中的一切原子在经过数字化的改写之后形成了可以存储海量信息的大数据库。经过数字化大刀阔斧的改造之后，社会规则重新洗牌，人类的生存方式被重新定义，整个地球在信息时代的强大背景下建立了一套新的运转秩序，数字化使人类文明实现了质的飞跃。

3.交往状态

不同于传统生活中的体验，数字化使人的交往状态也日趋自动化和虚拟化。在互联网平台中，生活中的一切信息都可以进行数字化处理并实现交往，这相当于将真实的生活迁移到虚拟空间中，虚实交错，使真实生活与虚拟现实难以区分。最好的例子是1999年由英业达集团电子技术有限公司发行的一款迅速风靡全球的游戏——虚拟人生，在这款游戏中，人们可以自由选择人物，创建人物性格，选择人物生活的背景，按照人们的日常生活历程进行游戏。在游戏中，各种怪兽出现，玩家需要打败怪兽克服困难，不断成长，如同人在社会中的真实成长过程一般。事实上，不只是网络游戏，在我们生活中正在盛行的各种社交软件，也是人们交往状态虚拟化的典型表现。各类社交软件使人们实现了不受时间、空间、地域和文化等各种客观因素的制约，可以随心所欲、随时随地地选择对象进行对话和交往，突破了传统交往中一对一、点对点的局限，实现了一对多，点对面等多种形式的交往。即使相隔万里，也可以随时进行视频聊天，虚拟社交是数字化带来的最便利的平民化效应，对人们日常生活的影响也最为深远。

突破了种种局限的虚拟交往使社会存在的各个方面都在数

字化技术搭建的虚拟平台上得以延伸和超越，给现实的社会形成了新的挑战，同时其便捷和高效，给人们的生活带来了极大的便利，更快更准确的信息交换，促进了社会的全面发展。

（二）形成新的商业模式

数字化和互联网建立起了与传统商业运营相比更加高效的互联网商业模式，提升了企业处理各类信息的效率。在大工业时代起到重要作用的水、电、气现在已经被数字化技术所取代，企业创造其自身价值的方式也发生了根本性改变。在互联网未能普及的社会中，一家企业若想发展成为某一行业的龙头企业，也许需要百年的传承和发展，但在数字化背景下的今天，也许只需要几年就可以做到，这正是因为数字化信息技术是当代推动商业模式变革的最直接动力，由数字化带来的自由发展空间创造出了与以往不同的高效商业模式，这同时也对企业是否能够及时利用互联网对实际情况不断作出改变和创新提出了挑战。

此外，大数据、云计算的应用给所有企业带来了一个全新的商业环境。利用大数据库中的数据资源和数字化对信息的计算能力提供了与以往不同的商业机会，企业可以利用以互联网为基础的新工具来建构出一套新的运行模式。针对用户信息的采集以及信息的互联共享可以为企业提供更加精准的需求，以便企业及时提供精准的回应和服务。移动终端的普及应用更加提升了人们在医疗、交通、购物等多方面的用户体验，一个比以往的商业模式更加多样化、人性化的消费环境也随之建构起来。

1. 搭建虚拟购物平台的搭建

互联网兴起后，网上购物也随之盛行起来，并且随着互联网的发展，各种虚拟的购物平台被搭建起来，在平台上销售的商品种类越来越繁多，商品质量越来越得到保障，售前售后服务日趋完善，消费者的满意度也越来越高，同时还带动了物流、网上支付、旅行与票务预订等相关行业的完善，目前网上购物已经成为人们日常生活中最重要的购物形式。但同时，因为网络购物过程的虚拟性，也衍生出了实体交易不会出现的网络诈骗、信息泄露、虚假宣传等问题，因此虚拟购物市场的秩序仍有待完善。

2. 线上线下（O2O）相结合

由于线上和线下的商业模式都各有局限，因此很多企业发展出线上线下相结合的商业模式，这不仅有利于企业的发展，同时也有利于为买方市场提供多元化的选择方案，是基于数字化和互联网的创新商业模式。2015年起，线上线下互动的商业模式甚至被写入我国的政府工作报告，这种商业模式极大地促进了我国经济质量的提升和经济效益的增长，不仅符合市场扩大的需求，也有利于社会总体服务水平的提升。在时代的推动下，很多电商企业都实现了由规模化向多元化发展。

3. 众包和众筹的兴起

互联网大潮的来临，使得使用互联网的用户也成为了网络资源，很多公司和机构利用起这项资源，开始将不需要专业水平的工作任务，以自由自愿的形式外包给不确定的网络参与者，这种商业模式称为"众包"。众包的模式帮助企业节约了大量的金钱，并且极大地提升了效率。同时，众筹是由于互联网具有扩散快、分布广的特点，使融资者能够借助互联网搭建的虚拟平台向不确定的大众实现融资，这种方式有效地将广大消费者转变为投资者或捐赠者。多样性、门槛低、群众广是众包和众筹得以成功的重要基础，并且做到了使互联网最大程度地发挥了大众的力量，节约了成本，提高了效率，是互联网商业模式中非常成功的案例之一。

4. 短视频、直播、网红等新行业的兴起

随着网络的不断提速和移动终端的更新和普及，以内容营销为主要运行模式的短视频和直播软件迅速在大众的视线中蹿红。由于制作过程简单、制作门槛低、内容贴近生活、参与性高等特点，使其在极短的时间内收获了大量的参与者。同时，大量的内容生产者和观众都在其中获得了满足感，观众可以根据自己的兴趣爱好来筛选观看的内容，而内容生产者则可以通过广告、电商、打赏等形式获取利益，在这种模式下，短视频、直播的模式已经成为新媒体方式下重要的原生广告形式，由此产生了网红群体也逐渐衍生出新的社会群体。但随着这种模式的普及，一些为了博眼球而无下限的视频内容也在无形中走进大众的视野，造成了极大的负面影响，这说明相关市场的规则规范还不完善，仍有待整顿。

数字化、信息技术不只是一个时代的标识,更是成为了当今时代一种先进的生产力。当这种生产力广泛地应用于社会生产之中时,生产效率得到了很大的提高,而这也就意味着社会必要劳动时间的缩短,人们不再需要将大量的时间花在生产上,更多的劳动力和时间被解放出来。马克思曾说:"时间实际上是人的积极存在,它不仅是人的生命的尺度,而且是人的发展的空间。"①这也就是说生产效率的提高实际上是大量劳动时间的节约和自由时间的获得,那么人的全面发展也就从根本上创造了条件。同时,恰恰因为数字化所带来的高效,使现代企业面临了一个不同于以往传统企业的问题,即社会运转速度空间加快了,一切都在以前所未有的速度改变着,若想在这个高速运转的社会中得以生存,企业就不能只是停留在原地墨守成规,而是必须要以同样的速度发展和更新。因此,能否不断创新以适应社会的发展和人们需求的发展成为当代企业面临的最严峻考验。

(三)形成新的传播方式

数字化和互联网带来了一个信息可共享的新时代,形成了新型的传播方式,即互联网媒体。互联网媒体扩宽了传统传播方式中获取信息的途径,这给传统的新闻行业、媒体行业带来了翻天覆地的变化,有关新闻媒体的所有行业都在主动或被动

---

① 《马克思恩格斯全集》第47卷,人民出版社1979年版,第532页。

地接受着数字化对该行业的重组和重构。

1.互联网传媒呈现出"去中心化"的新特点

传统的传播方式中，媒介在整个传播过程中始终处于主导的地位，完全决定着大众可以接收到什么样的信息，或者以何种方式接收到信息。这直接导致了信息的垄断和传媒对大众思想走势的严格把控。但数字化技术下的互联网时代是一个信息共享的时代，在这个时代，以往的媒介中心化完全被打破，新的互联网媒体方式迅速得以重建，大众接收信息的方式越来越多元化，纷繁多样的自媒体打破了传统媒介的霸主地位，传播方式开始呈现"去中心化"的显著特点。

2.互联网传媒对传统纸媒产生了巨大的冲击

由于互联网的受众群体庞大，传播迅速，收入高成本低等特点，许多传统纸媒已经因长期无法盈利而被迫关闭，由传统纸媒所支撑的二次售卖模式也被瓦解掉。信息的互联也从根本上改变了人们接收信息的方式和心理习惯，在互联网上，人们可以轻松实现对新闻和信息的讨论，大数据的统计也更加有利于信息针对个体的喜好和需求进行准确的推送，有着相同爱好和兴趣的人通过互联网被集结在一起，增加了人们接收信息的自由度，实现了人们的精神解放。

3.互联网传媒促进了社会的平等

互联网下的虚拟社会是一个可以囊括社会各个阶层的存在，特别是近几年，大量涌现了鼓吹"草根也能发声"的自媒体行业，在这个具有极大的包容性和开放性的互联网平台中，任何阶层都可以对新闻热点、国家大事、民生民计发表自己的看法和观点，这种将话语权渗透到各个社会阶层的形式是以往任何一个时代都无法实现的。在这个时代，"人微"也可以不再"言轻"，前所未有地实现了社会的平等。

4.互联网传媒促进了移动终端行业的发展

由于网络技术的应用始终需要依托现实的物质工具载体，这带动了可互联的电子设备行业的发展。各种手机、电脑等移动终端的更新换代加速，甚至成为衡量一个人是否能跟上时代潮流的最典型表现形式。移动终端的发明打破了传统媒介对时空的限制，使人们随时随地随心所欲进行交往，带来了人类交往的新境界，成为了人们在瞬时交往时期进行信息传播的最主要渠道。

信息的流通在任何一个时代都具有重要的作用，高效的信息传播方式与人类和社会的进步都密不可分，毫不夸张地说，信息的交流和传递可以从根本上推动人类社会和自然生态之间的不断循环和发展。因此，在现代社会，数字化技术之下的互联网传媒对人类所产生的巨大作用不言而喻。虽然目前的互联网传媒已经形成了数字化转型，但未来的传媒发展之路仍有待人们不断地挖掘和探索，数字化革命仍在进行中。

二、数字化时代带来的现实困境

（一）数字化时代造成主体认同的危机

自人类哲学诞生以来，人们就始终围绕"我是谁"这个问题作为整个人类所追溯的终极拷问，对此问题的追问表现出了人们始终在追求自我与社会关系之间的平衡以及自我与客我之间的和谐共生。随着人类社会和生产力的不断进步，为人类所用的工具也在不断地发展和升级，人类利用各种工具来感知世界的能力也随之不断增强，直至瞬时交往时期的来临，数字化和互联网的发明给人类带来了前所未有的变化，快速地渗透到了人类社会生活的各个领域中，并加快了社会发展的进程，这给人类的生活所带来的，不仅仅是便利的生活方式和交往方式，基于数字化和互联网的虚拟性，与真实世界的分割也同时对人类的主体认同带来了史无前例的危机。

首先，数字化隐去了主体认同的真实场所。数字化建构的虚拟空间打破了传统交往中时间和空间的局限性，也一同打破了人们所熟悉的传统交往因素，国家、民族、家庭和信仰对人们的约束能力降低，失去了地域的约束和管束，交往主体在数字化的虚拟空间中形成与主体相脱离的缥缈状态，甚至出现与陌生人之间可以轻易达成亲密关系的异化状态。同时由于主体可以披上数字化的虚拟的外衣来隐蔽自身的真实情况，隐藏了现实生活中缺陷的主体极易渴望表现自己来博取他人的关注。虚拟空间还弥补了人们在现实生活无法实现的理想，内向、弱小的性格可以在虚拟中塑造伟岸的英雄形象，身体残缺也可以在虚拟世界中像正常人一样交往，情感遭遇打击也可以在虚拟空间中寻求安慰和慰藉，虚拟空间成为人们进行现实补偿的最佳场所。不同于人们进行交往的真实场所，数字化给人们提供了一个更为理想的生存环境，但从虚拟世界中退场，回到真实世界时，所有的问题依旧存在，这给主体的自我认同带来了认知的困难和矛盾，弱化了主体在真实世界中的现实联系和感知能力，使主体深陷在自我认同和自我怀疑的泥淖中难以自拔。

其次，数字化弱化了交往主体对客体进行评价的客观标准。地理空间的开放性使得人们在虚拟空间中的交往没有了距离感，只有移动终端一个屏幕相隔的主客体之间很容易获得联系并开始社交活动。失去真实环境为基础的虚拟空间给人们留下了无限的空间去想象和憧憬，人们往往可以忽视或无视对方的缺点，将交往客体塑造成自己心中理想的状态，因此，数字化虽然搭建了使人类活动得以扩展的虚拟空间，但真实世界中人们对彼此客观判断的标准也受到了威胁，最终极有可能影响主体分辨真实世界和虚拟世界的能力，或对虚拟世界中的客体给予过高的期望。失去了真实客观的评价标准，主体对自己、客体、现实世界和虚拟世界的认知遭受破坏和混淆，加剧了主体对群属身份的认知危机。

再次，数字化暴露了主体现实生活中被道德所压抑的欲望。在人类发展的历史中，生产力的不断提高，也是人们对自我隐私的保护不断升级的过程。在当代的现实社会中，人们本是可以利用很多物理实体的保护措施来进行自我保护的，而在层层包装和保护之下，人们的隐私并不会被轻易地窃取。但是随着数字化技术程度的不断提高，人们越来越依赖于数字化，很多个人隐私相关的信息都会经数字化技术置于虚拟空间之中，但数字化始终是一种技术手段，可以被技术所构建，就也会被技术所攻破，一旦被技术攻破，就相当于人们的隐私等重要信息很容易被窃取，甚至是被公之于众。在网络经济越来越发达的现实情况下，个人信息成为了极大的商业资源，加之被数字化隐藏了真实身份的主体可能会暴露出虚拟社会难以被制约的窥探他人隐私的欲望，释放出了虚拟空间中不道德的行为，从而加重了主体对自我认知的迷失。

总而言之，数字化技术的背后隐藏了种种释放危险，充满差异和诱惑的因素，很容易造成主体对其身体意义的模糊甚至缺失，而这种迷失在数字化技术越发成熟的过程中也变得越发严重，在主体认同危机日益严重的状况下，如何进行重构是数字化给人们带来的巨大考验。

（二）大数据时代的信息危机

数字化建构了一个可以容纳海量信息的大数据库，随着数字化技术的成熟和数字化程度的加深，大数据库仍在以空前的速度和规模不断扩大。大数据库几乎囊括了我们所知道的一切信息，并且"已经撼动了世界的方方面面，从商业科技到医疗、政府、教育、经济、人文以及社会的其他各个领域"[1]。不得不承认，大数据带给我们的益处是方方面面的，"因为大数据已经成为解决紧迫世界性问题，如抑制全球变暖、消除疾

---

[1]〔奥〕维克托·迈尔-舍恩伯格、肯尼思·库克耶：《大数据时代——生活、工作与思维的大变革》，周涛译，浙江人民出版社2013年版，第15页。

病、提高执政能力和发展经济的一个有力武器。但是大数据时代也向我们提出了挑战,我们需要做好充足的准备迎接大数据技术给我们的机构和自身带来的改变"①。

大数据给我们带来的挑战主要体现在两个方面:

首先,毋庸置疑的是数据泄露后的信息安全问题。互联网所带来的网络经济模式和互联网的相关服务都建立在大数据库所提供的海量信息之上,在信息时代背景下,信息成为了最有价值的经济来源。特别是被称为"数据黄金"②的含有巨大商业价值的个人信息,在数字化开始被人们所利用之初就被大量挖掘,一些信息在最初被采集时也许并没有明显的用途,但将信息汇总之后却有可能产生意想不到的用途和作用,这造成了互联网用户对自我信息保护意识的缺失。诚然,对于个人信息的搜集以及个人信息库的建立,确实有利于分析出用户的偏好和需求,并针对于个体的具体情况进行精准的投放服务,提高个人的体验感,并且带来更大的经济效益,但实际上,将所有的个人信息(如身份证号码、种族、宗教信仰、家庭成员信息、社交圈、住址、职业、行程等)公开,无异于在互联网的虚拟社会中"裸奔",严重地侵害了个体的人格尊严。不仅如此,为获取更多的经济利益,个人信息可以通过互联网的多种渠道进行整合,并打包销售给各种行业的经营者,以便对个人

---

① 〔奥〕维克托·迈尔-舍恩伯格、肯尼思·库克耶:《大数据时代——生活、工作与思维的大变革》,周涛译,浙江人民出版社2013年版,第22页。

② 〔奥〕维克托·迈尔-舍恩伯格、肯尼思·库克耶:《大数据时代——生活、工作与思维的大变革》,周涛译,浙江人民出版社2013年版,第45页。

信息的二次开发和利用，更甚者这样的信息如果被犯罪分子掌握，对于个体而言极有可能造成巨大的物质损失和精神损害，甚至还会造成无法预知的连锁风险，进而造成不可弥补的后果。

其次，数据库对人类行为的预测。海量数据有很多意想不到的作用，甚至可以通过信息的整合预测人类即将产生的行为，这种预测是否符合人权和人道主义精神仍未可知。利用数据预测人们还未发生的行为听上去似乎有些荒谬，但实际上这种方式在一些地区早已开始运用，美国某些地区已经开始利用系统对信息的整合来预测和预防犯罪行为，也就是即使你还没有犯罪，但也可能会被定罪。在一些研究中，甚至有结果表明利用这种预测方式，准确度可达70%。如果在犯罪之前就预测到这种行为并且加以阻止，这对社会的稳定似乎可以起到重要的作用，但我们应该如何处理这个还未犯罪的"罪犯"呢？如果没有作为，这个"罪犯"可能会因为没有受到损失而再次寻找犯罪的机会，但如果对没有犯罪行为的人进行处置，这无疑是对人权问题的一次挑战。再比如，如果通过数据对一个人的家庭健康状况以及个人生活习惯相关的信息进行分析，得知这个人罹患某种疾病的可能性极高，那么这个人也许就要为了一个你并没有生过的疾病而支付比常人更多的保险费用。所以，通过大数据库的信息来对人类行为进行预测是否符合人权和人道主义就成为了一个极有争议的问题。

（三）社会交往的信任危机

数字化建构了虚拟空间，使人类建立了虚拟交往这种新的交往形式，形成了人类交往的新场所，延伸了人类的交往行为。而在作为当代人类进行实践活动的重要场所的虚拟空间中，人与人之间信任关系的建构也同样有着重要作用。

在数字化社会中，信任被赋予了新的意义，它不再仅仅是传统社会中个体与个体之间的简单纽带，而是包含了复杂性、风险性以及各种不确定性的现代社会的新特征，特别是在数字化运转具有一定虚拟性的社会，所有的社会架构和运行机制都只能建立在信任上，这不仅局限于人们社交时所使用的工具，更是人类活动的整体场域和沟通交流的宏观语境。

数字化社会之所以会产生社会交往的信任危机，最根本的原因是，网络技术让人们逐渐形成了虚拟的交往方式，相较于传统社会中的交往方式产生了新的特点，这在一定程度上消解了传统意义上的信任。传统意义的信任建立在社会约定俗成对人格形成的道德制约或可以依照某些社会规则所制定的契约之上，由于提前制定的规则可以在社会变化和人际关系变化的过程中保持某些规则的不变，因此具有一定的稳定性。但是在数字社会中，人们交往的方式导致了诸多不确定性，人们可以依靠的工具成为最具变数的存在，数字化将整个社会变成了最大的风险系统，传统交往方式中的稳定性被不断解构，进而引发了社会交往中的信任危机。引发信任危机的原因主要表现在以下方面：

首先，在虚拟交往的世界中，技术先于伦理存在。互联网最初被发明出来时，也许人们无法身临其境地想象它会给今天的社会带来怎样的影响，更无法想象虚拟空间会成为人类现实社会的延伸。因此，在人们最初设计虚拟空间时，只会想到用怎样的技术来完善其功能、扩展其应用范围。但是随着互联网技术越来越完善，人类实际生活中的各个层面都被转移到虚拟空间中，经济、文化、教育、政治、商业等活动在数字化平台中无限延伸，人类社会中的各种伦理问题不可避免地也延伸至数字化的世界中。网络诈骗、网络犯罪等各种各样的数字化犯罪浮现在社会中，给社会的安定带来极大影响。例如淘宝、天猫、京东、当当等已经纯熟的电商平台已经改变了人们的购物方式，但由于数字化无法避免的虚拟性，依然会导致用户买到假货、次货，正常的公民权益不能受到保护，这也推动着各个电商平台进一步完善自己的服务细节。

其次，无法建立起没有漏洞的网络监管系统。如同对人们日常生活和行为起到规范作用的法律法规对于社会稳定的重要作用，在数字化平台中的虚拟交往同样需要有相应的规则来对其进行规范和整治。但是，互联网技术的虚拟性、自由性等特点无法保证人们能够创立出万无一失的规则。从目前的网络监管体系来看，并没有具有针对性的、正式的组织和部门能够对其进行有效监管，已经形成的监管方式也呈现出粗暴、简单的特点。甚至对一些犯罪行为，相关制度表现出明显的滞后性，导致数字化平台中交往主体的安全感完全缺失，进而引发严重的信任危机。

再次，数字化虚拟交往造成了主体在现实社会交往的断层。数字化平台可以隐去参与者的真实信息和真实身份，而交往主体在真实世界与虚拟世界的严重断层中难以用日常的规则和规范来约束自己，作出很多道德失范的行为，引发了其他人对数字化平台和虚拟交往的不信任。

最后，数字化平台给人们创造了可以自由发声的平台，但有众多乌合之众借此便利汇集在一起，发布各种未经辨别的虚假谣言、造成社会恐慌的负面言论等等。而很多大众在网络消息铺天盖地而来时，缺乏自身的理性判断，长此以往，人们的判断能力不断下降，信任危机进而不断加剧。

数字化所造成的人类之间的信任危机，不利于互联网的正常良性发展，如果信任危机不得以解决，就无法推进新事物的有序和健康发展，对整个网络环境都会产生不良的影响。

由此可见，任何的技术进步都极有可能造成蝴蝶效应，数字化技术的进步和大数据库的建立给我们的生活带来了巨大的变革，但同时也加速了技术对我们生活的渗透，带来的便利背后也让我们面临了更多的挑战和威胁，如何合理地利用和平衡数字化的影响，是一个重要的课题。

三、在数字化中求生存

正如尼葛洛庞蒂最经典的表述："预测未来最好的办法，

就是把它创造出来。"①对于数字化给人类社会带来的便利和革新，我们不能只享受其积极效应而忽视它的负面影响，同时，对于数字化带来的新异化问题，我们同样不能因噎废食，绝对地对其否定。丢掉手中的智能手机，注销一切虚拟账号，拒绝一切数字化在这个时代显然已经不再可能，更无法解决人类交往所产生的新异化问题。就如同面对工业社会的来临，马克思也没有提议人们站到机器化大生产的对立面，将社会倒退至资本主义之前的文明中。我们要做的是首先肯定数字化是进步的生产力，是对我们的社会产生了巨大贡献的新的生产方式。如果说在马克思的时代，"资产阶级在它的不到一百年的阶级统治中所创造的生产力，比过去一切世代创造的全部生产力还要多，还要大"②，那么，现时代数字化对新的信息时代所带来的巨大影响，是过去任何时代、任何阶级都无法估量的，人类已经过渡到一个前所未有的高度上。

我们应该认清，真正产生新问题的关键并不在于技术，数字化技术同样如此，至多可以将其归结为产生异化的工具和中介，真正能够解决数字化造成问题、在数字化中求生存的关键，是作为使用者的我们在数字化的背景下应该如何自处。具体的解决方案可以从以下方面进一步深入探讨：

首先，平衡人与数字化技术之间的关系。数字化技术呈现

---

① 〔美〕尼古拉斯·尼葛洛庞帝：《数字化生存》，胡泳、范海燕译，海南出版社1996年版，第13页。

② 《马克思恩格斯选集》第1卷，人民出版社2012年版，第405页。

出高速运转、传播介质数字化、物质性、多维性等诸多新特点，因此处于信息时代的人们应该尽快适应这些新的特点，脱离传统思维，并具备适应新特点的想象力。当然，这并不意味着一味地被动顺应技术，数字化技术的背后依然是我们切切实实所生活的客观物质世界，各种技术符号的背后依然是我们所熟悉的文字符号，所以，不应该迷惑在数字化技术所带来的幻象中，而是辩证看待数字化的各种影响，保持清醒的头脑随时批判、清醒地思考。数字化技术只是服务人们的新时代工具，在任何情况下，都不应该成为支配和左右我们的存在。

其次，加强对青少年使用数字化技术的正确引导和教育。数字化和互联网成为新时代青少年接受教育的重要手段，特别是近几年，数字化技术的受众群体向青少年，甚至是幼儿快速发展。作为在信息时代成长的新一代人，在最初接触数字化和互联网时就应该树立起正确的观念，与技术相处是非常必要的。加强对青少年的教育有利于保证数字化技术在未来向良性方向发展，这同时也能促进互联网的受众群体提高数字化生存的能力，与技术和谐共存，使社会健康、持续发展。

最后，提升与数字化运用相关的制度建设。约束数字化行为的制度与数字化技术以及虚拟交往是相伴而生的，不仅是数字化技术，以往传统交往中的任何媒介都需要制度来对其进行规范和制约，才能使交往活动良性发展，稳定交往秩序，缺乏制度规范的行为也将失去自由的真正意义。一个国家的政治体制决定了媒介的形态和传播制度的发展，媒介必将随着政治的演化而得到进一步的发展。数字化技术作为一种新的技术手段和交往方式,也必须形成一套与之相匹配的制度规范和价值准则来对其进行约束。虽然各国已经在建立相关的组织和制度来规范数字化技术,但从整个社会的发展来看,其发挥的作用是非常有限的,制度建设的任务依然任重道远,这需要我们不断地探索,紧跟技术发展的脚步,加强立法和监管,根据技术创新推动制度创新,对各种数字化违法行为进行及时的整治,尽快规范整个数字化环境。

数字化技术给我们创造了一个最好的时代,带给我们前所未有的机遇,但也造成了一个最坏的时代,社会中的负面因素也可以借此机会得到生存空间,使我们遭受前所未有的挑战。而最关键的做法,依然是走在技术的前端,将未来预测出来。

第四节 世界平坦化

托马斯·弗里德曼是美国公认的最有影响力的新闻工作者,2006年,他所著作的《世界是平的》是一部精彩的21世纪简史,此书一上市,便在《纽约时报》畅销书榜上盘踞了一年多时间。在这本书中,弗里德曼以独特的视角分析了21世纪以来,世界逐步全球化,人们从各个知识中心统一到了一个单一的全球网络中的过程,而整个世界在这个过程中从一个球体变得平坦,变平的世界使人们拥有了更多的公平,让每一个个体都能站在同一水平线上,社会交往变得更加广泛并且生机勃勃，这仅是平坦化的世界带给我们的更多可能性之一。

一、世界是怎么变得平坦的

在弗里德曼的视角中，全球化经历了三个伟大的时代。第一个时代：1492—1800年，弗里德曼将这个时代称为全球化1.0版本。在这一时代中，哥伦布的远航初步开启了国家之间的融合和全球化，当时的全球化取决于一个国家的综合国力及其应用形式。其实这一时期所谓的全球化，更确切的说是一种殖民化，其实质是帝国主义国家和政府在宗教的影响下，利用暴力击垮国家之间的屏障，强行将世界连为一体，国家和实力决定了最初的全球化。第二个时代：1800年左右—2000年，是全球化2.0版本，其间被大萧条和两次世界大战打断。这一时代，全球化进一步发展，最主要的推动力是跨国公司，跨国企业到国外寻找更多的劳动力和市场，铁路和蒸汽机降低了运输的成本，电报、电话、电脑、卫星、光纤电缆和初期互联网使人们的交往工具逐渐升级，降低了通信的成本，使人们的交往突破各种障碍，全球化的经济市场在这一时期诞生和成熟，也因为有了商品和信息的流通，全球化市场才得以真正形成。竞争从这个时期开始被搬上了社会生活的舞台。阻碍全球化进程的各种屏障纷纷崩塌，支持全球化和反对全球化的运动也推向了最高潮。第三个时代：2000年至今，全球化3.0版本，整个世界从此紧密相连，竞争市场被夷为平地。这个时代为每一个个体的发展提供了一个公平广泛的平台，个人称为这一时代最大的推动力量，更多的人获得了公平的机会参与全球的竞争和合作，而个人拥有这么大发展空间的工具，正是软件和网络。网络使虚拟交往达到了空前的先进水平，拉近了人与人之间的距离，使每一个人都可以和世界做邻居。3.0版本的时代使世界变得更小、更平，人类交往跨越了空间和语言的障碍，世界的平坦化成为了不可逆转的趋势。

世界不是一天就可以变平的，它经历了一个漫长的发展过程，其中有一些起着显著作用的政治事件、创新活动和在公司的合力下才能够实现和完成，弗里德曼将这些事件总结为碾平世界的十大动力：

第一，柏林墙的倒塌和Windows操作系统的建立。弗里德曼说："柏林墙倒下的意义并不局限在柏林一个地方，这是一个令世界变平的事件。"[①]导致柏林墙倒塌的因素有很多，这既是苏联体制内部矛盾推动下的产物，也是由于苏联与里根政府军备竞赛受到拖累的催化而形成，而最重要的原因莫过于信息革命的推动。不管怎样，柏林墙的倒塌让更多人以不同的视角来看待世界，让更多人接触到更广阔的信息网络，使全世界的政治、经济、社会等体制的运行有了统一的标准。而就在柏林墙倒塌的半年之后，史蒂夫·乔布斯和史蒂夫·伍茨尼雅克发明了著名的苹果Ⅱ型家用电脑，第一台家用电脑投入市场。1985年，第一个版本的Windows系统问世，而家用电脑和

[①]〔美〕托马斯·弗里德曼：《世界是平的》，何帆、肖莹莹、赤正非译，湖南科学技术出版社2008年版，第43页。

Windows系统的结合使人们可以将自己的观点数字化并得以广泛的传播，这些变化对整个世界的平坦化有着深远的影响，正是这些事件开启了世界变平的历程。在这些变化的发展过程中，人们处理信息的方式变得更加容易，信息可以被传播到更远的距离，并直接导致了3.0版本全球化的推动作用掌握在每一个个体的手中。

第二，互联时代的到来。个人电脑和Windows系统使人们用数字化的方式处理信息达到了极限，人们亟需一种媒介和载体能使全世界共享信息、使世界更加紧密地联系在一起。英国物理学家蒂姆·伯纳斯·李经过多年研究创建了第一个网络系统——万维网，他也因此被《时代》杂志封为20世纪最重要的100位人物之一，随后互联网技术出现了，互联网技术的发明和创新推动了整个世界变平的过程。这种推动力和作用非常巨大，因为更多的人通过网络被联系在了一起，它使每个人和自己的电脑同其他人以及其他人的电脑产生了交往和互动的关系，全世界的人都可以更加自由地交流和互动了，以网络为基础的新兴公司如雨后春笋般地兴起，这为下一个阶段的世界变平奠定了重要的基础。

第三，工作流软件。工作流软件被开发的目的是在一个机构内用电子文档替换纸张文档系统，实现文档处理过程的自动化。世界变平成为了一个不可逆转的趋势，人们并没有抗拒这个过程，而是学会了更好地利用变平的趋势。工作流软件的兴起和发展并不像柏林墙倒塌、Windows系统的诞生，以及互联网时代的到来那样引人注目，但它却在人们不知不觉中制造了一场推动世界变平的革命。当工作流软件使各种工作都可以放到数字化的网络和电脑中进行处理时，工作的效率大幅度地提高了，人们工作的场所也不再受到硬性的限制，而且工作可以进行拆分，然后发送到世界的各个角落完成。这让我们意识到，将工作自动化提高产能，只加强人与人之间的交流是不够的，机器和机器之间更需要自如的沟通和交流，工作流软件创造了一个可以实现多种合作形式的全球平台，这对世界变平的趋势而言，是一个创世纪的时刻。

第四，上传（uploading）驾驭社区的力量。上传的实质其实是一个分享的过程。基于平坦世界所搭建的交往平台，越来越多的人通过网络贡献自己的所见所闻、发表自己的观点，而不需要再局限于报纸一类的中介。人们在图书馆中收集各种资料并上传到网络上，与世界上的所有人分享，形成了一个网络上的百科全书，这就是最初的维基百科。整个上传过程不受任何机构或组织的干涉，这使得网络的开发和发展不再只依仗专业的技术人员，每个个体都能根据自己的能力去充实和丰富网络上的内容，这对世界变平的趋势来说，是一个非常有利的因素，平坦世界的平台也因此而不断得到扩展。

第五，外包。外包是指企业动态地配置自身和其他企业的功能和服务，并利用企业外部的资源为企业内部的生产和经营服务。网络的高速发展使很多有远见的人看到了这一市场将带来的不可估量的前景，于是纷纷投资光纤事业，而这却导致了光纤泡沫的产生，过度的投资使很多投资者破产和失败，但他们所投资的光纤却在后来拉近了美国和印度的关系，个人电脑、网络和光纤电缆的结合提供了美国和印度这种新型的合作方式，也就是外包。弗里德曼认为外包是一些公司将部分工作程序和任务分配给了其他国家的跨国外包，是先进社会的一次非常重大的变革，创造了一个前所未有的自由平台，推动了世界平坦化的进程，促进了经济全球化的发展，但我对此看法却持有不同意见，具体想法，在下一目的内容中将予以具体阐述。

第六，离岸经营。2001年12月11日中国正式加入世界贸易组织，这一历史事件极大地推动了一种新的合作形式：离岸经营。离岸经营不同于外包，外包是指将有限的、特定的业务交给其他公司去做，然后再将做好的工作融入到自己本身的整体经营体系之中。离岸经营是指在一家公司的注册地之外进行经营，比如投资人的公司注册在离岸管辖区，但投资人不必亲临当地，这个公司的业务可以在世界各地的任何地方直接开展。因此资本主义国家的企业在中国这样的国家建立了大量的离岸经营工厂，以获得最廉价的劳动力。弗里德曼认为中国的离岸经营是不能被忽视的经营模式，不仅对世界变平影响巨大，而且在其日益扩大的过程中同时也严重地威胁着他国的经营模式和经济利益。

第七，供应链。供应链是指一件商品到达消费者手中之前所有相关者的连接或业务的衔接，围绕核心企业，通过对信息流、物流、资金流的控制，从采购原材料开始，制成商品的过程到最终完成商品的销售的一整个功能网链结构。弗里德曼把这个过程称为"供应一条龙"。他认为这是"一种以创造价值为目的，在供货商、零售商和顾客之间开展水平合作的方式"①。以世界上最大的零售商沃尔玛为例，一件商品从采购、加工、分类、打包、配送、购买、生产、再订购、交货、采购、加工……这一整个供应链流程遍布各地，对世界变平产生了巨大的力量。

第八，内包。内包是一种第三方管理的物流方式，以美国的UPS快递为例，作为世界上最大的快递承运商与包裹递送公司，它对世界变平同样有着巨大的力量。UPS不仅是一家快递公司，以它现在的巨大规模来看，它也使全球大大小小的公司实现全球供应链的同步。并不是所有公司都能像沃尔玛那样维持强大的商品供应链，而小公司的发展就亟需这种提高自己全球供应链效率的平台，而UPS就做到了让每个公司与客户和供货商的互动同步。这种力量只能在平坦化的世界得以实现，同时它使世界变得更加平坦。

第九，提供信息的搜索引擎。搜索引擎是按照计算机程序员所设定的计算机程序，按照一定策略在互联网上搜索海量信息，然后对信息进行分类、加工、组织和处理，为用户们提供信息检索的服务。大数据时代的到来，使海量的信息被上传到

---

① 〔美〕托马斯·弗里德曼：《世界是平的》，何帆、肖莹莹、赤正非译，湖南科学技术出版社2008年版，第118页。

了因特网上，这也促进了搜索引擎的快速发展，各种搜索引擎设定了大量的搜索项和语言种类，从而使搜索引擎成为了世界变平的巨大力量，正如弗里德曼所说："在此之前，人类历史上从未出现过有如此之多的人可以依靠自身力量找到如此多信息的时候。"①搜索引擎的发展使人们可以获得更广泛的信息交流，而且不论任何身份，任何地域的人都能平等地获得同样的信息，现在，无论生活中遇到怎样的问题，我们都可以求助搜索引擎来完成了。

第十，数字的、移动的、个人的和虚拟的类固醇。类固醇泛指一些新的技术，可以放大和增强所有其他使世界变平的力量。看看我们现在周围的世界，几乎每个人手中都有一款功能齐全的智能手机，这就是所谓的"数字的、移动的、个人的和虚拟的类固醇"之一。具体来说，这些类固醇可分为六类，第一类和计算机有关；第二类是即时信息和文件共享方面的突破；第三类是网络电话技术方面的突破；第四类是视频会议技术；第五类是涉及计算机图像的最新进展；第六类是新无线技术和设备。这些类固醇造成的结果是："引擎可以和计算机沟通，人之间可以沟通，计算机之间可以沟通，人类和计算机的沟通可以距离更远、速度更快、价格更低、方便更多。"②

总之，虚拟交往的发展和进步使世界变得平坦，并逐渐成

---

① 〔美〕托马斯·弗里德曼：《世界是平的》，何帆、肖莹莹、赤正非译，湖南科学技术出版社2008年版，第138页。
② 〔美〕托马斯·弗里德曼：《世界是平的》，何帆、肖莹莹、赤正非译，湖南科学技术出版社2008年版，第153—154页。

为一个整体，同时平坦的世界更加促进了虚拟交往的发展，这种深刻的变革使整个世界的面貌焕然一新，但这到底是人们得到了真正的公平，还是资本主义世界化的一种表现形式，现在定论还为时过早。

二、弗里德曼的世界平坦化实质：资本主义全球化

在法国经济学家托马斯·皮凯蒂的著作《21世纪资本论》一书中，托马斯指出资本主义国家在整个资本主义历史上，长期存在着财富和收入分配不平等的问题。资本并不会随着经济的增长而自动解决分配问题，收入和分配的不均衡越来越明显，并且这种不平等的程度会长期地持续恶化。而资本主义的全球化正是导致这种不平等的重要原因之一，虽然随着科技的进步，各种交往方式的扩展，世界经济发展的整体水平在上升，但我们不能忽视这种趋势带来的资本不平等问题，更不能纵容这种资本主义全球化性质的世界平坦化。我们需要正视，这依然是一个遍布疾病、营养不良和两极分化极端严重的世界，而跨国资本追随着各种投机机会呼啸来去，电子交易的掌控者有时只需要一个轻轻的按键，就能无声无息地改变成千上万人的命运。

在我们当下的时代，手中掌握着重要权力和巨大财富的帝国主义依然矗立在世界的顶峰，绝大多数的人们依然生活在被剥削的贫困化大峡谷之中，这种不平衡如同地壳上一道深不见底的裂缝一般横亘在帝国主义国家和被压迫的国家之间，这都是两次世界大战以及帝国主义的干涉所造成的恶果。可是身处发达国家之中的弗里德曼却对这些不公平和差距视而不见，以他所在的利益角度来向全世界宣称，这个世界是平坦的。

弗里德曼说世界是平的，那是因为他认为整个世界在信息技术和网状联系已经形成并且快速运作和发展的背景下，已经逐渐地形成了一个使每个人都可以参与进来并拥有公平博弈机会的平台。人们可以借此平台抓住各种机遇，也就是说，这本著作是弗里德曼关于公平世界是怎样形成的，对人们有怎样的意义，同时在未来有什么样的发展趋势的理论。

弗里德曼列了几个产生他所谓"平坦世界"的因素，他讨论了"网络化"生产与交易。跨国资本越来越少地选择在本集团内或本国内开展业务，他们青睐于"离岸生产"的方式，利用外部资源，将各个附属与次要环节通过转包和外包分散到世界各地。弗里德曼宣称这种全球规模的生产分散化，全球供应链的产生与发展，将消解民族国家的高墙（诸如保护主义政策），也就是实质上削弱民族国家的控制。

弗里德曼作为美国的新闻工作者，难免受到美国资本主义和自由主义的影响，在他眼中的世界平坦化也充满了资本主义和自由主义的色彩。其实在他的著作中一些观点的局限显而易见，世界的平坦化并不是对所有国家、所有阶级都公平的变化和趋势。

以弗里德曼列举的碾平世界的十大力量之一——外包来

看，这只是资本主义国家将"一国内部的专业化、分工、比较优势论、竞争－协作等工业社会的逻辑推广到国际范围。跨国外包不仅是基于国际分工的一种利益分配机制，也是中心国以边缘国作为缓冲垫而实施的一种转嫁危机和应对危机的机制。就其本质而言，外包所包含的仍是中心国对边缘国的压迫和剥削，毫无平等可言，并不是——也不可能是——'碾平世界的动力'"。①

弗里德曼认为外包"创造了一个可以将知识工作和知识资本自由传送的平台。这一平台可以将各种工作任务分解、分配、生产并最后组合到一起。这给我们的工作，尤其是那些依赖智力的工作，带来了崭新的自由"②。的确，随着经济全球化的飞速进展，外包形式也越来越普遍，并已经形成了其独特的专业化模式，弗里德曼认为外包是使世界变平的一个重大变革，并且创造出了一个拥有更大自由的平台，但不应该被忽视的一点是工业化的进程同时也意味着资本主义的世界化，而资本主义世界化的途径，除了用武力征服海外殖民地之外，还有就是利用资本主义的商业活动，虽然在外包的驱动之下，"内包""离岸经营""全球供应链"都在某种程度上促进了国际分工，但这都是市场经济发展的必然结果，并不像弗里德曼所说的具有那么深刻的革命意义。

---

① 张康之、张桐：《"外包"能否碾平世界？》，《学习与探索》2014年第12期，第37页。

② 〔美〕托马斯·弗里德曼：《世界是平的》，何帆、肖莹莹、郝正非译，湖南科学技术出版社2008年版，第153—154页。

我们从外包的形成过程中就可以看出，弗里德曼视角中的平坦化世界其实只是帝国主义全球化的过程。起初，资本主义国家和外包的国家只存在加工制造业与原材料供给的分工；后来，金融资本在市场经济中的地位越来越高，资本主义开始将投资伸展到海外各国家；现在，资本主义国家只将自己企业中的一部分对技术水平要求不高、污染严重、高消耗的程序外包给这些国家，最终形成了跨国外包。因此我们应该不难看出，弗里德曼推崇的这种外包的形式其实只是由帝国主义主导的，维护帝国主义各种利益的分工形式而已。他并没有真正客观地分析这种分工形式其实是资本主义国家对高端技术和核心程序的把持和掌控，这对印度等接受外包的国家而言，并没有自由可言。接受外包的国家可能在一些程度上得到了经济的短期发展，但这种由资本主义国家主导的不平等经济体制最终一定会限制接受外包国家的经济衰落，甚至造成这些国家的全面的、长久的衰退。

对我们来说，如何正视平坦的世界，如何正确运用虚拟交往巅峰状态带给我们的各种效应，是值得所有人深思的问题，我们可以发表对《世界是平的》的各种观点和看法，但更加紧要的是，到底应该如何清除当前问题的不良影响，而不该轻易相信自由放任的全球资本主义是最优制度。只有真正公平，真正使得每一个人都拥有绝对自由和平等机会的平坦世界才能真正地实现全人类的健康、全面发展。

三、建构公平博弈的平坦化世界

弗里德曼大篇幅地描述了世界平坦化带给我们的积极效应,但也承认了对于非洲等落后的国家来说,世界仍是不平的,仍有很多饱受战争、经济崩溃或某些政治因素所干扰的地区没有跟上平坦化的进程,"从非洲、亚洲和拉丁美洲的贫困农村和发达国家中许多黑暗的角落传来的坏消息是,仍然有亿万贫困人民看不到生活的希望,更谈不上通过追求梦想使自己加入中产阶级的行列"①。这说明了还有太多的人所处的环境还没有完全实现平坦化,这些人不能掌握先进的技术和工具,不能受益于科技发展带来的技术进步,不能享受先进的虚拟交往工具所带来的便利,更没有机会参与分享这个世界的广阔信息资源,因此而不能参与到各种创新和合作之中。如此看来,我们的世界就不是一个对每一个个体的发展提供公平广泛平台的平坦化世界,起码还有太多的人没有公平的机会参与到这场全球化的博弈之中。

任何历史的发展和演变都是一个漫长的过程,科学技术的进步可以以指数的速度迅猛地增长,但对于整个地球这个庞大的群体来说,能做到普遍的上升和进步仍是非常艰难的,我们不可能在短期内做到生存形态的完全转变,如何平衡地区与地区,人与人,人与技术的关系对人类来说仍然是一个长久的考验,从一个历史时期过渡到另一个历史时期,不能像从一扇门

---

① 〔美〕托马斯·弗里德曼:《世界是平的》,何帆、肖莹莹、郝正非译,湖南科学技术出版社2008年版,第435页。

跨入另一扇门那样容易，经济的全球化确实在某种程度上让世界变得更加平坦了，对大多数人来说，机遇也确实变得更多，但是把握当今世界平坦化的实质才能让我们更好地克服数字化、信息化、全球化给我们带来的负面效应，做到真正对每一个国家、每一个人都自由平等的世界平坦化。

中国和印度的经济近年来确实得到了飞速的发展和飞跃，但不得不承认，它们仍是发展中国家，未来还有很长的路要走。只读过《世界是平的》而没有亲自来过中国和印度的人很容易产生误区，认为这两个国家即将超越美国成为世界的顶尖大国，但如果你来过这里的贫穷地区，就会发现它们离顶尖发达国家仍有较大差距。中国的现代化需要政治和经济体制的全面改革，不但要充分地利用科学技术，也要克服既有观念的枷锁，寻找各个目标之间的平衡。对于这个世界上相对落后的国家而言，树立起新的意识形态，摆脱霸权国家的干预，解决本土的各种殖民主义和民族主义遗留下来的历史问题，都是首要的艰巨任务，只有解决了这一问题，各个国家才能在面对世界平坦的趋势上站在同一起跑线上，才能真正地在自由平等的条件下实现个人的创新和突破。我们需要的不是弗里德曼极力吹捧的全球化3.0版本，我们需要的是一个真正对每一个人都有着公平博弈机会的全球化4.0版本，对此，我们应该自信的是，一个没有剥削和压迫的世界是必需的并且是可能的，这一天也终归会来到。

第六章
虚拟交往的现代性后果

第六章 · 虚拟交往的现代性后果

互联网技术的发展使虚拟交往不断完善,但是人们从未满足于仅仅利用互联网技术来实现现代化的交往方式,在虚拟交往实现跨时间和跨空间的交往,使收发电子邮件、实时信息、视频电话、音乐图片成为现实之后不久,人们就开始开发互联网的新用途,这包括利用网络实现设计和创作、利用电子平台进行交易,从而进一步形成虚拟市场、信息和新闻的即时传递、记录海量的信息从而实现数据分析、预测社会发展走向等各种功能。网络技术的不断发展激发了使用网络的主体不断更新在互联网中的需求和期待,人们希望在虚拟的空间中实现更多的可能性,而这同时也反过来不断地促进了移动终端、网络技术和硬件软件的发展和创新。需求与技术的相互作用和相互促进成为互联网技术飞速发展的最大动力,使得网络技术成为人类历史上历时最少却造成最大影响的重要技术,这直接赋予这种技术一种与以往有着本质区别的新的属性,我们可以称之为虚拟交往的现代性。当代哲学家查尔斯·泰勒曾说,"从启蒙运动开始现代性成为哲学和诸社会科学的母题"[①]。启蒙运动以来,特别是信息社会形成之后,随着社会生产力的飞速发展,整个世界形成了新的体系,生成了与以往社会不同的生产方式、消费方式、交往方式、生活方式,这无疑给我们的生活带来了极大的便利和变革,但新事物总是不可避免地带有两面性,新的体系、新的方式也必然带来诸多新的问题,例如虚拟

---

① 〔加〕查尔斯·泰勒:《现代社会想象》,林曼红译,南京译林出版社2014年版,第1页。

交往形成的交往异化问题、虚拟的人际关系带来的伦理道德问题以及海量信息造成的信息垃圾问题，这些都是虚拟交往现代性的具体体现。如何在现代性的语境中看待社会发展的新变化，如何正确看待现代性带来的新问题，同时用何种方式才能解决这些新的问题，对于我们从更深的层次分析当代的交往方式，有着重大的意义。

第一节　虚拟交往带来社会交往方式的变革

一、从地域性走向全球性

1964年，著名的原创媒介理论家马歇尔·麦克卢汉提出了地球村的概念，形象地描绘出了由于现代科技的迅速发展，地球的时空距离缩小了，国际交往日益频繁，整个地球缩小至一个村落的现象。伴随着地球村的形成，一个新的概念产生了，这便是全球化。全球化意指全球联系的不断加强，人类生活的全球意识不断崛起，国与国、民族与民族之间在政治和经济往来上相互依存而共同发展，地球上的各个地域、国家逐渐融合成为一个整体。全球化使人类交往发展到了最新的阶段。"当代全球化是以人类物质交往为基础的社会关系的宏观拓展形态，反映的是人类现代社会所蕴涵着的经济、政治、文化等多维度、多层面的交往关系和交往结构的系统过程。"[①]这表

[①] 范宝舟：《论马克思交往理论及其当代意义》，社会科学文献出版社2005年版，第233页。

明，当代全球化的发生点和增长点，仍在交往上。无数的交往活动相互作用，相互碰撞，汇集在一起，才使全球化得以实现。

马克思指出:"新的更高的生产关系，在它存在的物质条件在旧社会的胎胞里成熟以前，是绝不会存在的。"[①]实现全球化最重要的前提，就是生产力的不断发展和科学技术的不断进步，在此基础之上，人类交往不断深化，交往模式、交往手段以及交往工具呈现多样化的特点。各个国家、民族和地区的联系不断加强，交往方式从简单到复杂，从小范围的地区逐步扩展。在这个过程中，交往范围的扩大同时也反作用于生产力的进一步发展，二者互相作用，互相影响，人类社会在此得以不断地进步和发展。

当然，全球化并不是一个横空出世的概念，它是从人类交往发展的长河中逐渐生成的历史过程。追溯全球化的历史进程对于把握交往是如何从地域性活动发展成为全球性活动的分析具有重要意义，更能让我们清晰地看到这一过程中生产力发展水平对交往形式发展到底有何重要意义，而马克思对于交往概念所划定的范畴恰恰对于我们确立全球化的历史进程有着重要的意义。首先，全球化是各国之间进行政治、经济和文化沟通的过程，各国之间相互联系、相互影响同时也相互作用，概括来说，这是一个历史与逻辑不断统一的过程。换句话说，这就

[①]《马克思恩格斯选集》第2卷，人民出版社2012年版，第3页。

是由于人类生产力的不断提高和社会的不断发展，交往不断扩大和升级的过程。如果没有交往，这种联系就不可能实现，更不要谈全球化的形成。其次，马克思一直都是从最广泛的意义上来划定交往这一范畴的，在他眼里，交往可以分为物质交往和精神交往，涵盖了一切的社会关系，所以交往对于划分全球化历史进程也有着最普遍的一般意义。再次，实现交往的主体是从事劳动和物质生产活动的"现实的个人"，这表明了全球化是谁的全球化。学术界有人认为，全球化是资本的全球化，对全球化的历史进程发挥重要作用，但实际上，是"现实的个人"推动着资本发挥作用，而不是封闭的、离群索居的存在。所以，人在社会中的交往活动才是世界普遍联系起来的最主要前提。最后，马克思和恩格斯始终认为，交往和实践是密不可分的，是生产力的发展、实践的发展带动了人的交往形式的发展，所以，人类交往的发展史是一个动态的历史性过程。在这个过程中，人类交往必然会从简单到复杂、从局部到扩大、从野蛮到文明、从肤浅到深化。

可以看出，在生产力不断发展的过程中，交往的不断深化是促使全球化形成的最根本原因，从交往的视角出发，各个民族、地区、国家必然要进行连续性和整体性的互动和联系，由空间所限制的地域性在这一过程中被不断打破，人类的联系从点到面不断联结，空间的距离感不断弱化，最终覆盖至全球，在当今社会，即使两个人分散在地球的两端，也可以进行即时的交往，这就是在生产力发展的过程中一个自然的历史过程。

二、从实体性走向虚拟性

互联网的诞生使信息技术和虚拟技术得以不断发展，现阶段，互联网已然成为现代社会最重要的技术支撑。人类社会实践方式和交往的形式正在经历彻底的、颠覆性的改变，一个虚拟的信息社会正在逐步形成，人类历史也自此开始被改写。

马克思的实践观认为，实践是人类所特有的、对象性的感性活动；是认识的来源和认识发展的根本动力；同时也是能够改变世界的现实的、具体的物质性力量。当生产力发展至互联网诞生和普及之后，人类的实践活动从传统意义的现实的、具体的物质性力量逐步转变为依托于互联网的虚拟的、新型的实践活动形态。既然实践活动进入了虚拟的新形态，那么马克思的实践观就要被否定了么？事实并非如此。即使是在互联网普及的新时代背景下，虚拟的交往实践依然具有现实基础，是人类在社会中具体的、物质的实践活动通过"数字化"形式的延伸。虚拟交往和一切现实生活中的实践形式别无二致，也是由主体、客体和中介三大要素组成，是人以互联网为媒介、以移动终端为工具，与交往的客体进行交往的过程。探视我们现在的生活，虚拟性已经彻底、全面、无形地渗透到了日常的各个方面之中。

（一）政治机关网络化实现了政治从实体性到虚拟性的转化

互联网自诞生并普及以后，迅速在各个领域中呈现出蓬勃发展的良好态势，政治机关也逐步形成了网络化的趋势，网络政治的形成不仅直接影响了各国政治生活的进程，更影响了政治生活的变迁。"所谓网络政治，是指现实政治现象和政治过程以网络为媒介，在网络空间中的进一步展开和体现。"[①]无论是网络政治参与、网络政务还是社会化的网络政治，都在日趋完善并深刻地影响着各国的政治生活。这种变迁一方面使公民的政治参与度大大提高，操作方式更加便利，政府的工作效率也有显著提高；另一方面也使各国的政治生活更加温和、理性和客观，民主和公平也得到了更大限度的实现。真实的政治生活迁移到虚拟的网络之上并没有使政治生活变得难以理解和无法捕捉，相反还带来了更多的公平性和有效性，因为任何公民都可以通过网络得到政府部门发布在网络上的消息，而且任一组织都不能完全地人为操控互联网，政治生活在网络中的基础设施越完善，公民的政治参与就会越平等、越透明。同时网络给广大公民提供了一个很好的反映合理诉求的平台，每一参与者都能自由地发表自己的看法和需求，这也大大推进了民主的进程。此外，因网络政务的兴起，对政府机构还生成了一种新的监督方式，即网络监督，这是现时代网络公民能够参与国家治理腐败问题的新形式，可作为传统的社会监督和舆论监督的重要补充。可见，网络政治从实体性向虚拟性的转化，只是使现实政治能够更好、更有效地在网络之中得以延伸，对于形成

---

① 熊光清：《中国网络政治的兴起与政治文化的变迁》，《社会科学》2012年第1期，第23页。

良好的政治环境有着重大的意义。

（二）网上银行、移动支付、电商平台等实现了经济从实体性到虚拟性的转化

传统经济模式在电子化和数字化的推动下，逐步在网络之中普及开来，各类实体经济形式迅速向虚拟经济形式转化，网上银行、移动支付以及各种电商平台已经成为人们生活不可或缺的一部分，即便是在国际经济危机的背景下，依然以高速增长的势头强劲发展，一跃成为全球社会生活最重要的组成部分。但这里需要注意的是，网络经济并不是一种独立于传统经济之外的或与传统经济对立的纯粹虚拟经济形式，而是在传统经济的基础上，通过计算机和互联网为核心的信息技术而得到提升的高级的经济发展态势。网络银行基本涵盖了实体银行可提供的一切业务，足不出户，无需排队就可以进行处理一切银行业务，个人征信和企业诚信度都可以被网络客观记录，这反过来也更加有利于银行作出更准确的决策和更合适的服务。同时随着电子设备的发展，移动支付功能也逐步成为人们生活中最重要的支付手段，给消费者与商家都带来了极大的便利。各类电商平台使人们实现足不出户就能买到一切想要的商品，成本小、利润高的电商平台以光速发展开来，对人们的生活带来了猛烈的冲击和颠覆性的变革。

(三) 网络学校实现了教育从实体性到虚拟性的转化

在过去，学生要想完成学习过程始终离不了几个重要的元素：学校、教师、教室、讲台以及用于教学的实体工具，在规定的时间到规定的地点完成规定的教学内容是一个非常自然的学习过程。但自互联网普及之后，各类网校应运而生，利用网络全方面的覆盖，任何人都可以在自己家的电脑上寻找自己认为最合适的老师和学习内容。传统教学中的黑板、文本等所有相关内容都可以在网络中得以呈现，打破了传统教育中地点和实体教具的局限。此外，对于已经录制好并上传至网络的视频音频教学内容，学习者可以在任何时间进行播放和学习，打破了传统教育中对于时间的硬性要求。老师和学生不必再受到地域的局限，运用网络讨论问题，更加合理地利用了时间，提高了教学效率，学习成为了一种真正可以实现因材施教的个性化活动。教育从实体性到虚拟化的转变是一个具有巨大意义的变革，这意味着只要网络足够普及，世界上任何原本无法得到良好教育的穷乡僻壤的学生都可以运用网络获得高质量的知识，人人都可以拥有平等的接受教育的机会，这对于社会的长期发展来看，无疑是意义非凡的。

(四) 虚拟社交软件实现了社会生活从实体性到虚拟性的转化

随着脸书、微信、微博等社交软件的普及应用，虚拟社交的参与者正在以不容忽视的速度增长着，这使人们的交往方式产生了广泛而深刻的变迁。虚拟社交软件已经渗透到了极为广泛的群众之中，成为当代社会人类社交的最重要工具。发朋友圈、晒日常、点赞评论成为了新一代社交的重要形式。摇一摇、附近的人给陌生人之间社交带来了极大的可能性，微商、电商正在形成一种以社交平台为媒介的新的经济形式，多种多样的社交软件可谓真正实现了马克思所指的"人与人之间的精神交往"，塑造了极具时代特点的新型社会关系，给人类实现"精神自由"和交往自由提供了广阔的平台，给人类的相处和交往创造了无数新的可能性，为打破思想垄断提供了一个大众化的技术保障。

第二节　虚拟交往带来社会关系的变化

当虚拟一词越来越频繁地出现在我们的日常生活之时，与虚拟共生的诸多概念也以越来越高的频率渗透了我们的生活，古滕堡星系、脱域、开放源、知识平民化，这些不仅仅是简单的概念，更是对我们生活产生了深远影响的现象。社会是一个不断递进和更新的存在，由于互联网的诞生，一些传统的、依靠手工和人力的行业在逐渐衰退直至消失，但依靠新的技术，自动化程度更高的行业也在与日俱增，社会的发展本来就是其中的关系不断洗牌的过程，以新代旧是人类社会永恒不变的主题。因此，我们认可虚拟交往，使用虚拟交往这种新的方式的同时，是我们不断挖掘出虚拟交往现代性价值的过程，而其现代性价值，体现在虚拟交往带来的社会关系的变化。

一、社会结构的垂直性和扁平性

我们早在中学的地理课上就学到了我们所居住的地球是一个两极略扁的不规则球体，这似乎是一个非常简单和普遍的原理和规则，但是人类证明这个原理却经历了一个漫长的过程。哥伦布发现了美洲大陆，达·伽马开辟了通往印度的新航道，而麦哲伦则通过丰富的航海经验猜测地球是圆的，最终，他实现了环球航行，证明了这一论断。这一壮举开启了新旧世界间的贸易，地球在被证实是圆的同时开始变小了，生产和交换开始从一国之内或一定地域限制之内扩展开来，国家和实力的较量登上了人类历史的舞台，但这一过程在一个重要的时刻发生了改变，这个时刻就是互联网发明的时刻。

美国当代最具影响力的新闻工作者托马斯·弗里德曼在《世界是平的》这本畅销书中，通过对互联网给人类带来的重大影响论述了世界在网络的蔓延中产生了使世界变平坦的十大动力，在这些动力的作用下世界逐渐变平，扁平的世界是如何利用互联网带给人们更多平等的机会，以及在扁平的世界中发达国家和发展中国家各自发生了怎样的剧变。但事实上，剥开弗里德曼的理论从更深层次来看，他所说的世界的平坦化只是披着资本主义全球化外衣的最大谎言，互联网的进一步发展带给世界的变化和影响远不止于此。诚然，世界在这个过程中加大了世界各国的联系，给各国人民提供了更加平等的平台和更大的自由,但这份平坦始终与社会的垂直结构并存,只有站在更加客观的层面上,用更加全面的视角看待这个过程和改变,才能更加清醒和理智地看清我们所处的环境。

(一) 世界从圆变平

在弗里德曼看来,在全球化2.0的计算机主机时代,社会还是自上而下的垂直结构,上级部门和下级部门是命令和控制式的垂直化组织结构,而到了全球化3.0的阶段,在十大碾平世界的动力相互作用下,个人电脑、微处理器、网络和光纤电缆的结合使用让世界变成了一个新形式的竞技场。在这里,社会从由上而下的垂直式变成了由左至右的水平方式,在这种社会结构下生成了新的经营模式,命令和控制不再占据主导地位,取而代之的是联络和合作,而这一切变化都是在互联网从诞生到不断发展完善的过程中悄悄进行的。

不得不承认,弗里德曼的视角是宽阔、敏锐且生动的,信息网络不断地完善缔结出一个前所未有的世界和前所未有的超级市场,在一体化成为世界最显著的特征之后,过去分裂的世界格局被逐渐取代,全球化是一个势不可挡的趋势和浪潮。在这个过程中,任何人都无法独善其身,其影响是深刻而宽广的,特别是网络技术的强大力量,带动了经济资源、生态资源和人力资源在全球范围内的高速流动和自由配置,上至以国家为单位的经济体,下至每一个市场参与者的个体,都深深打上了全球化的烙印和显著特征。在这样的国际环境中,经济、贸易、市场、资本的运转方式全被改写，人类社会正在跨入一个完全不同的时代中。这个时代的世界开始变得扁平化，这种扁平并非地理意义上的改变，而是指全球经济市场的不断完善中，每个人都拥有了更大的自由和平等去参与到全球的经济运动之中，特别是像中国、印度等近年来发展迅速的发展中国家，是新的世界不可忽视的重要力量。世界的扁平化主要体现在以下几个方面：

首先，互联网带来了前所未有的文化革命，使每一个人都拥有了更加平等的权利和机会接受教育，世界的文化场域变得比以往任何时候都更加平坦。全球最大的搜索引擎谷歌的创始人就曾经表达过，创立谷歌的最初目的就在于希望智慧在全球范围内可以变得更加可用和有用。人们常常把注意力放在全球化进程对经济和贸易的影响，却极易忽视其对文化和知识的深刻影响。在互联网时代，各大搜索引擎做到了可以让任何手持连接了网络的移动终端的人，可以随时随地地搜索全球的知识资源和数据，在整个人类史中，这是人们第一次能够如此彻底地摆脱知识和信息的阶级属性和贵族属性。在互联网的连接下，知识和信息的传播突破了地域、阶级、等级和国界等各种传统方式的束缚，旧的知识可以被随时调取，新的信息可以第一时间在全世界范围流通，不同的文化背景和语言体系也无法阻挡这个趋势，每个人都有机会在虚拟空间搭建的平台中进行平等的较量和角逐，这是人类使得文化交流彻底突破各种障碍的重要技术和唯一手段，同时使世界在文化交流和知识互换的层面上变得更加平坦。

  互联网加快了整个社会的运转速度，通过加速的过程，我们跨越了工业社会，经历了知识社会，形成了当下的分散社会，分散社会最显著的特点就是知识平民化。知识平民化削弱了传统的教育机构和官僚组织的重要性。自古以来，各国的文化传播都需要通过自上而下的垂直整合，权力和地位的拥有者控制着信息的传播速度和传播方式，没有人可以跨越这种等级制度获取知识，这造成的最直接后果就是社会的阶级分层，拥有权力的人可以掌握一切核心的知识和信息，通过对这些信息的管控，可以达到统治者操控人民意识形态的目的。因此，从深度层次来剖析，文化阶级性是过去的奴隶社会、封建社会、资本主义社会的根本原因所在。知识传播方式的每一次更新都意味着社会制度的更迭，在圣经只能复制在小羊皮上时，只有少数神父可以直接接触到其中的精神，这决定了宗教的神圣地位。造纸术和印刷术第一次扩展了知识传播的方式，更多平民可以直接获得知识，这使神父走下神坛，直接导致了宗教改革的发生。互联网使世界变得平坦之后，人类可以利用网络技术将知识和信息上传到虚拟平台之上，节约了分享知识和信息的成本，同时跨越了官僚机构对知识的垄断和控制，人们获得了更大的自由来获取知识，分散在任何角落的信息都可以利用互联网进行整合，我们享受到的是全面且细致的内容。在分享之外，人们还增加了对信息处理的能力和评论探讨的自由。博客、微博以及各大信息网站的评论区给人们创造了一个自由探讨的空间，无论是时事政治，还是娱乐八卦，或是生活琐事，每个人都可以把自己的想法上传到虚拟空间，更多的兴趣相投、志同道合的陌生人在虚拟平台中汇集起来，来自各方的丰富想法发生碰撞，小的想法、好的创意可以被无限放大，接受世人的检验，个体的价值通过这样的传播方式被放至最大，从而进一步地对社会的进步和发展作出贡献，成为知识平民化体系下最大的价值所在。

在水平结构的世界中，信息共享、知识平民化加强了人与人之间的合作。每一个单独的个体都有机会建立起自己的信息供应链，使得自己可以随时获取他人构建的信息、娱乐和知识体系；人们可以足不出户就通过互联网获取知识而不是像过去那样必须去图书馆和资料局；每一个人都成为了潜在的学者，因为有太多的渠道可以让个体进行研究和编辑；更多相似的人可因虚拟空间聚集到一起组成有共同特点的团体。

平坦的世界给我们提供一个由新的知识体系构成的世界，我们每个人都获得了在整个世界范围内进行交流和研究的珍贵的机会，接受知识的方式从静止和被动变得更加主动，参与性更加强大，越来越多的人在这样的经历中收获到积极的反馈，但是同时我们也面临了更大的风险。在过去没有互联网的社会中，我们的隐私和过去被有力保护着，任何人想要窥探他人的生活都需要艰难地穿破这些坚硬的保护层。但是，信息的公开化和搜索引擎的广泛应用以最快的速度突破了这些保护层，任何人都能通过在移动终端上的简单操作来窥探他人的生活，而

第六章·虚拟交往的现代性后果

广阔的虚拟空间对信息的强力记忆和永久性痕迹会使你无法记得在网络中留下了怎样的痕迹，这也必将会给大量的人带来无法预知的风险和困扰。平衡这种不良影响和后果需要一个漫长的过程，我们依然处在这个漫长的过程之中，发挥优势和规避风险是我们在平坦的世界中追求的最优结果，为了这个结果的实现，我们还有很长的路要去探索。

其次，平坦的世界带来的最深的影响表现在整个世界经济和贸易活动中，通过各国在经济上更加紧密的联系和合作，使得地理概念中的距离失去了原本的重要意义。经济贸易方式给人们带来的改变是彻底的、全面的、深刻的。在外包、离岸经营等跨国合作形式形成之后，世界范围内的产业经营链使得各国、各企业之间的合作联系更加紧密。

不可思议的是，在没有电脑也没有互联网的时代，马克思就通过世界历史的理论预言了世界将会变得更加平坦的趋势。世界历史理论是贯穿马克思主义著作的重要思想，在《共产党宣言》中，马克思正确地预见到，资本主义必将为了追逐资本扩张而带动资本的全球化，科技的发展和资本的扩张会扫除全球经济发展道路上的一切屏障、壁垒和摩擦，这一过程会引领人类历史最终走向世界历史。回到我们目前所处的社会中，可以见证马克思的理论具有何等正确的预见性。

从世界国际市场的角度来看，发达国家在这场新世纪的博弈中占取了绝对的先机，通过外包，大量的简单、机械化工作岗位通过已经成熟的网络技术流向国际市场，经过细分的限定业务流向发展中国家的公司，完成的工作重新流回发达国家的整体工作，完成一个完整的经营体系。通过离岸经营，发达国家将工厂开设在劳动力价格具有绝对优势的发展中国家，再使最终的生产成果融入到全球的供应链中。世界越来越扁平的趋势打开了很多国家尘封已久的国门，无论是扩大本国的工业和贸易市场，还是接受他国产品和模式的进入，都反过来更加促进了世界变平的趋势。

同时，我们也应该关注到收益最多的发达国家在世界变平的趋势中受到了怎样的挑战。无论是外包还是离岸经营，必然造成了发达国家大量工作机会的流失，这对像美国这样的发达国家的中产阶级家庭造成了相当大的冲击。一些乐观主义者认为，这种冲击只是在全球化的过程中一个短暂的过渡过程。诚然，还无法快速适应社会新变化的相当一部分群体的生活水平和工资待遇会受到影响，甚至有一部分人群将会失去工作机会，但这个影响不会是长期的和不可改变的，这是因为生产力的提高会给世界提供一个更加丰富、更加壮大的整体规模，整个社会的馅饼越做越大，每一个人会得到的份额势必会随之增加。为这个情况而担忧的人忽略了一个基本的问题，就是他们将整个社会的工作机会设定在了一个固定不变的基础上，如果其中的一部分被占据，就一定会带来相应的流失，美国的工作机会流向印度和中国等地，美国人就会永久地失去这些工作机会。这种假设存在严重的缺陷，建立在认为社会的全部生产力已经被挖掘，不会再产生出新的生产力了，国家和国家、企业和企业之间是零和博弈，我的所得必然造成你的所失。真正的实际情况却是，市场的不断丰富，会使人类社会细分出更多的产业、需求和工业机会，因为新的技术始终在被挖掘，人的需求始终在增加。这可能会造成某一代人不可避免地成为时代的牺牲品，但是社会自身的调节能力和新陈代谢将会以最快的速度适应这种形势并作出改变，失去某些工作机会之后，会解放出更多的人投入到新的工作机会和行业之中，水平的世界结构也许不会造成更多机会的流失，反而会促进更多机会的产生，水平结构的社会会带给人们前所未有的机遇和挑战。

通过世界市场的分解、流动、分工和重组，在不知不觉之间，世界已经形成了一个分工明确的超级市场，美国等发达国家掌握了高科技的信息核心技术，中国成为离岸经营的重要中心，东南亚承包了大量电子产品的生产流水线，印度等国家接收了来自发达国家的软件行业和服务业。沃尔玛、惠普、戴尔等公司通过在全世界范围的超级市场的重组和采购，从根本上改变了过去前店后厂的生产和经营模式，任何商品的整体生产都可以打破地域的局限，无论是产品的设计，还是价格都在国际市场中逐渐趋向统一。与商品和工厂共同参与流动的还有人的体力和脑力。水平结构的世界加速了人才和智慧的交流，在这个时代中，产品从设想到实施生产最终转化为商品的速度比以往任何一个历史阶段都要高效，但人才之间的竞争也随之前所未有地增加，这个时代的消费者拥有比以往任何时候都宽广的见识和精准的需求，所以任何的流行趋势也在这个过程中如闪电般的速度更迭，人才只有参与到这个流动的过程中才能发挥其最大的效用。由于整个世界的生产力在变平的过程中得到了提升，人们对日常生活的需求和期待也随之升高，创新的速度必须要跟上产品的流行和淘汰的速度，变平的世界实现了人们对此的期待。

需要引起注意的一点是，世界经济市场变平的趋势并不是说人们的关系和地位越来越平等化，而是互联网使得全球经济和贸易的市场平台变得更加平坦，越来越多的人可以拥有同等的权力进入这个平台并参与其中的竞争或合作。面对平等的机会，超越其他人最有效的方法就是提升自己的竞争力，个人才能在这个过程中的重要性要远远超越地理位置和其他客观因素。

再次，水平结构的世界改变了原本的产出方式，利用互联网技术达到知识和资源的输出变得普遍且不可替代。个人电脑、局域网和Windows操作系统的诞生让人们学会了用数字化的方式处理信息，但想取得进一步的发展就必须实现世界可以连到一起的技术。只有用低成本的方式实现数字化信息的输出才能分享更多的信息和资源，推动社会的发展和历史的更迭。英国的物理学家提出了利用一个操作系统实现文件的传送、分享和接收，基于这样的要求，万维网诞生了。新的技术给人们带来了新的渴望，当一些期待被满足之后，人们开始寄希望于利用网络做更多的事，这成为了推动互联网进一步发展的内在动力，计算机的硬件和软件在这种需求下得到了进一步的推动，网络技术的创新得以实现。互联网和万维网逐渐合二为一，使用者以惊人的速度增加，从网络投入社会使用开始算起，用户数量经过短短五年时间就从60万增加到4亿，十年之后达到了8亿之多。到目前为止，互联网投入使用以来，用户数量就已经突破了53亿，如今这个数字仍在不断增长。

世界实现互联拉开了数字化革命的序幕，无论是文字、音乐、影像、数据、文件都可以通过数字化转化为比特，比特可以利用电脑作为存储载体，经由数字化的处理和转换，利用卫星和光纤实现传送。20世纪90年代还盛行一时的胶卷相机很快就被淘汰了，现在我们可以利用数码相机和智能手机，将画面通过数字化处理存在电脑上，离乡求职或者求学的人还可以利用网络技术和数字化处理瞬间在电脑和电话上看到即时传送的亲人，进行即时的交流和沟通。在互联网时代初期，看到了互联网未来发展具有无限可能的人建造了大量的光纤电缆公司，无论是陆地还是海洋，都铺设了大量的光纤电缆，经济便利的光纤系统取代了电话机，成就了更加高级和快捷的联系方式。

工作流软件使电脑等移动终端彻底实现了工作自动化，在新的社会中，人与人的交流和联系是远远不够的，只有机器与机器之间也实现了自如的沟通和交流才能真正做到输出方式的统一，人们可以在统一的规则和范式中处理所有经过数字化处理的内容，世界才能变得更加平坦。

最后，水平的社会结构带给人们日常生活最直接的影响表现在现代社会沟通与交流的方式上。电脑和互联网技术的普及、内包、外包、离岸经营、全球供应链等方式的相互作用，成为使世界变成水平结构的最强大动力，但人们不会站在世界的上空一览无余地看清这些过程，但这些动力带来的生活中人与人之间的交流和交往方式的变化却是真切而实际的，每一个人都将体会到。人们将深刻地感受到，通过一部小小的手机，就可以联系到过去绝对不可能取得联系的人；在任何一个平台之上，我们可能要随时随地接受一个素不相识的人发来的挑战；在一个机会中，我们可能要与一个过去不可能发生竞争的人进行竞争和角逐；在某次活动中，我们也许要与一个从来没有过任何合作的人进行合作，一切变化都是过去的社会中完全不可能发生的。由于世界开始变得平坦，时间、空间、地域、语言都无法成为人与人之间进行交流的屏障和界限。

（二）垂直从未消失

我们不能忽视互联网的发展给全球化带来的深刻影响，也不能忽略世界向水平结构的发展趋势，但这绝对不意味着世界结构中的垂直性已经消失，事实上，从社会结构、地区发展、整体分工等方方面面来看，社会的垂直结构从未消失，甚至在某些方面更加突出。

互联网推动全球化进程，打造了一个众人皆可参与的平等而自由的平台，无论是国家、企业还是个人在这个进程中都得到了更高的生产率和更广阔的市场，国际分工更加明确，但是我们无法、也绝对不能忽视这个进程背后真正的实质。全球化从根本上来看，同时也是资本主义走向世界、资本全球化的过程。为了达到资本扩张的目的，资本主义国家利用武力实现对落后地区的殖民化，二战结束后，很多殖民国家起身反抗，瓦解了以殖民主义为主的世界格局。失去了殖民手段的发达国家不得不寻找新的方式继续实现其资本扩张和瓜分世界剩余价值的目的。随着工业革命和信息革命的到来，一些发达国家利用先进的科学技术和信息技术，以推动世界贸易自由发展为借口，企图控制世界经济，开启了经济全球化。外包、离岸经营等经营模式只是将过去一国之内的分工扩展到了全世界，倘若这种分工未能改变过去一国之内的垂直管理结构，那么现在就不可能改变世界的阶级和等级格局，抹掉世界的垂直结构。

事实上，即使是在发达的资本主义国家内部，也存在着相当严重的两极分化和贫富差距，这种事实无法被资本主义国家鼓吹的人权平等所改变，资本主义社会中自上而下、阶级明显、等级分明的垂直结构始终存在。这是由资本主义的基本矛盾和内在逻辑所决定的。社会结构的分层不但没有使资本主义社会内部真正地变平，反而将这种分工扩展到了整个世界的市场之中。发达国家外包的往往是那些对技术水平要求很低、高污染、高耗能的重复性工作，真正的核心技术始终被发达国家牢牢握在手中。鼓吹世界已经完全变平的美国记者弗里德曼声称世界已经形成了一个自由平等的平台，但实际上对接受外包的发展中国家而言，从未有过真正的自由和平等，只能被动地接受来自发达国家的分配，其发展程度和发展成果都完全受到发达国家的控制，而并非通过自身的努力就可以改变这种现状。

作为不断推动外包和离岸经营发展的发达国家，为了掩饰其实现资本扩张的目的，必须要对其行为进行粉饰，对此弗里德曼搬出了李嘉图的自由贸易理论，并宣称"如果每个国家专门生产自己具有比较优势的产品，然后用各自的产品进行交换，贸易双方都会从这种交换中获得好处，各国总体的国民收入水平都会提高"[①]。事实上，我们不得不承认，资本全球化的过程会带动整个世界生产力朝着更高的水平发展，但比较优势理论却是资本主义国家为了使外包等方式能够顺利在发展中国家推行的幌子。从资本主义国家的视角必然是一片美好，可是换成发展中国家的视角，却是接受着低端工作，拿着远远不及发达国家的工资，还要承受这些高消耗的工作给本国生态环境带来的巨大破坏，这种等级和阶级分明的分工怎么可能抹去社会的垂直结构，带给全世界人民一片自由和平坦呢？

因此，从整个世界发展的全局角度来看，资本主义国家宣扬的世界平坦化的实质是资本主义国家转移经济矛盾、缓解经济危机、实现资本扩张的过程。经济危机真正发生时，裁员的压力转移到了发展中国家，可以使这些资本主义发达国家受到最小的影响。当发达国家由于缺少工作机会而发生社会危机

---

① 〔美〕托马斯·弗里德曼：《世界是平的》，何帆、肖莹莹、郝正非译，湖南科学技术出版社2008年版，第206页。

时，也可以随时收回外包的工作机会以保证国内社会和市场的稳定。当外包国家的工资水平和生活水平提高时，发达国家还可以将外包转移到更加落后、薪酬待遇要求更低的国家。在这种悬殊的对比中，接受外包的发展中国家只有被动地等待剥削的命运。相比早期通过武力进行对落后国家的殖民主义统治，这种方式却是更加温和，也能在一定程度上提高发展中国家的生产力水平，但根本无法改变其剥削的本质，社会自上而下的结构也没有发生任何改变，发达国家依然站在更高的角度俯视生产力发展水平低下的发展中国家。所以，互联网技术的发展是无法真正碾平这个世界的，在整个世界的发展过程中，垂直从未消失。

二、虚拟交往推进了话语权主客体关系向主体际关系的转换

话语权是人们进行交往活动的过程中的一项重要基础，在交往活动进行中，掌握话语权就可以在整个交往中占据主体的地位，代表了交往主体的智慧，由交往主体的思维方式所决定。在对于文化和传媒的研究中，人们经常用到话语权这个概念，葛兰西提出的"领导权"、福柯提出的"权力话语"、罗兰·巴特提出的"泛符号化"、哈贝马斯提出的"合法化"、鲍德里亚提出的"仿像"都表达了话语权这一理论体系中的丰富内涵。随着时代和生产力的不断发展，话语权的建构也发展得更加多元，特别是虚拟交往形成之后，信息技术给人类交往中

的话语权结构带来了很大的变化，从当代新的传播方式和交往方式的视阈下重新分析话语权的结构，不仅对信息的传播具有重要的意义，同时对社会的交往行为的分析也具有深刻的影响。

话语权是对以国家为单位的政治体系建构其民族意识形态的重要依据，团体和文化基于同一种期望和设想所形成的价值体系构成了其整体的意识形态，统治阶级一旦将某种价值观传播出去，变成被统治阶级统一的、基本的世界观，为了使这种世界观具有长期的稳定性，就必须要取得话语权，作为巩固的工具，因此，话语权是当前各国的意识形态建设中最为重要的问题。

从现实角度来看，任意一种话语的产生、传播和发展都与所处的时代背景、交往的语境息息相关，并且始终受到社会发展中的技术条件的限制。话语的产生在人类发展史的最初阶段，由人们的物质生产活动所决定，马克思曾表达过"思想、观念、意识的生产最初是直接与人们的物质活动，与人们的物质交往，与现实生活的语言交织在一起的。人们的想象、思维、精神交往在这里还是人们物质行动的直接产物"[①]。可以看出，语言是人们表达思维和想法的重要工具，并且深刻地影响了人们的物质生产过程，受到物质生产水平的影响，因此，社会生产力发展到了怎样的程度，也对话语结构具有深刻的影

[①]《马克思恩格斯选集》第1卷，人民出版社2012年版，第151页。

响。在信息社会中，人类的社会交往形式完全发展到了一个新的高度，互联网技术渗透了人们的生活，改变了人们的价值取向、交往方式、思维形式、行为方式，并且直接地改写了人类社会中话语权的结构，深刻地影响了人们的意识形态。由于虚拟交往的去中心化特点，转移了话语权力的主体，人们交往活动中的话语权，从过去传统交往方式中的主客体关系向主体际关系发生了转变。

　　实现话语权需要交往过程中的主体和客体相互作用，也就是一次完整的交往活动，需要有主体和客体之间的语言沟通和交流。在信息社会之前的传统交往方式中，遵循着自上而下的系统和体系进行语言交往和话语的灌输，交往当中的主客体中，话语权是单向度的，比如，社会地位高的人对社会地位较低的人进行指派，教授者向学习者传递知识和信息，有权力的人管束无权的人，长者教育幼者，都是依靠了社会中约定俗成的某种规则和制度，这种自上而下的层次展现了话语权的强制性和命令的实质。所以，传统的交往方式中，由于主客体的分割显示出了交往的不平等性。

　　网络的传播形成了虚拟交往方式，与以往社会中传统的交往方式不同，虚拟交往使交往活动中的主体和客体的关系发生了扭转，从主客体的结构转变为主体际的结构，搭建了一个对话平等，相对自由的虚拟空间，形成了一种开放、平等的交流方式。在互联网技术的不断发展下，人类交往的未来趋势也将更进一步地巩固主体际的关系，人人都有平等的权利可以参与交往活动，人人都有掌控交流内容的资格，主客体结构被打破并重构，交往的主体之间不再有清晰的界限和身份的区分。虚拟交往实现了交往双方的双向沟通、相互影响，在虚拟的场域中，双方的关系是互为主体和互为客体，彻底颠覆传统的意识形态中的话语结构和交往规律。造成这种改变的是互联网技术自身所具有的新特点：

（一）去中心化

去中心化这个概念最早被麦克卢汉引入到传播学领域，在他看来，计算机对于信息处理的强大能力，会创造出一个新的话语权力结构，这种结构具有"处处是中心，无处是边缘"的特点。马克·波斯特在此基础上，进一步提出以互联网为依托的新兴数字媒体呈现"交互式、去中心化"的传播特征。可以看出，去中心化是计算机和互联网发展和普及过程中的重要特征之一。

在虚拟交往中，去中心化代表了话语体系中心的权力的转移，削弱了传统交往方式中主体的地位，是针对信息社会之前的中心化社会关系形态而提出，表达了以互联网技术为核心的信息生产过程中话语权力发生转移的改变。虚拟交往方式改变了传统话语体系的中心化结构，削弱了传统话语权的控制力，意识形态话语权威的解构与话语权传播力的下降，社会话语权从权威转移到平民手中，主流意识形态被逐渐边缘化。这种变化不仅改变了主客体关系的解构，同时也对主流意识形态带来了巨大的挑战。

话语权的建构和意识形态的形成都与交往方式和传播工具有着直接的内在联系。自古以来，媒介的发展和变更决定了我们接收信息和传播知识的重要工具，媒介发展的水平越高，就能使我们有更广阔的机会接收信息，也可以使我们拥有更高效的方式接收知识，所以媒介的发展水平决定了人们使用怎样的生产方式和生活方式，对人们的思维方式和世界观、价值观的建立也有重要影响。因此，用什么样的方式进行交往和传播，就会形成怎样的意识形态。

信息社会之前，人们主要的交往方式和传播方式是书籍、广播和电视，这些媒介形成了一元化的格局。由于其一对多的特点，形成了金字塔式的传播权力架构，只要站在金字塔的顶端，就能掌握对信息的绝对控制权力。信息在权力的支配下形成一对一或一对多的单向度传播范式，交往的内容和信息由权力掌控者牢牢把控着，舆论场域也受到控制，并决定了话语权的走向。

信息技术革命之后，互联网登上人类交往的历史舞台，新的技术迅速在人类社会普及开来，使我们所处的交往和传播场域发生了深刻的变革。互联网技术搭建了虚拟的交往平台，由于这个平台的开放性，每一个人都可以通过互联网，使用移动终端参与到社会交往之中。在虚拟平台中，每一个人都可以成为信息的传播者，给交往的参与者提供了前所未有的自由和平等。无论是国家还是个人，相较于过去传统交往方式的地位和角色都发生了深刻的改变，信息不再是单向度传播，一对一、一对多、多对一、多对多都成为了可能，社会旧有的信息格局被打破，权力的中心从金字塔顶端分散到每一个虚拟交往的参与者身上，中心消散了，无数个新的中心构建了一个平等的网络结构，这不仅是当下传播和交往的格局，也是未来信息的传递方式发展的主要趋势和重要特征。

（二）网络赋权

网络赋权是互联网背景下的新生概念，意指社会中有机会使用互联网并有可能通过互联网而提升自己权力的人，通过使用互联网进行信息沟通，积极参与决策和采取行动的实践性互动过程，通过这个过程实践改变自己不利处境或者提升权力和能力，从而使得整个社会的权力结构发生改变的结果的社会实践状态。同时，网络赋权意味着交往过程中主体性的提升。

在我国，随着各种网络热点事件的发生，互联网赋权问题开始受到广泛关注，并引发了对相关问题的研究，目前大致形成了两种观点：

第一，对互联网提高民众权力的能力给予肯定，进而是对更大程度的民主进步寄予了厚望。有学者在谈到网络时代如何将议题设置变成一个公共事件时认为：在网络时代将议题设置变成一个公共事件的过程中，议题设置的目标主要是抗议和赋权。一般来说，意见领袖先进行抗议，表达心中的不满，再进行赋权，通过网络议题赋予民众一定的权力。

第二,对互联网提高民众权力的能力提出疑问。如有些观点认为,其实在网络媒介事件中,传统媒体的作用至关重要且不可取代。因为在网络媒介事件中,由于目前门户网站没有采编权,只有进入传统媒体的消息,才可能进入门户网站,事实证明,网络议题如果没有传统媒体的参与,很难对公众政策产生影响。有研究者对网络上曾经沸沸扬扬的事件发起深思,认为诸多网络媒体事件的命运都是热闹一阵、喧嚣一时之后都不了了之,根本没有得到真正的解决,事件的真相随着时间的流逝不再受到关注,就像被扔进了时间的黑洞,无从得知。

三、虚拟交往推进了因果关系向相关关系的转换

在互联网技术铺天盖地席卷了我们的社会生活之际,数据和信息开始呈指数爆炸式增长,提高了人们对数据和信息的处理能力和分析能力,使人类社会的信息储备也得到了前所未有的扩张。一个大规模进行生产、储存、分析、分享数据的大数据时代正式到来。大数据时代的到来,改变了我们传统的思维方式,在利用海量数据进行分析的模式中,相关关系大放异彩,替代了因果关系的重要作用,在对庞大的数据库进行重组、归类、对比、分析中,人们可以更加快捷、简单、方便地获得自己所需要的结果。

相关关系的重要作用并不是在互联网技术发明后才被人们挖掘出来,早在1888年,达尔文的弟弟弗朗西斯·高尔顿就发现,人的身高很可能与自身前臂的长度存在相关性,但由于

搜集足够多的数据在当时费时费力，因此无法得出具有说服力的结论。同时自然科学也很早就在运用数据分析法探索世界和自然的奥秘，其应用的数据不能称之为大数据，与现时代海量数据相比，过去自然科学运用的数据量很小，但也已经成为自然科学研究中能够解决很多难题的有效方式。因此，当互联网技术使庞大的数据分析成为可能之后，数据能给人们带来的作用和影响是不可估量的。大数据分析与过去相比，最大的不同在于使科学以及各种实验和分析从追求因果性走向了重视相关性。

重视相关关系并不代表彻底抛弃因果关系，早在古希腊，哲学家和科学家就重视对自然界中因果关系的挖掘，通过什么因可以引发什么果的探索，可以捕捉很多事物之间的最基本规律。互联网技术推广之前，用于科学研究的数据有限，因果关系也更容易被掌握，但当海量的数据出现时，各种数据纷繁复杂，包含了无数的因果关系，很难找出或掌握所有的因果关系。在这种情况下，利用对大数据的分析来找出事物之间的相关联系，可以避免人们对事物可能产生的主观偏见，也有利于对研究对象形成更加客观、全面的认识，这种观察方法反而更加有利于掌握因果关系。

大数据时代到来之前，少量的数据呈现出结构单一的特点，面对单一的结构，我们通过分析和对比可以轻易得到事物之间的因果关系，因此，因果关系的研究方法已经具有相当长的历史。但是大数据到来之后，庞大的数据类型多样、结构复杂，已经不再是过去简单的线性结构，呈现出非线性的特点。在非线性结构的数据里，因果关系如同搅在一起的线团一样难以理顺，掌握因果关系的难度非常大。基于此，我们只能通过对大数据从宏观的角度上进行分析，试图掌握其中的关联性，或者事物之间具有怎样的规律，来对研究对象进行研究和掌握，这也给了人们更多的启发和研究事物更多的可能性。

目前，大数据相关性的研究对我们的社会影响非常深刻，也非常普遍，例如，通过大数据对相关性的挖掘，可以预测到用户对商品需求的可能性，这对商业的进一步发展具有重要作用；通过大数据对各种设备出故障时的状况，可以预测同类设备将会出现故障的信号，这对生产行业具有重要作用；通过大数据对人体状态的掌握和分析，可以提前预测这个人身体有可能出现怎样的健康问题，这对人的健康和医疗事业具有重要作用……大数据对相关关系挖掘的作用远不止于此，但可以确定的是，这种新的分析方法和工具为我们的科学研究提供了一个崭新的视角，让我们注意到事物之间很多过去不曾被发现的关系，未来也将用于更多的领域，创造更多的价值，帮助人们更好地认识和理解这个世界。

第三节　虚拟交往引发的社会反思

新的事物总是带有两面性，机遇和挑战就像一枚硬币的两面，永远并存，虚拟交往带来了多大的便利，就伴随着多少威胁。当虚拟交往所使用的终端设备越来越完善的同时，我们的孩子利用电子设备获取色情网站、危险信息的风险就加大了；当我们可以利用搜索引擎随时随地搜索信息获取知识的同时，我们的隐私也越来越一览无余地暴露在网络之中；当信息的即时传送最大程度地提高了企业的效率的同时，雇员们也可能更加方便地利用上班时间来用手机打网游；当电子购物，虚拟市场的辐射范围越来越广的同时，骗子们也开发了利用互联网行骗的新手段。全球经济在世界网络互联的条件下越融合成为一个整体，局部对整体的影响也就越来越大，虚拟交往的现代性，从来都不只是积极和正面的影响，我们在享受这些便利的同时，也必须时刻保持对其所产生的负面效应给予高度警惕。

一、虚拟交往带来的伦理道德问题

（一）信息安全

网络使我们将生活中的任何东西都可以转化为数字化的形式存储在电子设备中，于是海量的信息有了寄存的载体，不论是国家还是个人，将信息上传至网络来进行信息的保存已经成为普遍的常态，但网络同时能做到多部电子设备的资源共享和互相连接，因此信息安全问题成为了现今虚拟交往中的最大问题。

随着电子监控的全球化，通信的保密性减弱了。虽然政府实现了尽可能采集被统治者信息的愿望，但如果这些信息在当事人不知情的情况下被非法收集、处理、存储和提取时，就会威胁到这些当事人隐私信息的安全。

进行网上购物时，我们不可避免地要将电话号码、信用卡、储蓄卡、身份证和密码等信息的数字痕迹留在网络上，随着网络交易次数的增多，与个人有关的信息和隐私也就越来越多地暴露在网络上。

一些无良的网络企业，更是将用户们因注册而将发布的个人真实信息向第三方出售，导致我们的大量隐私被曝光，同时第三方企业会利用用户信息发送广告等垃圾信息，造成了网络垃圾信息的泛滥。

我们的信息数据大多被存在了所谓"数字仓库"的地方，随着对大数据处理技术的成熟，这些数据会得到正确的分析，而数据对象的详细特征也会因此而被描述出来，虽然这一方面可以更好地分析用户的需求和需要，为他们提供更好的环境和服务，但这同时也意味着用户的隐私权利的丧失。这种对个人数据的收集和分析已经形成了新的行业——数据淘金。不论这种行业给人们的生活带来多大的便利，它的发展始终对人们的隐私构成了严重的威胁，社会的信息安全问题也会日益严重。

（二）网络诈骗

网络诈骗是互联网使人出现异化所导致的极端结果，是以非法占有为目的，利用计算机和网络技术，采取隐瞒真相或虚构事实的方式，骗取他人或公共的财物的行为，具有高度的智能性和极大的隐蔽性，会对社会造成极大的危害，网络诈骗行为具体可以分为以下几种类型：

第一，网络购物及拍卖诈骗。人们在利用互联网为媒介，购买商品时，由于不能以实物为标准，收到商品的价值远远低于支付的金钱，更甚者已经付了钱，却没有收到对应的商品，这种诈骗方式在互联网交易中十分普遍。

第二，通过病毒软件植入木马。行骗者利用成人网站或其他吸引眼球的方式诱导网民下载带有木马病毒的软件，一旦下载，病毒便植入电脑中，通过这种病毒盗取网民的账号信息和个人资料，再利用盗取的信息资料进行诈骗。

第三，网络传销。与现实传销形式基本一致，通过拉人入伙、发展下线，利用发展的人员数量和销售业绩进行计算给付报酬，由于互联网的覆盖面广泛，虚拟交往的空间无限，这种网络传销的危害要远比现实传销大很多。

第四，虚假网络平台。利用网民的投机心理，创建不实的网络平台，例如婚介平台、考试答案平台、招工平台、网络购物平台，诱使网民付款，但并不会真的提供网民所需的信息或只是提供虚假的信息。

第五，通过网上聊天诈骗。这种诈骗方式已经越来越普遍，作案人员利用互联网的虚拟交往软件聊天结识朋友，骗取对方的信任后，进行骗财骗色，更甚者通过这种方式谋害他人性命，危害性非常大。

第六，网络博彩和中奖诈骗。犯罪人通过虚假网站、聊天软件、网络游戏、手机短信等多种方式将虚假的中奖信息发给网民，信以为真的网民会主动与犯案人员取得联系，随后犯案人员要求受害网民预付税金或会员费等才能领取奖品，从而达到诈骗目的。

第七，获取、利用私人信息进行诈骗。犯案人员利用各种伪装和欺骗手段，使网民提供自己的个人信息、银行账号、网络密码等，利用这些私密信息进行诈骗或其他犯罪活动。

二、虚拟交往导致的交往异化问题

（一）人的异化问题

弗洛姆认为异化是人的主观体验和感受。他说："异化是一种体验方式，在这种体验中，个体感到自己是陌生人，或者说，个人在这种体验中变得使自己疏远起来。他感觉不到自己的行动及其结果成了他的主人，他只能服从甚至崇拜它们。异化的个人与自身想脱离，就像他与其他人想脱离一样。"[①]马克思曾提出了生产劳动领域的异化问题，而在现今社会，异化现象却无处不在。

网络的高新技术给了我们理解现代性的新契机，由此产生的虚拟交往也给现代人类的交往方式带来了革命性的变化，这种日益重要的交往方式并不仅仅是对现实生活中现实交往的复制和粘贴，更是对现实交往的一种再生产的过程，人们由此创造了一幅社会交往的新景象。虚拟交往方式可以克服现代性现

---

① 〔美〕埃里希·弗洛姆：《健全的社会》，孙恺详译，贵州人民出版社1994年版，第120页。

实生活中的很多异化现象，但不可避免地，它也导致了人与人之间的交往出现了新的异化。

虚拟交往是以信息作为其行为介质，以计算机和网络作为其载体而进行的超时空交往形式，这种交往方式不需要像传统交往方式那样要面对面地进行，人们可以将精神寄托在网络上进行身体"不在场"的交往，而正是这种对身体而言的虚拟性特质非常容易导致人们过分地依赖虚拟交往而忽略其现实生活，这就会使人开始走向对社会冷漠、被社会孤立的非社会化趋势，这与人的社会属性背道而驰，会导致人自身的异化。利用电子设备进行交往和工作，人们的效率提高了，省去了很多不必被浪费的时间，提高了社会必要劳动时间内的产值，人与人之间的交流更加便利而没有屏障，即使我们概念中的穷乡僻壤，只要有了光纤电缆，也能实现信息与世界同步，随时与他人联系，但这一切都需要依赖于网络和电子设备。高度发达的电子设备有着很高的自动化和精准化，但始终是服务于人类的机器，它缺少了只有社会中的人类才有的人情味，当人们每天都需要利用电子设备进行虚拟交往的时候，很容易被这些机器所同化而和这些机器一样变得"机械化"，不再关心他人，变得精神麻木和道德冷漠，而不再具有正常人该有的社会道德判断力，这是一种非常严重的人类异化现象。

另外，由于计算机技术的发展和进步，计算机系统的操作越来越简单并且可以被大众很快掌握，但真正的原理和机理却越来越复杂，只有少数高新技术产业者才能真正掌握这些技术，因此大多数参与到虚拟交往中的人只能按照技术掌控者事先设定的程序去操作，从而成为数字化产品的被动接受者，这很容易使人们逐渐沦为电子设备、网络、信息、高新技术的奴隶。卡西尔认为，人是符号动物。各种信息经过数字化的过程变成了一种新的信息存在方式，这种方式在人群中普遍普及，各种数字化的信息和发明很快成为了人的替代品，在我们的现实生活中，各种账号、密码、卡号成为了每个人身份的表征，数字化充斥了人们的生活，在这种环境之中，"人不再感到他是自己的力量和丰富感情以及品质的主动拥有者，他感到自己只是一个贫乏的'物'，依赖于自身以外的力量，他向这些力量投射出他生存的实质"①。

　　人的交往应该是感性与理性的统一，在符号化、数字化的虚拟交往中，人们常常无法做到感性与理性的统一，这是由于在虚拟空间之中，人们相当于处在了一个相对封闭的空间中，这会使人们丧失对现实环境的感受力和积极参与的意识，而数字化只能使人们得到语言上、视觉上、听觉上的幻影，从而失去了人的社会属性中感性与理性的统一。虚拟空间给了人们一个自由的、无拘无束展现自我的平台，交往的范围更加广泛，同时，在更多的自由下人们所需要承担的责任也更小了，这也造成了人们的道德失范，没有了法律的限制和规范，人们很容易变成失去了伦理道德的野蛮人。

---

　　① 〔美〕埃里希·弗洛姆：《健全的社会》，孙恺祥译，贵州人民出版社1994年版，第98页。

虚拟交往还具有平等性和公开性，任何信息都可以被传送在网络上，很多网页和游戏中充满了黄色、暴力和血腥的画面，这也严重地损害了人们的身心健康，尤其是未成年人，他们以极快的接受能力变成了虚拟交往最大的受益者和参与者，因此这些不良信息对他们的危害也最大，影响也最深远。在这种负面影响下，一些未成年人变得冷漠、自私、暴力，不愿关心集体，也不愿关心亲友，这严重地影响了社会的健康发展。

（二）网络暴力事件

网络暴力事件是指人们使用各种移动终端在互联网平台上利用聊天工具、新闻网站、电子邮件等各种手段，对他人进行侮辱、骚扰和诽谤，或者发表影响重大的煽动性语言，不仅造成对当事人的名誉和精神损害，严重时更会侵犯到当事人的隐私权，威胁到其正常的生活甚至人身安全，这种行为突破了人们传统的道德底线，是一种恶劣的暴力形式。

网络暴力和生活中的暴力有所不同，很多时候这种行为更像是一种看不见的拳头，它在给当事人带来巨大的名誉和精神损害的同时，还能让暴力的发起者逍遥法外。这是因为网络空间给人们创造了一个具有隐匿性的虚拟平台，因此给各种嘲讽、辱骂等语言暴力的发生创造了一片迅速滋生的土壤，这是网络暴力事件发生的最重要原因之一。

网络暴力的施暴者在最初是出于好的目的，对网络上德行失范的人进行声讨和调查，当在没有具体道德规范的虚拟空间之中，这种行为的实质很快变了质，过激的方式和言论使得这些道德失范者很快成为了受害者，面对数量庞大的网民的指责和声讨，甚至有些网民在真实生活中对这些受害者进行了人身伤害，使这种行为从道德的声讨运动变成了一种赤裸裸的暴力行为。现在，网络暴力已经升级为一种严重威胁社会安全的恶性行为。

这种行为是以网络的虚拟技术为平台，增添了实在的暴力元素。网络的平等性使每一个正常人都有条件参与其中，所以参与其中的群体是非常庞大的。如何应对和解决网络暴力问题，是我国政府当下亟须解决的重要社会问题。

（三）对传统社会交往形式的冲击

虚拟交往通过高科技，使各种图像、文字、声音、动画、视频等多媒体集中在一起，而不再是最初只有单调的数字和文字，虚拟交往逐渐替代了纸质文化，这对已经发展了几千年的文化表现形式和传统交往方式产生了极大的冲击和影响。丹尼尔·贝尔曾说："当代文化正在变成一种视觉文化，而不是一种印刷文化。"①这意味着面对数量越来越多、形式越来越丰富的信息和影响出现在人们面前时，作为传统文化和文学艺术的语言形象和纸质文化将在后现代文化的冲击下举步维艰。各种丰富的数字化资源使人们独立思考和判断的能力逐渐钝化，对

---

① 〔美〕丹尼尔·贝尔：《资本主义文化矛盾》，赵一凡等译，北京三联书店1989年版，第156页。

智慧和知识的追求逐渐丧失，对生命深度的探索和体验也逐渐消失，只是一味地被数字化的广阔信息所蒙蔽，被无休止的电脑指令所操控，迷失了作为人最根本也最重要的社会属性。就如美国学者迈克尔·海姆的观点："网络的普及和蔓延使得人类不可能再有绝对的哲学与宗教，原因在于：一是电子文化世界没有规则，人们处在高度的互动关系中，或然性支配一切。二是网络文化的信息缺乏可靠的选择渠道与验证过程。大量虚假信息会使人们求真的哲学精神和理性兴趣受到损害。三是铺天盖地的信息压迫，让人们的辨识能力和专注力大大降低，种种花里胡哨的活泼和脆弱不堪的时尚挤掉了内容的深度，深入持久的理性执着和关注让位于快节奏的态度转换。"[1]

传统道德观告诉我们要追求真实而道德的伦理规范，而虚拟交往的虚拟性恰好与这种道德观背道而驰。在虚拟空间进行交往，人们的身份只能由IP地址识别，而这是非常容易伪造的。大多数情况，人们可以随意创建虚拟角色，并随意给这些虚拟角色匹配任意的性格和生活习惯，这种虚假信息使信息的接收者无法感应到现实社会该有的诚实，而人们因为有了自由的空间，自我约束能力也迅速降低，人们很容易突破自己的道德底线，这对传统的道德观和伦理观也是一大考验。

---

[1] 〔美〕迈克尔·海姆：《虚拟世界的形而上学》，金吾伦、刘钢译，上海科技教育出版社2000年版，第107页。

三、虚拟交往带来的信息垃圾问题

在数字化和信息化的时代,生活中的一切信息都可以转化为数据上传到网络上,数据的处理变得更加快速、便捷,计算机可以瞬间处理成千上万的海量数据,并对其进行快速的分析,从而指导着我们的实践活动。一个规模空前巨大的生产、分析、分享和应用数据的时代悄然而至。数据的处理在经济生活中成为了一种非常有价值的资产,就像过去的石油和矿产一般,促成了人们的社会生活全面的改革,也给人们带来了全新的就业方向、商业模式和投资机会。

但海量数据的信息库也给人们带来了海量的垃圾信息,各种没有价值的、黄色的、暴力的信息同样出现在了人们的日常生活中,这些信息有时扰乱了人们的正常工作和生活,更甚者会影响人们的身心健康。早在1995年,美国卡耐基梅森大学发表的题为《信息高速公路上的色情营销》报告就已经指出,"在过去19个月中,互联网上出现了大量色情影像和文字,平均每天数千件,向许多国家和地区扩散。仅在一年之中,被下载600万次以上的色情图像就有近50万幅"。这是二十多年前的数据,在信息高速公路以指数的速度发展时,我们可以想象这个现象在现今的社会中将是怎样的庞大。如此庞大的不良信息侵害了人们的身心健康,而由于网络的平等性,它不会限制未成年人的使用,这就使很多未成年人也能接触到这些污秽的信息,未成年人会因此沉迷于性幻想和暴力中,不仅会变得对真实生活冷漠而自私,严重时更会造成人性和伦理道德的丧失，这是造成未成年人犯罪的一个相当重要的因素，必须引起人们的重视。

由于在虚拟空间中，人们往往需要用个人信息注册才能正常使用各种虚拟工具和虚拟软件，这些个人信息包括个人邮箱和手机号码等，但这些原本应该是属于个人隐私的信息却因为网络信息的不安全性而被泄露，各种广告和诈骗信息挤爆了我们的邮箱和手机，虚拟空间的存在形式是虚拟的，但是空间的大小却是真实的、有限的，当各种垃圾信息到来时，我们不得不花大量时间去处理这些信息，这就使我们浪费了大量的时间，对人们的正常生活产生了严重的影响和侵害。

此外，由于在互联网上，每个人都拥有言论自由的权利，这也使得很多人在网络上发表大量的憎恨言论，并且助长了谣言的散布，这对社会而言都是毫无价值的垃圾信息，只会带来恶劣的结果和影响。

第七章
虚拟交往与网络空间命运共同体构建

第一节 我国现阶段虚拟交往的态势分析

中国作为四大文明古国之一，具有悠久的历史，遗憾的是，在信息时代到来的时刻，中国未能掌握互联网技术的先机。但可喜的是，就中国目前的互联网发展状况来看，中国并未落后，整个发展步伐几乎与世界同步，甚至在电子支付等一些领域中取得了突出的成绩，甚至比互联网诞生的故乡美国还要先进。

一、网民与网络生态的现状分析

互联网在中国的发展和普及虽然不是最早的，但其速度却是令世界侧目的。近年来中国的互联网已经形成规模，且深入到了社会的各个领域中，呈现出多元化的特点。根据2019年中国互联网中心（CNNIC）发布的第44次《中国互联网络发展状况统计报告》显示，截至2019年6月，中国的网民已经达到8.54亿，互联网在全社会中的普及率已经达到61.2%，在网民中，使用手机上网的用户达到了99.1%。使用即时通信的用户达到了8.25亿，网络新闻用户达到6.86亿，网络购物用户达到了6.39亿，外卖用户规模达到了4.21亿，网络支付用户达到了6.33亿，网络视频用户达到了7.59亿，网约出租车用户达到了3.37亿，在线政务服务用户达到了5.09亿。①这些数据表明，互联网及相关应用在我国的普及度相当高，已经成为中国社会生活与交往的重要组成部分。

自互联网技术在中国普及以来，随着其覆盖范围越来越广，网民数量越来越多，互联网技术也已经发展为"互联网+"的模式，自此之后，互联网不再是简单地与传统产业进行数学意义上的求和相加，而是使互联网技术作为一个底层的基础设施，实现了与传统产业进行"你中有我，我中有你"的深度融合的交互式发展。"互联网+"带来了很多的变化，过去工业时代作为生产前提的物质资源和信息资源相对不再稀缺，资源的利用和共享效率得到大幅度提升，经济发展、资源配置方式均得到重构，一个共享、共有、自由、平等的互联网新世界已经建构起来。就目前的发展来看，互联网为人类解放和人的自由全面的发展提供了有利条件和坚实的基础，这主要体现在以下方面。

首先，互联网为人类的生存和自由的发展提供了新的空间。互联网突破了物理空间的界限和地理空间的局限，确立了人类虚拟生存的境界与方式，为人类的虚拟交往构建了虚拟空间。由于互联网具有无处不在、无时不在的特征，使得使用其技术的网民也实现了人与人、物与物、人与物的普遍联系，开拓了人们生存和交往的新空间。这是在资本主义社会化大生产

---

① 第44次《中国互联网络发展状况统计报告》，来源于http：//www.cac.gov.cn/2019-08/30/c_1124938750.htm。

推动生产力快速发展之后的又一壮观景象，在互联网的连接下，经济全球化得以更加快速进行，各国之间的贸易和文化交流日益频繁，世界经济一体化的广阔世界市场得以形成，整个人类之间的关系和联系空前紧密。

其次，互联网实现了人类的普遍交往。互联网技术背景下的虚拟交往是基于交往主体身体"缺场"的状态下进行的，参与其中的交往主体可以根据自己的需要，自由组建或选择交往方式。这些人群或基于相同的兴趣爱好构成群体，或根据数字介绍构成群体，很大程度上来说，打破了现实世界中人与人的阶级隔阂，整个人类构建成为一个完整的命运共同体，在共同体的前提下，每一个身处其中的人都能够通过这种联合获得更广阔的自由，而这种每个人超阶级的、自由的交往恰是整个人类得以自由发展的重要条件。

最后，互联网实现了人类命运共同体的构建。人类的解放并不是某一国家、某一阶级或某一民族的局部或地域性的解放，而是必须依赖于每一个个体，每一个单个人的解放，而互联网的特征和功能，恰好符合全人类解放的根本需要。2015年，习近平总书记在联合国成立70周年的峰会上，代表中国政府向全世界阐发了人类命运共同体思想，即建立起平等相待、互商互谅的伙伴关系；营造公道正义、共建共享的安全格局；谋求开放创新、包容互惠的发展前景；促进和而不同、兼收并蓄的文明交流；构筑尊崇自然、绿色发展的生态体系。基于这一理念来使用互联网，必将建立起新世界的人类命运共同体，加快共产主义事业的进程和全人类的解放。

二、互联网对我国实践的启迪

近十年来，我国互联网高速发展，特别是2015年至今，适逢互联网技术在中国发展的第四次浪潮，中国的互联网行业已经呈现出百家争鸣的繁荣景象，很多来中国旅游的外国人，都叹服于中国对互联网技术的发达程度，受益于互联网给生活带来的极大便捷之中而流连忘返。特别是2019—2020年，中国集中爆发新冠疫情，中国政府的应对手段果断且有效，令拥有14亿人口的大国在极短的时间内控制了病毒的进一步扩散，其有效性除了政府的正确引导外，还得益于中国对互联网技术的充分利用。

（一）政府运用大数据对相关信息的筛查

数字化和大数据库是互联网时代交往手段革新的最显著表现，在新冠疫情中，对病毒传染路径的分析和危险人群的筛查起到了关键作用。首先，通过大数据对首批患者的行动轨迹进行分析，将感染源头准确地定位到武汉市华南海鲜市场。再通过患者的具体行为进行数据的整合和分析，得出最有可能形成此次疫情扩散的传染源或来自于野生哺乳动物。对感染源头的追溯及时让群众对传染源引起重视，防止了病源的发展和升级。其次，利用大数据对人们的行动轨迹进行分析，对传播路径进行追踪。在经专家分析得到了新型冠状病毒会通过飞沫、气溶胶和接触的方式传播之后,利用互联网的大数据及时对疫情相关人员的行动轨迹进行分析,交通路线图、消费记录、缴费明细等,搭建出了疫情发展模型和病患轨迹的清晰结果,为大部分人及时排除了风险,避免了不必要的恐慌。同时大数据还筛查出可能存在风险的人群,使其及时采取隔离措施,即使是无意识密切接触者也能被及时发现,实现了精准防疫,对疫情之下整个社会的稳定起到了重要作用。

(二)互联网对疫情期间的后勤服务提供了有力保障

在中国已经发展起来的各大电商平台,为此次疫情全民的后勤工作提供了有力保障。如天猫、淘宝、京东、盒马生鲜、叮咚买菜等电商平台,利用对互联网用户偏好的测算,及时供应各地区所需要的日常生活用品,彰显了成熟平台速度快、容量大、种类全、体量大等特点,切实解决了人民的日常所需,使广大人民群众在疫情期间可以安心隔离在家。在防止病毒进一步扩散的同时,没有太大影响到群众的生活水平和质量。特别是作为商业巨头的阿里巴巴,更斥资10亿元建立了采购医疗资源的专项资金,及时缓解了疫情期间最容易引起恐慌的医疗物资压力。

(三)互联网平台及时更新疫情信息安定民心

首先,人类的恐惧多来自于未知,而互联网的信息平台为我们及时带来了与病毒相关的信息,无论是与病情相关的感染人数、感染范围、确诊病例到过的地点、使用过的交通工具，还是病毒的传染路径、戴口罩、勤洗手等防疫措施，抑或是75%的酒精可快速消灭病毒、如何辨别口罩的真假等信息，让我们全方位地对病毒、疫情有了更深更全面的了解。在病毒肆虐的当下，这些信息有助于消除民众的恐惧，维护社会的安定。其次，各种互联网社交平台，如微博、微信、豆瓣、知乎等信息平台，也为抗击疫情起到了关键作用。很多网民通过社交平台分享了身边的真实情况，让更多人对当下情况有了客观的认识。更有一些身处疫情中心区不得救治的人，也通过互联网发声引起了相关部门的关注，从而得到了及时的救治。最后，医生和有关专家利用信息平台及时发布了最新的有效防护措施以及各种症状辨别方法，同时对各种不科学的、虚假的且容易造成恐慌的谣言进行辟谣，使群众不至于受到谣言的控制。互联网的即时性保证了各种信息的流通，对整个疫情的阻击战起到了至关重要的作用。

（四）开展网上办公授课，降低损失

受疫情影响，国务院办公厅发布了《关于延长2020年春节假期的通知》，指出为了避免疫情的蔓延和扩散，将春节假期延长，这一通知受到了各地政府的积极响应，多个省市发布了延迟复工的通知，对疫情的防控起到了重要作用。但是，延迟复工给经济造成的损失也是沉重的，而此时，通过视频会议、网上办公使一大部分人在家也能及时解决工作问题，在很

大程度上降低了延迟复工给经济造成的损失。同时，很多学校开展了网上授课的方式，最大程度降低了疫情给教育造成的影响。

总体来看，面对这一次突如其来的疫情，作为14亿人口的大国，在如此短的时间内就控制了疫情的进一步扩散，且保证了民生，降低了社会各方面的损失，维护了社会的稳定，不仅体现出我国制度的优势和党的正确领导，中国在应用互联网技术应对紧急情况的实践上同样为世界提供了教科书式的范例。

三、中国互联网的下一步发展趋势

在面对任何一次历史考验的时候，中国都表现出了充分的大国风范，正所谓多难兴邦，作为世界文明古国之一的中国，在每一次历史的考验中都顽强地经受着考验并延续着文明的进程，使中国不断在浴火之中获得了新的发展机遇。2003年的"非典"，就曾因人们居家隔离病毒给各大电商平台创造了第一个重要的发展机遇，京东和淘宝就在这一阶段得到了第一次发展，进而推动了其后整个中国互联网行业的发展。到了2020年，中国再一次遇到了相似的重大公共卫生危机，可以预想到，当人们又一次为防疫而闭门不出时，互联网必将再一次获得空前的发展机遇。

与2003年中国GDP水平12万亿元人民币相比，2020年，中国GDP水平已经达到了100万亿元。近十倍的经济增长也意味着中国拥有了较17年前近十倍的抗风险能力。这使国人能够充满自信，尽管疫情必定会对经济造成重大损失，但绝不至于是毁灭性的打击，我们必定会在考验中渡过难关。同时，中国的政治经济文化教育等各领域也将因此次考验而得到重大的调整，这次调整首先就将表现在中国互联网行业的发展中。

首先，线上购物将成为未来主要购物方式。

由于近年来互联网的高速发展，数字经济成为中国经济的重要组成部分，线上购物早已变成国民的购物习惯之一，但受到疫情的影响，线上购物的优势仍将被进一步挖掘。疫情期间，为了防止公共场所人员密集对病毒扩散的加剧，商场、菜场成为首先需要回避的场所。在此之际，京东、盒马生鲜等电商平台成为人们购买日常所需的重要平台。这很有可能会促进人们更加习惯和依赖于线上购物这种消费模式，未来将会有更多的商品被添加到电商平台，人们将通过互联网的线上交易来完成大部分的消费活动。为保证用户放心购买，线上购物的体验也将不断得到优化和升级，实体店与互联网结合的"线上体验式场景"会发展得越来越完善。商家可以根据消费者的需求，利用互联网展现商品，供消费者选择，使用户即使在家也能享受到身临其境般的购物体验。

其次，网上办公将改变工作模式。

习近平总书记在党的十九大报告中明确指出，中国的经济已经从高速增长阶段转向了高质量发展阶段，这意味着很多使经济高质量增长的行业正在崛起。新的行业将突破很多传统行业的办公模式，办公室的办公模式就是其中之一。正因如此，在疫情到来之时，很多企业开展了线上办公和视频会议的办公模式，腾讯公司更是抓紧机会，开发了腾讯会议的办公软件，随后，各种线上办公的软件也会加速开发，占据市场，得到迅速普及。不只是企业，互联网近年来的发展带来了一个个体崛起的时代，各种网红、自媒体工作者都把握住了时代的机遇，颠覆了传统行业的诸多限制，开创了一个新的工作模式，通过疫情的刺激，这部分人在未来将会得到更广阔的发展空间。我们完全可以期待，未来人们的工作将逐步彻底地打破地理空间的限制。社会越来越发达，个人的独立性也会越来越强，在个人都有能力变成独立经济体的同时，社会的协作性也会得到更大的提高。线上协同工作，将会成为未来最主流的工作模式。

再次，网上授课将改变教育模式。

疫情的出现给中国的教育体系也带来了巨大影响，特别是对于小、初、高面临毕业考试的学生，面临的压力和紧迫可想而知。延迟复学的规定一出，为了最大程度降低疫情对教育的影响，很多学校开始了线上教育模式，真正充分利用了互联网作为知识传播路径的便利和优势。网上授课的教育方式比面对面授课的方式拥有更大的传播空间。面对面授课中，即使是再大的教室，所能容纳的学生数量也总是有限的。但是网上授课的方式，可以让一个老师对更多的学生授课，在网速允许的条件下，学生的数量是可以扩展至无限的，甚至是师资力量比较薄弱的欠发达地区，也可以利用此模式使更多的学生得到优质的教育，这是网上授课的最核心优势。各大培训机构也将会充分运用这一优势，开展更广阔的市场，这对中国的教育体系而言，将会成为一次重大的改革。

最后，智慧城市将成为新的社会管理模式。

自古以来，城市就是人类文明的重要载体。在中国最早发现新冠病毒的城市武汉，作为九省通衢、拥有千万人口的大都市，特别是正好又处于中国春节返乡的特殊时期，可以想象如果未能及时采取措施，后果将不堪设想。及时地封控了武汉无论是对国内疫情的控制，还是国际防疫工作的推进，都是明智之举。在武汉封控后，在交通管理、信息溯源、物流供应链等方面进行了人工智能、大数据测算、无人机、5G等智慧城市的技术手段来对城市进行管理，使防控工作更为有效也更为便利。这也显示出中国的互联网技术和社会的管理水平的强大，经过这一次疫情的考验，中国在智慧城市的管理上将会更进一步得到发展，进而也会促进整个社会经济治理体系的变革。

由此可见，互联网行业在经历了这次全国的大考之际，很可能将获得一次前所未有的发展机遇，或迎来中国互联网发展的第五次浪潮。当然，在面对大的打击之下还能获得发展的空间，源于我国经济体制的优势，这为我们打赢疫情防控阻击战提供了坚实的制度保障。这份自信源于中国共产党的领导和社会主义制度可以做到集中全部力量做大事的制度优势。

第二节 互联网世界中世界矛盾的新变化

将目光从国内放眼整个世界，当前，经济全球化将整个世界连成一个整体，互联网的发展也将各国的关系紧密地连接起来，可谓牵一发而动全身。世界形势正在经历前所未有的复杂局面，在此动荡时刻，对国际形势和基本矛盾给予冷静的分析才能找准自我定位并且及时采取措施应对各种可能发生的危机和挑战。

马克思曾深刻地挖掘了资本主义的基本矛盾是生产社会化同生产资料资本主义私人占有之间的矛盾，具体表现为资本生产过程中贫困积累与资本积累之间的矛盾。虽然当前的国际形势与马克思所在的时代已经完全不同，生产力的发展和时代背景的变化使资本主义资本的扩张和剩余价值掠夺的方式也随之发生了重大的变化，但是马克思所挖掘的资本主义社会的基本矛盾依然没有解决，并且在其本质不变的前提下，以新的形式表现出来。

一、政治帝国主义

利用互联网技术，资本主义推行政治帝国主义，打压社会主义崛起。20世纪90年代起，各国纷纷步入互联网构建的信息时代，资本的全球扩张所形成的霸权主义也一并延伸到网络空间。以网络空间作为世界经济市场的主要平台的新经济体系并不能改变资本主义将私有资本以增值最大化作为唯一目的的本性。于是，资本主义开始在表面上实施联合拉拢的外交手段，倡导自由主义的国际关系，强调国际合作谋求共同发展，但实质上，却是利用其发达的生产力掌握核心网络科技，控制关键资源来实现对他国的操控，并利用密布的卫星系统干涉各国的交往渠道，干涉社会主义国家的内政以打压社会主义的崛起，同时辅以强硬的军事手段保证其顺利运行。特别是美国作为互联网最主要的发源地，从网络空间诞生以来就掌握了互联网的主根服务器等重要技术，更加有利于其利用互联网实施政治扩张。通过这些政治手段，资本主义达到了其目的，"形成了以霸权国家为中心，以发达国家为同盟，以第三世界国家为边缘的国际秩序"①。这种格局直接导致了富国越来越富，弱国越来越弱的两极分化格局，加剧了国际冲突，甚至推动了恐怖主义的扩散和蔓延。在国际关系日益紧张的过程中，资本主义国家为追逐利益而不断增加的军事成本也使得其国内的矛盾呈现出激化的趋势。足以见得，在资本主义基本矛盾通过互联网上升至整个世界的国际矛盾之后，国际关系也变得更加复杂，紧张的政治关系成为限制生产力继续发展的最大阻力。面对这样的局势，我们应该保持清醒，尽管经济全球化带来了经济无国界、文化无国界、科技无国界、反恐无国界等诸多新概念，但这实质上只是加强联系的诸国置身于更多契约中的表

---

① 鲁品越、姚黎明：《当代资本主义经济体系发展新趋势》，《上海财经大学学报》2019年第21卷第6期。

现，并不能抹杀掉国家的身份和主权意识。

二、经济帝国主义

利用网络在经济领域的渗透，不断升级贸易战，在经济上大力推行网络经济霸权主义。马克思曾说："资本是资产阶级社会的支配一切的经济权力。"[①]时代的改变并不会带来资本主义社会中资本支配一切的根本，因此，信息时代背景下的经济全球化所呈现的一切经济活动，都是服务于资本主义这一根本诉求，具体表现在资本主义国家利用其发达的生产力建立具有垄断性质的虚拟国际金融链和产业链，将高新的信息技术牢牢握在自己手中，用没有竞争力的低端产业吸引落后国家的廉价劳动力，服务于其扩大资本的目的，廉价获取落后国家的各种资源为己用，大肆掠夺落后国家劳动力所创造的剩余价值，实现资本的全球化循环。不仅如此，资本主义国家利用关税壁垒和经济制裁打响贸易战，限制扼杀发展中国家科技产业的发展。同时，由于互联网的发展具有去工业化的特点，移动终端经过人工智能化的改造投入到我们的生活中，由网络空间给世界建立起的普遍联系使资本家只需要占有网络中很小的生产资料就可以带来巨大的经济效益，因此资本家更热衷于把之前的物质资料生产部分转向各类智能化的非生产性部门，严重打击了工业等实体经济的发展，造成了大量传统工业工人的失业，

---

① 《马克思恩格斯文集》第8卷，人民出版社2009年版，第31—32页。

严重的两极分化会引发更加严重的社会问题。

三、文化帝国主义

利用互联网在文化上推崇资本主义自由主义的普世价值，形成网络文化霸权主义。意识形态和话语权是衡量一个国家软实力的关键因素，在互联网普及之后，美国等资本主义强国以网络技术作为有力工具，利用自身占有的网络技术等优势，在网络空间中四处扩散以"自由、平等、人权"为核心的普世价值。需要注意的是，资本主义所宣扬的普世价值并非真正的自由和平等，在资本主义国度中，只有掌握了资本权力的资本家才是自由的，可以任意地、自由地进行资本的扩张，在社会两极分化日趋严重的环境下，平等和人权更加无从谈起。因此，针对资本主义通过互联网对他国实施的文化入侵，有学者提出了"信息殖民主义"的观点，阐述了"发达国家发展和垄断信息技术，以国际互联网为工具，控制他国的信息网络系统，对其进行文化和意识形态渗透，以期达到政治、经济、文化控制"①。特别是中国作为近年来快速崛起的社会主义国家，被美国等资本主义强国视作很大的威胁，因此受资本主义国家文化入侵的影响较大，给我国网络空间的主流意识形态造成了极大的冲击和严峻的挑战。

从总体上看，网络空间是现代信息社会背景下凸显资本主

---

① 姜红明：《信息殖民主义》，《决策与信息》2000年第2期。

义矛盾的重要场所，资本主义通过网络空间对他国进行的政治入侵是经济全球化顺利进行的制度保证，经济入侵是重要手段和目的，文化入侵是宣扬经资本主义美化的普世价值的思想保障。政治、经济和文化三种入侵形式相互作用，使得资本主义矛盾上升至国际矛盾。这些矛盾复杂多变，互相交织，在国际环境稳定的前提下可能会有所缓解，但在国际环境动荡的时期就会加剧。由于这些矛盾牵扯了多个国家和社会群体的利益，具有相当程度的复杂性，想要靠一国之力或某一发展阶段来彻底解决是不可能的，只能寻求一个更加合理的方案来对全球网络空间进行治理。

第三节 应对国际矛盾新形态的中国方案

一、网络空间命运共同体的理论依据

为了解决互联网背景下国际关系中各种复杂的矛盾，对网络空间进行规范和治理，理论界已经产生了一系列的探讨。互联网的开放性和虚拟性让人们突破了种种现实生活的物理障碍，给了人们极大的自由发挥空间，但对于网络空间没有显著边界的空间属性对现实社会的超越也使得其治理问题遇到了空前的难题。面对复杂多变的国际矛盾，针对如何治理网络空间，当前理论界分化出两种截然相反的主张。

(一) 网络空间公域论

"公域"一词由来已久,很多学者在不同的时代从不同的领域都对其核心意义有着不同的诠释。在当代,最被认可的公域概念是指"海洋、外太空、南极等处于国家管辖之外的区域和资产"①。网络空间看似与被普遍公认的公域概念有雷同之处,都没有明确的国界和地域限制,但事实上还具有很多不同的属性,例如其所依托的设备的物质性,以及人们在其中活动时所具有的社会性,因此并不能与公域一概而论。尽管如此,依然被以美国为首的一些西方发达国家利用,并发展形成了"网络空间公域论"。这种理论鼓吹网络空间是一片无法之地,是与现实世界相反的存在,超越了国界,无边无际,无所不在,正因如此,网络空间应该享有免于政府干涉的绝对自由。在美国的主导下,联合国人权理事会还通过了《互联网上人权的促进、保护与享有人权》的决议草案,呼吁将人权作为互联网治理的基础,保护人们在互联网下拥有的一切权利。

网络空间公域论看上去是对人权的极大保护,但事实却是完全相反。众所周知,互联网的原型阿帕网,就是被设计和应用美国在与苏联冷战中的政治和军事斗争工具。尽管经过长时间的发展,已经成为了互联网的新形态,对互联网的应用也早已不限于最初的设计构想和目的,但对美国政府而言,仍是其

---

① Organization for Economic Co-operation and Development, Glossary of Statistical Terms, Global Commons, available at http://stats.oecd.org/glossary/search.asp, last visited on 5th Apr., 2014.; United Nations Statistics Division, Global Commons, available at http://unstats.un.org/unsd/environmentgl/gesform.asp? getitem=573, last visit on 5th Apr., 2014.

可以利用的推行其霸权主义的重要工具。即便是在美国境内对互联网实际的治理实践和举措中，也无处不透露着其对网络空间最大程度的控制权和管理权的争取。例如美国本土颁布的《美国爱国者法案》中就规定了只要法院出示令状许可，美国联邦调查局就可以强制要求各个提供互联网服务的经销商提供所有储存在其服务器的记录。这充分表明了网络公域论的实质是美国加以美化的战略工具，其内容也是美国根本无法做到的、带有乌托邦性质的童话构想。脱下其鼓吹平等与自由的外衣，是美国利用其发达的生产力而采取的对国内和国际网络秩序的绝对引导和统治，并通过对互联网对世界实施其政治、经济和文化的霸权统治。从根本上看，美国始终认为互联网属于美国，应该对网络空间享有绝对的控制权和主导权，并极力反对互联网的全球公共性，网络空间公域论实际上是美国难以自圆其说的矛盾理论。

（二）网络空间主权论

网络空间主权论是与网络空间公域论相反的理论，由俄罗斯等国家提出。这些国家坚持网络空间主权是国家主权在网络空间中的自然延伸和具体表现。网络主权对内体现在一国独立自主地发展、监督、管理本国互联网事务，对外体现在防止本国互联网受到外部入侵和攻击。也就是说，网络空间的实质无异于现实生活的实体空间，国家对其应该具有管辖权，以此保证网络空间中各种活动行为的规范以及免受别国的侵占和干扰。网络空间主权论无论在物质角度还是社会角度上，都有一定的合理性。

从物质角度来看，该理论认为，网络空间是现实社会的延伸，具有虚拟性和现实性相结合的特点，其虚拟性无法脱离现实性单独存在。互联网虽然有着与现实社会不同的虚拟性，但是却依赖于现实社会的网络基础设施，这些基础设施存在于物理空间中，是有国界的，因此国家主权在网络空间中仍应保持其有效性。目前，全球的互联网服务器只有13台，其中1个主根服务器在美国，其余的辅根服务器中9个在美国，3个分布在英国、瑞典和日本，这些网络空间的物理支撑需要得到它们所在的国家对其进行保护才可以保持正常运营，这导致互联网的架构根本不可能脱离国家主权而单独存在。

从社会角度来看，网络空间并不是自然的存在，而是由人所创造的工具，充满了人的智慧和理性等社会属性，这说明其与社会一样，脱离了制约和规范必将陷入混乱。因此，网络空间不能只作为一个开放的公共空间而不会限制，只有国家和政府利用主权的概念将其划定在具体的范围内，同时利用法律和制度对其加以管束才能保证其正常有序的发展，同时维护主权国家现实社会生活的稳定。反之，网络空间必将成为威胁现实社会安全的不稳定因素。

网络空间主权论高度重视了国家主权的重要性，但缺乏对网络空间中主权应用的界限和范围的说明。理论界有很多学者将网络空间主权论看作是现实社会中国家主权在网络空间的自然延伸，忽略了网络空间作为现实社会在互联网技术中的数字化延伸，有着很多不同于现实社会的新特点，面对网络空间的新特点，这类主权论回避了虚拟的网络空间与现实的地理领土之间的差异，单纯地坚持网络空间主权论也无法解决国际关系中复杂多变的矛盾。由此衍生出的"信息主权"和"制网权"未能界定出国家主权的合理范围，同时也就不利于各国建构合作交流的治理架构。

二、网络空间命运共同体理论的提出

面对互联网背景下复杂的国际局势和国际矛盾关系的新形式，中国政府为了及时规避国际矛盾在互联网中蔓延和扩散，防止互联网沦落至资本主义手中，成为实现资本不断扩张的工具，同时还能使其发挥正常的生命力和其给人类社会带来的积极影响，始终非常重视对网络空间的治理，并给世界提供了网络空间治理的中国方案，即在尊重网络空间主权的基础上构建网络空间命运共同体。

2014年，在首届互联网大会上，习近平总书记贺词提出"互联网真正让世界变成了地球村，让国际社会越来越成为你中有我、我中有你的命运共同体"[1]。首次提出了网络空间层面的命运共同体概念。2015年，在第二届世界互联网大会开幕式中，习近平总书记正式提出了构建"网络空间命运共同

---

[1] 习近平：《致首届世界互联网大会贺词》，《人民日报》2014年11月20日。

体"的设想。2016年,我国的第一部《网络安全法》诞生,习近平总书记在第三届互联网大会上再次重申了构建网络空间命运共同体的思想,这不但体现了我国对网络空间的整理给予了高度重视,同时网络空间和互联网的发展也是整个时代的大势所趋。

网络空间命运共同体提出伴随着互联网技术的发展所形成的网络空间是全人类共有的新家园,国际社会应该逐步形成你中有我、我中有你的命运共同体。国际社会应该加强沟通、扩大共识、深化合作,坚持共商共建共享的全球治理观,坚持全球事务由全国人民商量着办,携手构建网络空间命运共同体,让互联网发展成果更好地造福人类。网络空间命运共同体思想是基于人类命运共同体的思想而提出的,是人类命运共同体的重要组成部分,是人类命运共同体这一价值体系针对网络时代的特点在网络空间中的机制创新,体现了与时俱进的进取精神,包含了人类命运共同体丰富的内涵和意蕴。

网络空间命运共同体是人类命运共同体思想中的重要组成部分,从马克思主义唯物辩证法的角度来看,二者是整体与部分的关系,相互联系、相互促进、共同发展。网络空间命运共同体是人类命运共同体在网络空间的具体表现形式,追求人类命运共同体是构建网络空间命运共同体的最终目标。因此,只有在网络空间治理问题上坚持并贯彻构建网络空间命运共同体才能最终实现人类命运共同体的伟大目标。

网络空间命运共同体是人类命运共同体思想在网络空间的

延伸，因此，其理论内涵也应该追溯到对人类命运共同体思想内涵的探寻。人类命运共同体是基于马克思世界历史的角度对人类发展历史进程的一次新的诠释。随着全球化进程的加快，旧有的世界格局早已被打破，资本主义国家为了资本的积累而向其他国家不断扩张在无形中开启了世界历史的进程。资本向全球的扩张是资本主义基本矛盾上升为国际矛盾世界两极分化的重要原因，严重阻碍了世界各国的人民想要通过经济全球化而实现经济发展的根本诉求，而习近平总书记的人类命运共同体构想就是为了打破霸权主义给世界带来的分裂和危机而提出的中国方案。其根本的动力源泉就在于是为了全世界人民共同的愿望和福祉而提出的，符合历史的潮流和时代发展的客观要求，弘扬的是关系更加民主，民族之间互相尊重的价值观。追求更加平等、合作共赢的国际合作关系，通过"一带一路"建立起文化和经济的纽带，为共同体的构建夯实物质基础，追求人类从根本上的共同价值，具有极其强大的生命力。

在对网络空间命运共同体理论内涵的分析上，要特别注意一点，虽然此理论目的在于构建与全人类休戚与共、利益攸关的命运共同体，但并不是否定国家主权意识。在全球关于网络空间治理的网络空间公域论和网络空间主权论中，网络空间命运共同体思想是建立在尊重各国主权前提下的网络空间主权论。我国始终坚持，国家是任何国际关系和国际行为中最为重要的主体，良好有序的网络空间一定是建立在各国彼此坚持和尊重网络空间主权的基础上。这不仅符合《联合国宪章》中所坚持的主权平等原则，给各国不同的发展状况给予充分的空间按照符合本国国情的方式来进行治理，符合国家权益和人民的权益，更是世界整体网络空间有序发展的重要前提。虽然网络可以跨越国界，但是各国的网络基础建设和使用主体皆是具有国界的，从属于各国的现实存在。尊重主权，才能使各国真正肩负起全球网络空间治理的重任。

构建网络空间命运共同体的最终目标是实现全世界的和平与发展，是谋求全体人类共同福祉的举措。互联网虽然是资本主义国家在全世界范围进行资本扩张的重要工具，但给人类带来了更多的积极效应。随着5G、大数据、云计算、区块链、物联网、人工智能成为了时代新的代名词，在新的时代背景下，以数据作为关键生产要素的数字经济时代已经到来，形成了一种崭新的经济社会发展形态。互联网的普及比以往任何一个时代都要全面地解放了人类社会的生产力，给人类的生活带来了剧变。在这个时代，人与人的联系突破了空间和时间的限制，紧密地联系在一起，各种互联网衍生品给人们的生活带来了极大的便利，提高了社会的效率，节约了大量的时间成本，加快了整个社会的发展速度。基于这样的背景，构建网络空间命运共同体的思想有利于充分发挥互联网给人类带来的正面效应，击碎资本主义国家的企图，使互联网能够在最大程度上造福人类。

三、构建网络空间命运共同体的实践路径

习近平总书记为网络空间命运共同体的构建提出了"五点主张",坚持各国的网络空间治理必须建立在彼此尊重网络主权的基础上,致力于共同努力维护网络空间的和平与安全,以促进开放合作为重要手段,才能最终实现构建良好秩序的成效。同时,习近平总书记还清晰地说明了在网络空间中如何构建命运共同体的实践路径,在面对复杂的国际局势和网络空间的治理问题上,给我们提供了有力的理论武器。

(一)在物质建设方面,加快全球网络基础设施建设,促进互联互通

互联网的分布呈网络状,没有人能绝对地对其加以控制,这给人们平等使用互联网提供了平等的平台,但也决定了各国都应该加入到建设网络的道路中来,只有普遍加强网络基础设施的建设,才能从整体上建立和完善起遍布世界的信息网,从而使各国更加平等均衡地享用互联网带来的积极成果。

(二)在文化交流方面,打造网上文化交流共享平台,促进交流互鉴

互联网的开放性决定了其对所有文明兼容并包的特点,这给全体人类带来了前所未有的便利,将各种文化文明碰撞和融合到一起,人类也史无前例地可以付出最小的成本来获取最大的成果。因此,打造网络空间中文化交流共享的平台可以最大

程度地发挥互联网的这一优势，打开各国的互联网大门，加强各国文化、人才的交流，使全人类共享知识和文明的新成果，给全世界生产力共同发展提供思想保障。

（三）在经济发展模式方面，推动数字经济创新发展，促进共同繁荣

在经济全球化的时代背景下，数字化支撑了网络和信息技术的发展，渗透到我们日常的生活中，工业的数字化转型已经是当下世界发展的必然趋势。只有致力于推动发展中国家数字经济的创新和发展，才能有效打破发达国家的信息壁垒和数字鸿沟，使世界人民平等地享受互联网技术和信息技术发展带来的成果。

（四）在网络秩序方面，保障网络安全，促进有序发展

互联网凭借其强大的发展速度已然渗透到社会生活的各个层面，网络空间与现实空间的联系越发紧密，网络空间的安全和有序是各国现实社会有序发展的重要保障。整体网络空间的安全需要各国共同致力于对基础设施的建设和制度法律的完善，并在战略上加强互信，在处理网络恐怖主义和网络犯罪等重大安全事件上，能够有效协调合作，为维护世界网络空间的和平与安全共同努力。

（五）在治理措施方面，构建全球网络空间治理体系，促进公平正义

全球的网络空间治理体系需要多方共同努力，联合国应当在整个体系中充当主导作用。同时，各国积极发挥政府的作用，与国际组织及互联网企业相互配合，充分调动社会组织和公民个人的积极性，才能真正地实现相互信任和协调有序的空间体系的建构。完善的秩序才能让每一个公民都清楚在网络空间中的行为边界和底线。一方主导、多方配合有利于规避网络单边主义的形成，从根本上实现公平正义。

总而言之，网络空间命运共同体是中国的态度，是促进和平与发展的模式，是各国都应该积极响应的倡议，彰显了马克思主义世界历史观的深刻内涵，是在新的互联网时代背景下，各国面对国际矛盾新形态的最优选择。共商、共建、共享更是基于全体人类福祉的绿色生态的全球治理观，跳出了国强必霸的逻辑，是资本主义向社会主义和共产主义迈进的历史过程中正确的战略选择。我们可以坚信，网络空间命运共同体的构建最终必会推动人类命运共同体的形成，为人类的解放和共产主义社会的到来创造更为丰富的物质基础和精神财富。

参考文献

（一）学术专著与译著：

《马克思恩格斯选集》第1卷，人民出版社2012年版。

《马克思恩格斯选集》第2卷，人民出版社2012年版。

《马克思恩格斯选集》第3卷，人民出版社2012年版。

《马克思恩格斯选集》第4卷，人民出版社2012年版。

《马克思恩格斯文集》第8卷，人民出版社2009年版。

《马克思恩格斯全集》第1卷，人民出版社1960年版。

《马克思恩格斯全集》第3卷，人民出版社1960年版。

《马克思恩格斯全集》第12卷，人民出版社1979年版。

《马克思恩格斯全集》第42卷，人民出版社1979年版。

《马克思恩格斯全集》第46卷（上），人民出版社1979年版。

《马克思恩格斯全集》第46卷（下），人民出版社1979年版。

《马克思恩格斯全集》第47卷,人民出版社1979年版。

〔以〕尤瓦尔·赫拉利:《今日简史》,林俊宏译,中信出版社2018年版。

〔美〕丹·席勒:《信息资本主义的兴起与扩张》,翟秀凤译,北京大学出版社2018年版。

〔以〕尤瓦尔·赫拉利:《人类简史》,林俊宏译,中信出版社2017年版。

〔以〕尤瓦尔·赫拉利:《未来简史》,林俊宏译,中信出版社2017年版。

〔比〕彼得·汉森:《智能化生存——万物互联时代启示录》,周俊等译,中国人民大学出版社2017年版。

金圣荣:《颠覆世界的互联网思维》,中国经济出版社2015年版。

〔美〕尼尔·波兹曼:《娱乐至死》,章艳译,中信出版社2015年版。

〔奥〕维克托·迈尔-舍恩伯格,肯尼思·库克耶:《大数据时代——生活、工作与思维的大变革》,周涛译,浙江人民出版社2013年版。

〔加〕查尔斯·泰勒:《现代社会想象》,林曼红译,南京译林出版社2014年版。

〔白〕叶夫根尼·莫罗佐夫:《技术至死——数字化生存的阴暗面》,张行舟译,电子工业出版社2014年版。

马新晶:《唯物史观视阈中的交往理论研究》,中国社会科学出版社2013年版。

陈秋珠：《赛博空间的人际交往——大学生网络交往与心理健康关系的研究》，吉林大学出版社2012年版。

宋吉鑫：《网络伦理学研究》，科学出版社2012年版。

吕本修：《网络道德问题研究》，中国社会科学出版社2012年版。

〔加〕马歇尔·麦克卢汉：《理解媒介——论人的延伸》，何道宽译，南京译林出版社2011年版。

夏德元：《电子媒介人的崛起——社会的媒介化及人与媒介关系的嬗变》，复旦大学出版社2011年版。

〔荷〕西斯·J.哈姆林克：《赛博空间伦理学》，李世新译，首都师范大学出版社2010年版。

上官子木：《网络交往与社会变迁》，社会科学文献出版社2010年版。

孙伟平：《信息时代的社会历史观》，江苏人民出版社2010年版。

姜爱华：《马克思交往理论研究》，知识产权出版社2009年版。

〔法〕让·鲍德里亚：《符号政治经济学批判》，夏莹译，南京大学出版社2009年版。

〔美〕托马克·弗里德曼：《世界是平的》，何帆等译，湖南科学技术出版社2008年版。

〔法〕让·鲍德里亚：《消费社会》，刘成富译，南京大学出版社2008年版。

〔美〕理查德·斯皮内洛：《铁笼，还是乌托邦——网络空间的道德与法律》，李伦等译，北京大学出版社2007年版。

〔美〕彼得·德鲁克：《21世纪的管理挑战》，朱雁斌译，机械工业出版社2006年版。

范宝舟：《论马克思交往理论及其当代意义》，社会科学文献出版社2005年版。

李素霞：《交往手段革命与交往方式变迁》，人民出版社2005年版。

〔西〕曼纽尔·卡斯特尔：《网络社会的崛起》，夏铸九等译，社会科学文献出版社2003年版。

任平：《走向交往实践的唯物主义》，人民出版社2003年版。

姚纪纲：《交往的世界——当代交往理论探索》，人民出版社2002年版。

〔奥〕阿尔弗雷德·许茨：《社会实在问题》，华夏出版社2001年版。

林斌：《虚拟中的身体与现实》，北京广播学院出版社2001年版。

〔美〕马克·波斯特：《信息方式——后结构主义与社会语境》，范静哗译，商务印书馆2000年版。

〔英〕约翰·诺顿：《互联网：从神话到现实》，朱萍等译，江苏人民出版社2000年版。

〔美〕迈克尔·海姆：《虚拟世界的形而上学》，金吾伦译，上海科技教育出版社2000年版。

〔英〕安东尼·吉登斯：《现代性与自我认同》，赵旭东等译，生活·读书·新知三联书店1998年版。

张雄：《历史转折论：一种实践主体发展哲学的思考》，上海社会科学院出版社1998年版。

吴伯凡：《孤独的狂欢——数字时代的交往》，中国人民大学出版社1998年版。

〔美〕尼古拉斯·尼葛洛庞蒂：《数字化生存》，胡泳译，海南出版社1997年版。

〔美〕阿尔文·托夫勒：《未来的冲击》，孟广均等译，新华出版社1996年版。

〔美〕比尔·盖茨：《未来之路》，辜正坤译，北京大学出版社1996年版。

〔美〕埃里希·弗洛姆：《健全的社会》，孙恺祥译，贵州人民出版社1994年版。

〔德〕尤尔根·哈贝马斯：《交往行动理论》第2卷，洪佩郁译，重庆出版社1993年版。

〔美〕丹尼尔·贝尔：《资本主义文化矛盾》，赵一凡译，北京三联书店1989年版。

〔德〕埃德蒙德·胡塞尔：《欧洲科学危机和超验现象学》，上海译文出版社1988年版。

〔美〕F.普洛格：《文化演进与人类行为》，吴爱明等译，辽宁人民出版社1988年版。

〔美〕N.维纳:《控制论:或关于在动物和机器中控制和通讯的科学》,郝季仁译,科学出版社1985年版。

〔美〕约翰·奈斯比特:《大趋势——改变我们生活的十个新方向》,孙道章等译,新华出版社1984年版。

〔美〕阿尔文·托夫勒:《第三次浪潮》,朱志焱主译,三联出版社1984年版。

〔德〕Q.克劳斯:《从哲学看控制论》,梁志学译,中国社会科学出版社1981年版。

〔德〕格奥尔格·威廉·弗里德里希·黑格尔:《逻辑学》上卷,商务印书馆1966年版。

〔德〕路德维希·安德列斯·费尔巴哈:《费尔巴哈著作选集》上卷,三联书店1962年版。

(二)期刊论文与学术论文:

鲁品越,姚黎明:《当代资本主义经济体系发展新趋势》,《上海财经大学学报》2019年21卷第6期。

宋来:《当代青年网络文明素养的现状审视与提升路径》,《思想理论教育》2019年第2期。

宋建丽:《数字资本主义的"遮蔽"与"解蔽"》,《学术前沿》2019年第9期。

张东辉:《唯物史观视域中的赛博空间与人类境遇》,《创新》2019年第2期。

刘婕：《互联网时代下青少年网络交往动机与网络人际关系成瘾干预研究》，《科技视界》2019年第17期。

王晓伟：《电信网络诈骗犯罪的防范与打击》，《人民论坛》2019年第10期。

李佳，张娜：《电信网络诈骗治理研究》，《中国信息安全》2019年第9期。

侯宪利：《哲学需要一次"互联网转向"》，《党政干部学刊》2019年第5期。

李思思：《故园渺何处：数字化生存下主体认同的危机与重构》，《现代商贸工业》2019年第11期。

胡凯，孙菲：《大学生网络价值观的生成机理》，《吉首大学学报（社会科学版）》2019年第4期。

陈春萍：《网络思想政治教育中的主客体信任困境及其化解》，《吉首大学学报（社会科学版）》2019年第40卷第3期。

张竑：《虚拟现实技术背景下的虚拟实践本体论研究》，《学术论坛》2019年第1期。

刘静澜：《德国哈贝马斯交往行为理论视阈下高校网络学习共同体中师生关系的构建》，《学校党建与思想教育》2019年总第609期。

王天恩：《重新理解发展的信息文明钥匙》，《中国社会科学》2018年第6期。

丁大晴：《习近平网络空间观的三个维度》，《重庆邮电大学学报（社会科学版）》2018年第30卷第5期。

赵浚：《信息时代马克思主义精神交往的本质考察》，《学校党建与思想教育》2018年总第576期。

周海宁：《论互联网时代受众的数字化生存能力》，《理论探索》2018年第12期。

黄静婧：《论网络交往中的人的发展》，《理论月刊》2018年第4期。

叶妮：《网络空间命运共同体》，《西安交通大学学报（社会科学版）》2018年第38卷第3期。

蓝江：《从物化到数字化——数字资本主义时代的异化理论》，《社会科学》2018年第11期。

侯振武：《关于马克思交往理论的再思考》，《哲学研究》2018年第7期。

刘昱欣：《论"交往异化"在马克思异化理论中的地位》，《哈尔滨学院学报》2018年第7期。

张建晓：《困顿与出路——互联网社会发展的历史唯物主义解读》，《马克思主义研究》2018年第3期。

冯浩然：《论信息网络化对马克思主义意识形态指导地位的影响》，《浙江海洋学院学报（人文科学版）》2018年第35卷第6期。

严翠玲：《如何防止大数据时代个人隐私的"裸奔"》，《人民论坛》2018年第16期。

金国峰：《马克思主义理论在网络社会的传播逻辑》，《学校党建与思想教育》2018年总第590期。

蒋艳艳：《"信息方式－伦理方式"诠释框架的道德哲学解读》，《道德与文明》2018年第6期。

王天恩：《信息文明时代人的信息存在方式及其哲学意蕴》，《哲学分析》2017年第8卷第4期。

杨兴凤，唐平秋：《微文化时代的伦理困境及其出路探析》，《当代中国价值观研究》2017年第4期。

刘焕智：《论网络虚拟信任危机的改善》，《云南民族大学学报》2017年第34卷第2期。

廖杨，蒙丽：《微信朋友圈："互联网＋"场域中的身份建构与文化表达》，《民族学刊》2017年总第43期。

纪雪洪，王钦：《互联网商业模式的研究进展》，《现代经济探讨》2017年第3期。

王旗：《浅谈哈贝马斯科学技术意识形态论》，《鄂州大学学报》2017年第24卷第6期。

彭兰：《移动互联网时代的"现场"与"在场"》，《湖南师范大学社会科学学报》2017年第3期。

李志敏：《从"控制工具"到"交往媒介"：论新一代法兰克福学派学者芬伯格的传播技术观》，《传播学研究》2017年第3期。

马艳，李韵：《"互联网空间"的政治经济学解释》，《学术月刊》2016年第48卷。

代艳丽：《哈贝马斯交往行为理论对大学生"低头族"的

启示》,《学术探索》2016年第1期。

蒋艳艳:《媒介的哲学逻辑及其历史建构——对波斯特信息方式理论的评析》,《北京理工大学学报(社会科学版)》2016年第4期。

冯志宏:《当代中国虚拟社会治理中的信任建构》,《甘肃社会科学》2015年第5期。

赵建鑫:《鲍德里亚消费社会批判理论评析》,《学术探索》2015年第3期。

陈明:《大数据与镜像化生存:对大数据时代的哲学反思》,《浙江传媒学院学报》2015年第6期。

李曦珍:《解构"我说故我在"的媒介神话——媒介信息方式"构建主体"的语言学机制剖析》,《浙江社会科学》2015年第2期。

张康之,张桐:《"外包"能否碾平世界?——评弗里德曼〈世界是平的〉》,《学习与探索》2014年第12期。

陈良斌:《当代资本主义的"完美罪行"——解读让·鲍德里亚〈符号政治经济学批判〉等文本中的空间思想》,《国外理论动态》2014年第7期。

王欢,祝阳:《人际交往视角下微信功能的探讨》,《现代情报》2014年第2期。

毛德胜:《半虚拟化生存》,《新闻知识》2014年第9期。

陈联俊,金焱:《虚拟实践:虚拟社会人的存在方式》,《学术论坛》2014年第3期。

许正林，李名亮：《微博"交往理性"的现实性质疑》，《西南交通大学学报》2013年第3期。

马俊峰：《马克思世界历史理论的方法论意义》，《中国社会科学》2013年第6期。

李南：《网络化时代交往方式的变迁》，《科教文汇》2013年第261期。

范宝舟：《货币与个人交往的偶然性》，《哲学动态》2012年第3期。

方明豪：《哈贝马斯交往行为理论视阈下的微博舆论的理想言谈情境》，《传媒文化》2012年第3期。

熊光清：《中国网络政治的兴起与政治文化的变迁》，《社会科学》2012年第1期。

张平安：《通信技术的发展史探析》，《科技传播》2012年第11期。

孙伟平：《人类交往实践的革命性变迁——虚拟交往及其哲学批判》，《吉林大学社会科学学报》2012年第52卷第3期。

张奎良：《唯物史观与历史唯物主义的生成和特点》，《马克思主义与现实》2012年第2期。

鲁品越：《劳动与交往：创造人类历史的经纬线》，《哲学分析》2011年第3期。

赖新芳：《试析"媒介拟像论"的理论语境》，《江西社会科学》2011年第2期。

连水兴，梅琼林：《媒介批判的转向：从"工具理性"到

"交往理性"——论哈贝马斯的媒介批判理论》,《社会科学研究》2010年第五期。

赵仁青:《论网络交往主体的异化与重建》,《重庆科技大学学报(社会科学版)》2010年第7期。

杨露斯:《论计算机发展史及展望》,《信息与电脑》2010年第6期。

王贵仁:《20世纪早期中国学者对唯物史观的阐释及其演变》,《史学理论研究》2010年第3期。

俞吾金:《历史唯物主义是哲学而不是实证科学——兼答段忠桥教授》,《学术月刊》2009年第10期。

宁全荣:《论虚拟交往及其对于人的发展的意义》,《福建论坛》2009年第3期。

范宝舟:《论交往与物质生产之间的内在张力》,《武汉大学学报》2008年第1期。

夏宏:《论作为视域的"生活世界"——兼与鹿林商榷》,《哲学研究》2008年第12期。

朱国萍:《谈数字化生存状态下的网络伦理问题》,《商业经济研究》2008年第6期。

程兴中:《浅析计算机病毒发展史》,《辽宁行政学院学报》2008年第6期。

俞吾金:《主体际性、客体际性和主客体际性——马克思实践唯物主义关系理论探要》,《河北学刊》2007年第2期。

高慧珠:《论当代信息伦理学视阈中的"责任"伦理》,

《贵州社会科学》2007年第12期。

徐世甫，张成岗：《现代性视野中的虚拟交往》，《清华大学学报》2006年第6期。

魏小巍：《数字化生存平台的哲学基础浅议》，《科学技术与辩证法》2005年第2期。

王亚军：《计算机科学发展史上的里程碑》，《计算机时代》2004年第7期。

郑百灵，谢建社：《论互联网人际交往的特征及类型》，《江西师范大学学报（哲学社会科学版）》2004年第3期。

孙伟平：《信息网络技术与"网络社会"的崛起》，《河北学刊》2004年第1期。

范宝舟：《论马克思交往理论的基本特征》，《武汉大学学报》2003年第5期。

倪志娟：《人文视野中的数字化生存》，《科学技术与辩证法》2003年第4期。

黄少华，魏淑娟：《论网络交往理论》，《科学技术与辩证法》2003年第2期。

范宝舟：《经济交往与世界体系——沃勒斯坦世界体系理论的哲学评析》，《学术论坛》2002年第2期。

丁素：《从生产方式到信息方式》，《哲学动态》2002年第2期。

黄健，王东莉：《数字化生存与人文操守》，《自然辩证法研究》2001年第10期。

郑召利：《哈贝马斯和马克思交往范畴的意义域及其相互关联》，《教学与研究》2000年第8期。

姜红明，《信息殖民主义》，《决策与信息》2000年第2期。

陈志良：《虚拟——人类中介系统的革命》，《中国人民大学学报》2000年第4期。

孙小美：《天涯若比邻——电话发展史》，《中国科技月刊》1998年第1期。

蒋平：《因特网的发展历史与管理对策》，《江苏社会科学》1998年第6期。

柳延延：《人是机器？——数字化生存意味着什么》，《自然辩证法通讯》1998年第2期。

孙伟平，贾旭东：《关于"网络社会"的道德思考》，《哲学研究》1998年第8期。

张雄：《重视历史转折论研究》，《哲学动态》1995年第3期。

艾四林：《哈贝马斯交往理论评析》，《清华大学学报》1995年第3期。

李丰才，周育国：《交往思想的建构与唯物史观的确立——马克思交往思想探析》，《东北师范大学学报》1994年第3期。

宫敬才：《简论〈德意志意识形态〉中的交往范畴》，《社会科学》1992年第12期。

江丹林：《论交往实践观与唯物史观的内在联系》，《哲学研究》1992年第1期。

刘永福:《主体性与主观性、客体性与客观性辨析》,《人文杂志》1991年第5期。